Desarrollo de aplicaciones de Gestión Empresarial con C++

Desarrollo de aplicaciones de Gestión Empresarial con C++

Diseño y desarrollo de soluciones completas con bases de datos, interfaz web y arquitectura modular

Jose Vicente Carratalá Sanchis

A todas las personas curiosas que, como yo, creen que la programación no es solo código, sino una forma de entender y transformar el mundo.

A mis estudiantes, que me han enseñado tanto como yo a ellos.

Y a los soñadores que buscan construir herramientas, no solo para empresas, sino para hacer de su entorno un lugar más eficiente, más justo y más humano.

Tabla de contenidos

1. Prólogo....14
2. Introducción....16
2.1. El por qué de este libro....16
2.2. Sobre el autor....17
2.3. Tema del ejercicio....18
2.4. Estructura del ejercicio....19
2.5. Código disponible en Github....19
2.6. Utilización de librerías del núcleo....20
2.7. Planteamiento del ejercicio....21
2.8. Nota sobre la visualización del código en este libro....22
3. Modelo de datos....25
3.1. Búsqueda de entidades....26
3.2. Modelo de datos....27
4. Elección de las tecnologías....30
4.1. C++ como núcleo del sistema....31
4.2. SQLite como base de datos....32
4.3. Tecnologías web como interfaz gráfica de usuario....33
4.4. Instalación de un entorno de desarrollo....34
4.4.1. Utilización de un editor de código....34
4.4.2. Utilización de un compilador....35
4.4.2.1. En sistemas Linux (Debian/Ubuntu)....35
4.4.2.2. En macOS....36
4.5. Acerca del entorno de producción....36
5. Base de datos....38
5.1. Creación de una nueva base de datos....39
5.2. Creación de la estructura de la base de datos....40
5.3. Inserción de datos de ejemplo....44
6. Creación de una estructura de proyecto....50
6.1. Archivos del proyecto....51
6.2. Aspecto de la carpeta de proyecto....51
6.3. Resumen de esta iteración....52
6.4. Archivos de la clase Autor....54

6.5. Archivos de la clase Libro....................56
6.6. Archivos de la clase Préstamo.................... 59
6.7. Archivos de la clase Sección.................... 62
6.8. Archivos de la clase Usuario.................... 63
6.9. Archivos de la conexión a bases de datos.................... 66
6.10. Archivo principal....................68

7. Cómo compilar.................... 71

7.1. Compilación manual.................... 71
7.2. Preparación de un archivo make.................... 73
7.2.1. Contenido del archivo Makefile.................... 73
7.3. Ejecución del binario resultante....................75
7.4. Resultado de la ejecución:.................... 76

8. Creación de un menú.................... 78

8.1. Archivos del proyecto....................79
8.2. Estructura del proyecto.................... 79
8.3. Explicación de la iteración.................... 81
8.4. Archivo principal.................... 82
8.4.1. ■ Fragmento representativo de esta estructura (simplificado):.................... 83
8.5. Resultado de la ejecución:.................... 91

9. Desarrollo de secciones.................... 95

9.1. Código del proyecto.................... 96
9.2. Carpeta de proyecto.................... 96
9.3. Resumen de los cambios....................98
9.4. Archivos de sección....................99
9.5. Archivo principal....................104
9.5.1. Explicación de los cambios en el archivo principal:.................... 112
9.6. Resultado de la ejecución....................113

10. Desarrollo de autores.................... 116

10.1. Código del proyecto....................117
10.2. Carpeta de proyecto.................... 117
10.3. Resumen de los cambios.................... 119
10.4. Archivos de la clase Autor.................... 119
10.4.1. Modificación de la clase Autor.................... 120

10.4.2. Explicación de las modificaciones:....................................124
10.5. Archivo principal..124
10.5.1. ¿Qué cambios se realizarán en el archivo principal?........125
10.5.2. Explicación de los cambios:..134
10.5.3. Metodología repetida...135
10.6. Resultado de la ejecución..135
11. Desarrollo de usuarios..139
11.1. Código del proyecto...140
11.2. Carpeta de proyecto...140
11.3. Resumen de los cambios...142
11.4. Archivos de la clase Usuario..143
11.4.1. Explicación de las modificaciones:....................................148
11.4.2. Beneficios de esta implementación:..................................148
11.5. Archivo principal..149
11.5.1. Explicación de los cambios:..159
11.6. Resultado de la ejecución:...160
12. Desarrollo de libros...164
12.1. Código del proyecto...165
12.2. Carpeta de proyecto...165
12.3. Resumen de los cambios...166
12.3.1. Beneficios de la metodología:..167
12.4. Archivos de la clase Libro..168
12.4.1. Consideraciones sobre la clase Libro.................................168
12.4.2. Explicación de las modificaciones:....................................174
12.4.3. Consideraciones sobre las dependencias:.........................175
12.5. Archivo principal..175
12.5.1. Explicación de los cambios:..188
12.6. Resultado de la ejecución..189
12.6.1. Crear libro...189
12.6.2. Listar libros...190
12.6.3. Actualizar libro..190
12.6.4. Eliminar libro...191
13. Desarrollo de prestamos...193

13.1. Código del proyecto 194
13.2. Carpeta de proyecto 194
13.2.1. Archivos afectados: 194
13.3. Resumen de los cambios 196
13.4. Archivos de la clase préstamo 197
13.4.1. Explicación de las modificaciones: 204
13.5. Archivo principal 205
13.5.1. Explicación de los cambios: 220
13.6. Resultado de la ejecución 220
13.6.1. Crear préstamo 221
13.6.2. Listar préstamos 222
13.6.3. Actualizar préstamo 223
13.6.4. Eliminar préstamo 223
14. Sobre el desarrollo de interfaces gráficas 225
14.1. Programas y usuarios 225
14.2. Tipos de interfaces 226
14.3. Interfaz de consola 227
14.4. Interfaces gráficas 228
14.4.1. Objetivo del capítulo 229
14.5. Interfaces naturales 230
14.5.1. Tendencia futura 230
14.6. Opcion escogida para la interfaz de este ejercicio 231
14.6.1. Ventajas y desafíos de esta opción 231
14.6.2. Comunicación entre Frontend y Backend 232
15. Desarrollo de una interfaz web 234
15.1. Código del proyecto 235
15.2. Carpeta de proyecto 235
15.3. Resumen de los cambios 236
15.3.1. Beneficios de estos cambios: 237
15.4. Nuevos archivos 238
15.4.1. Resumen de los cambios: 248
15.5. Archivo principal 249
15.5.1. Nuevas responsabilidades del archivo principal: 249

15.5.2. Explicación de los cambios:....250
15.5.3. Ventajas de este enfoque:....250
15.6. Archivos de interfaz gráfica....251
15.6.1. Funcionamiento del controlador en JavaScript....251
15.6.2. Explicación del código:....255
15.6.3. Flujo de interacción:....255
15.7. Nuevo makefile:....260
15.8. Resultado de la ejecución....260
15.8.1. Ejecución del servidor....261
15.8.2. Interfaz gráfica....262
16. Interfaz de usuario completa....264
16.1. Código del proyecto....265
16.2. Carpeta de proyecto....265
16.2.1. Nuevas características:....267
16.3. Servidor web....267
16.3.1. Operaciones CRUD en el servidor web....267
16.3.2. Crecimiento del servidor web....268
16.3.3. Estructura del servidor web....270
16.4. Archivos de interfaz gráfica....298
16.4.1. Crecimiento del archivo JavaScript....298
16.4.1.1. Operaciones CRUD por entidad:....298
16.4.2. Explicación del código:....321
16.4.3. Flujo de interacción:....321
16.4.4. Ventajas de Flexbox y su aplicación en el proyecto:....322
16.4.5. Explicación de los cambios:....329
16.5. Resultado de la ejecución....330
17. Código completo....333
17.1. Estructura final del proyecto....334
17.2. Contenido final del código....335
17.3. Conclusión....420
18. Siguientes pasos....421
18.1. Peticiones cruzadas en SQL (JOIN)....421
18.1.1. Peticiones cruzadas y claves foráneas....421

18.1.2. Implementación de peticiones cruzadas....422
18.1.2.1. Ejemplo de mejora:....422
18.1.3. Complejidad de las peticiones cruzadas....422
18.1.4. Posibles mejoras en el futuro....423
18.2. Estrategia de persistencia....424
18.2.1. Ventajas del uso de la base de datos....424
18.2.2. Desventajas del uso de la base de datos....424
18.2.3. Alternativa: Almacenamiento en memoria RAM....425
18.2.4. Soluciones mixtas....425
18.2.5. Conclusión....426
18.3. Cambio del motor de base de datos....427
18.3.1. Ventajas de SQLite en este contexto:....427
18.3.2. Posibilidad de cambio a motores de bases de datos más potentes....427
18.3.3. Facilidad de migración....428
18.4. Uso de un súper controlador....429
18.4.1. Ventajas de este enfoque:....429
18.4.2. Desventajas a medida que la aplicación escala:....430
18.4.3. La solución: el súper controlador....430
18.4.3.1. ¿Cómo funciona el súper controlador?....430
18.4.3.2. Ventajas del súper controlador:....431
18.4.3.3. Ejemplo de archivo JSON para una entidad:....431
18.5. Adaptación a otros casos....432
18.5.1. ¿Cómo adaptar este modelo de datos?....433
18.5.2. Ejemplo de adaptación....433
18.5.3. Invitación al lector....434
19. Epílogo....436

1. Prólogo

Durante muchos años, el lenguaje C++ ha sido considerado uno de los pilares fundamentales de la programación profesional. Su potencia, versatilidad y cercanía al hardware lo han convertido en una herramienta imprescindible en el desarrollo de software de alto rendimiento. Sin embargo, a pesar de su relevancia técnica y de su reciente resurgimiento en la industria, existe una notable carencia de material didáctico actualizado que aborde el uso de C++ en el contexto de las aplicaciones empresariales.

Este libro nace con la intención de llenar ese vacío. Más allá de enseñar los fundamentos del lenguaje —que ya han sido cubiertos en otras obras—, el objetivo aquí es mostrar cómo construir una aplicación de gestión completa, desde el modelo de datos hasta la interfaz gráfica, utilizando una arquitectura modular y tecnologías ampliamente disponibles. Se trata de una guía práctica, paso a paso, que reproduce un escenario reconocible y útil: la gestión de una biblioteca.

A través de este ejemplo, se abordan aspectos esenciales del desarrollo moderno de software, como el diseño orientado a objetos, el uso de bases de datos relacionales (SQLite), la implementación de CRUDs (crear, leer, actualizar, eliminar) y la construcción de interfaces de usuario web, todo ello sin abandonar el lenguaje C++. Además, se ofrece una metodología de trabajo iterativa y clara, pensada para que cualquier lector, con conocimientos básicos de programación, pueda seguir el proceso completo y aplicarlo luego a sus propios proyectos.

En definitiva, este libro no solo pretende enseñar a programar con C++, sino también mostrar cómo aplicar ese conocimiento para resolver problemas reales en entornos empresariales. Espero que este ejercicio práctico sirva como inspiración y punto de partida para desarrollar soluciones más ambiciosas y robustas, tanto a nivel personal como profesional.

José Vicente Carratalá Sanchis

2. Introducción

2.1. El por qué de este libro

En la década de los ochenta, C++ surgió como un superconjunto del lenguaje original C. Esta evolución permitió a los programadores construir aplicaciones cada vez más grandes y complejas, adoptando el paradigma de la programación orientada a objetos sin renunciar al control de bajo nivel sobre el hardware, gracias a características como los punteros.

De este modo, C++ alcanzó rápidamente una gran popularidad y reconocimiento. Su capacidad para estructurar el código de forma limpia, combinada con su potencia y versatilidad, lo convirtió en una herramienta clave durante una época de rápidas revoluciones tecnológicas.

Sin embargo, a mediados de los años noventa, C++ fue progresivamente desplazado por otros lenguajes considerados más modernos, como Java o C#. Estos ofrecían promesas similares de control y potencia, pero añadían características más acordes con las nuevas necesidades del desarrollo, como la facilidad para crear interfaces gráficas y la posibilidad de utilizar extensas librerías que aceleraban el desarrollo de software.

Durante la década siguiente, tanto C como C++ fueron perdiendo protagonismo en el ámbito profesional. No obstante, en los últimos diez o quince años, diversos factores han vuelto a poner en valor estos lenguajes. Según el índice TIOBE —en el momento de escribir este libro— C++ es el segundo lenguaje más utilizado a nivel global, solo por detrás del omnipresente Python. Además, C ocupa el tercer lugar, lo que significa que, si consideramos ambos como parte de una misma familia de lenguajes (cosa que tiene bastante sentido desde el punto de vista técnico), su combinación representa el porcentaje de uso más alto en la industria del software actual.

Esta tendencia por sí sola ya justificaría la existencia de un libro como este, centrado en cómo construir aplicaciones de gestión empresarial con C++. Pero además, se suma otra motivación: la escasa disponibilidad de literatura actualizada y específica sobre este lenguaje. Mientras que existen numerosos libros y recursos sobre lenguajes como Python o JavaScript, resulta mucho más difícil encontrar materiales que profundicen en el uso de C++ aplicado a contextos empresariales.

Este libro nace con la intención de cubrir esa carencia. No se centra únicamente en enseñar los fundamentos del lenguaje —algo que ya puedes encontrar en otros títulos del mismo autor—, sino que pretende ir un paso más allá: presentar un ejercicio práctico lo más completo posible, dentro de las limitaciones razonables de un libro, para mostrar cómo se puede construir una aplicación real destinada a gestionar algún aspecto concreto, más o menos amplio, de una empresa.

2.2. Sobre el autor

Mi nombre es José Vicente Carratalá Sanchis. Soy desarrollador de software, docente y autor de diversos libros y materiales didácticos centrados en la enseñanza de la programación, tanto para entornos educativos como para profesionales del sector.

Desde hace más de veinte años me dedico al desarrollo de soluciones informáticas para empresas, abarcando desde aplicaciones de escritorio hasta sistemas web complejos, pasando por bases de datos, interfaces gráficas y arquitecturas distribuidas. A lo largo de mi carrera he utilizado múltiples lenguajes de programación, pero C++ ha ocupado un lugar destacado tanto en mis proyectos profesionales como en mi actividad docente.

Mi labor como formador me ha permitido identificar las dificultades más comunes a las que se enfrentan los estudiantes y programadores que quieren aprender C++, especialmente cuando intentan dar el salto desde los fundamentos del lenguaje hacia el desarrollo de aplicaciones reales. Este libro nace precisamente con la intención de tender ese puente:

ayudar al lector a aplicar sus conocimientos en la creación de una solución completa, funcional y cercana al mundo empresarial.

Puedes encontrar parte de mi trabajo y proyectos en línea, muchos de los cuales están disponibles como software libre. Mantengo una presencia activa en plataformas como GitHub, donde comparto código y colaboro en iniciativas educativas y de desarrollo.

2.3. Tema del ejercicio

El objetivo de este ejercicio es doble. Por un lado, se pretende mostrar un proceso real y habitual dentro del entorno de una empresa, eligiendo como ejemplo uno que resulte fácil de comprender para cualquier lector. Por este motivo, se ha optado por simular el funcionamiento de una biblioteca de libros físicos: un entorno que la mayoría de personas conoce bien, ya que en algún momento han visitado una biblioteca y han solicitado el préstamo de un libro.

Por otro lado, el ejercicio busca ilustrar un modelo de desarrollo en tres capas claramente diferenciadas:

- **Capa de datos**, gestionada mediante una base de datos que almacena toda la información relevante.

- **Capa de lógica de negocio**, desarrollada en C++, que actúa como el controlador del sistema y se encarga de procesar la información.

- **Capa de presentación**, o interfaz gráfica de usuario, que permite la interacción con el usuario final.

La idea es representar de forma práctica una arquitectura modular basada en tres capas, una metodología ampliamente utilizada en el desarrollo de software moderno por su claridad, mantenibilidad y escalabilidad.

2.4. Estructura del ejercicio

El desarrollo de este ejercicio se organizará de forma iterativa, dentro de una carpeta de proyecto local. A lo largo del libro, seguiremos una metodología progresiva: en cada iteración intentaremos alcanzar un objetivo funcional concreto y, una vez conseguido, se creará una copia del proyecto antes de continuar con la siguiente mejora. De este modo, cada versión del proyecto quedará guardada como un hito estable, lo que permite revisar o retomar cualquier punto del desarrollo con facilidad.

Esta estrategia sencilla —basada en duplicar carpetas— es una forma accesible de implementar un enfoque iterativo sin necesidad de herramientas adicionales. Alternativamente, es perfectamente válido utilizar un sistema de control de versiones como Git y alojar el código en plataformas como GitHub. Sin embargo, he optado por no introducir esta metodología directamente en el libro para no sobrecargar el contenido con herramientas externas, priorizando así la claridad y la accesibilidad.

Dicho esto, cualquier lector interesado en una gestión más profesional del código puede hacerlo. De hecho, muchos de los proyectos que desarrollo están disponibles públicamente en repositorios en línea, en formato de software libre, para que cualquiera pueda acceder, estudiar y reutilizar el código. Por esta razón, animo a utilizar herramientas como Git y GitHub tanto para crear un portafolio personal como para contar con un sistema de versionado que proteja y documente la evolución de nuestras aplicaciones.

2.5. Código disponible en Github

A lo largo del ejercicio, y especialmente en las últimas secciones de este libro, veremos que algunos archivos de código alcanzan una extensión considerable, ocupando incluso varias páginas. Para facilitar la consulta y evitar dificultades de lectura, todo el código presentado en este libro está también disponible en un repositorio público de GitHub, al que cualquier lector puede acceder libremente.

Al inicio de cada capítulo encontrarás un enlace directo al repositorio correspondiente, desde el cual podrás descargar la versión completa y actualizada del código fuente de esa sección.

No obstante, es importante destacar que uno de los aspectos clave del aprendizaje en programación consiste en **copiar el código manualmente**. Este ejercicio desarrolla la atención al detalle y refuerza la comprensión del funcionamiento del programa, algo fundamental para cualquier programador.

Por esta razón, aunque tengas la opción de copiar y pegar el código desde GitHub, te animo encarecidamente a escribirlo tú mismo mientras lees. Si en algún momento el programa no funciona como esperas, trata de detectar y corregir los errores por tu cuenta: este tipo de práctica es una de las mejores formas de afianzar conocimientos.

2.6. Utilización de librerías del núcleo

Para maximizar la compatibilidad del ejercicio presentado en este libro y minimizar las dependencias externas, todo el desarrollo se ha realizado utilizando exclusivamente las **librerías estándar del lenguaje C++**, con una única excepción: la librería necesaria para conectarse a bases de datos SQLite.

En el capítulo correspondiente se mostrarán instrucciones detalladas para integrar la librería de SQLite en tu entorno de desarrollo, tanto si trabajas en **Windows**, como en **macOS** o **Linux**.

Además, hay ciertas funcionalidades del proyecto —como el procesamiento de archivos JSON o la creación de un microservidor web— que, aunque podrían haberse implementado utilizando librerías externas, se han resuelto utilizando únicamente herramientas incluidas en el propio núcleo de C++. Esto garantiza una mayor portabilidad del código, reduce la complejidad de la instalación y facilita la comprensión del funcionamiento interno de cada componente.

Por supuesto, si en el futuro deseas ampliar este ejercicio o reutilizar parte de su estructura para otros proyectos más complejos, puedes incorporar librerías externas que simplifiquen tareas específicas o añadan funcionalidades avanzadas. Este enfoque inicial, basado en el núcleo del lenguaje, te servirá como una base sólida sobre la que construir.

2.7. Planteamiento del ejercicio

Antes de comenzar a escribir una sola línea de código, es fundamental tener claro qué queremos construir. Es decir, debemos entender cuál es la misión del proyecto y qué problema concreto queremos resolver mediante software.

Para ello, vamos a plantear el ejercicio como si se tratara de un **encargo real**, recibido por parte de un cliente o de un responsable dentro de una empresa. Todo podría empezar, por ejemplo, con la siguiente frase:

> *"Quiero desarrollar una aplicación informática para la gestión de una biblioteca de libros. En esta aplicación se gestionará el fondo bibliográfico y los préstamos de dichos libros a los usuarios."*

Esta frase, que representa el encargo inicial, nos proporciona una visión clara de la necesidad del cliente y del objetivo funcional del sistema que se desea desarrollar. Nos permite definir el alcance del proyecto desde una perspectiva práctica.

Entre los muchos tipos de aplicaciones que podrían desarrollarse en un libro como este, he elegido simular el funcionamiento del sistema de gestión de una biblioteca por varias razones:

- **Es un entorno conocido por todos**. Cualquier persona, independientemente de su edad o formación, ha visitado alguna vez una biblioteca y probablemente ha realizado un préstamo de libros. Esto facilita enormemente la comprensión del ejercicio, ya que no requiere conocimientos técnicos previos sobre el dominio.

- **Requiere una lógica sencilla pero realista**. Aunque se trata de un sistema simplificado, involucra procesos muy similares a los que encontramos en aplicaciones empresariales reales: gestión de entidades, operaciones CRUD, relaciones entre datos, y flujos de interacción entre usuario y sistema.

- **Permite un desarrollo progresivo**. A pesar de su aparente simplicidad, el proyecto irá creciendo en complejidad a medida que avancemos, incluyendo múltiples clases, persistencia de datos, arquitectura en capas e incluso una interfaz gráfica. Veremos que, incluso partiendo de un ejemplo modesto, se puede alcanzar un nivel de desarrollo técnico considerable.

Este planteamiento nos servirá como base para construir una aplicación completa, paso a paso, tal y como lo haríamos en un proyecto profesional real.

2.8. Nota sobre la visualización del código en este libro

A lo largo de este libro, encontrarás numerosos fragmentos de código fuente escritos en el lenguaje de programación C++. Estos fragmentos tienen como objetivo ilustrar de forma clara y didáctica la estructura, la lógica y la sintaxis de las distintas secciones de los programas que estamos desarrollando. Sin embargo, debido a las limitaciones propias del formato impreso (especialmente el ancho de página), es importante hacer una aclaración crucial sobre la disposición del código en algunas secciones.

En ocasiones, una línea de código ha sido dividida en dos o más líneas dentro de las páginas del libro, no por motivos técnicos o de estilo, sino por una mera cuestión de espacio físico en la maquetación. Este tipo de división se realiza de forma visual, insertando un salto de línea únicamente para permitir que el texto completo de la instrucción pueda verse sin salirse de los márgenes del libro.

Es fundamental que el lector tenga en cuenta que estas divisiones no deben replicarse al escribir el código en el editor o entorno de desarrollo.

Esto no significa que el salto de línea deba escribirse literalmente. En realidad, toda la instrucción debe estar contenida en una única línea continua en el archivo fuente. De lo contrario, el compilador podría interpretar mal la sintaxis, provocar errores de compilación o alterar el comportamiento esperado del programa.

Este tipo de fragmentación también puede ocurrir en líneas largas de definición de funciones, llamadas a métodos con muchos parámetros, sentencias `if` o `for` complejas, o incluso en inicializaciones de objetos. El objetivo de esta práctica editorial no es alterar la lógica del código, sino hacerla más legible dentro de los márgenes establecidos por el formato del libro.

Por lo tanto, recomendamos encarecidamente que, al transcribir cualquier fragmento de código desde el libro al entorno de desarrollo, se preste atención a estos casos y se reconstituya la línea original sin los saltos de línea añadidos artificialmente.

En caso de duda, recuerda que:

- Cada instrucción en C++ debe escribirse tal y como la entiende el compilador, sin saltos de línea innecesarios.
- Puedes consultar ejemplos completos que acompañan al libro (si están disponibles en formato digital o repositorio), donde las líneas aparecerán en su forma original, sin fragmentación editorial.

- El uso de editores con coloreado de sintaxis y detección de errores puede ayudarte a identificar cuándo una línea ha sido mal transcrita.

Y si aún tienes dudas, puedes consultar el código fuente completo y original en el repositorio oficial del libro:

https://github.com/jocarsa/biblioteca-cpp

3. Modelo de datos

3.1. Búsqueda de entidades

A partir del párrafo que describe el objetivo del proyecto, vamos a extraer las palabras clave que nos servirán para identificar las **entidades principales** del sistema. Estas entidades, como es habitual en el análisis de requisitos, suelen ser sustantivos que representan objetos o conceptos importantes dentro del dominio de la aplicación.

Recordemos el texto del encargo:

> *"Quiero desarrollar una aplicación informática para la gestión de una biblioteca de libros. En esta aplicación se gestionará el fondo de libros de la biblioteca, y los préstamos de dichos libros a los usuarios."*

De este párrafo podemos identificar tres palabras clave fundamentales: **libros**, **préstamos** y **usuarios**.

Estas serán las **tres entidades básicas** de nuestra aplicación inicial. A partir de aquí, es importante considerar algunos aspectos prácticos:

- En una biblioteca, muchos libros pueden compartir el mismo autor. Si almacenamos el nombre del autor directamente dentro de cada libro, estaríamos repitiendo información innecesariamente. Por este motivo, **añadiremos una cuarta entidad llamada** `Autor`, para normalizar esta relación y optimizar el diseño de la base de datos.

- También es habitual que los libros estén organizados en **secciones** o categorías temáticas (por ejemplo: Literatura, Ciencia, Historia...). Para reflejar esta organización dentro del sistema, incorporaremos una quinta entidad llamada `Sección`.

Por tanto, las cinco entidades con las que trabajaremos en este ejercicio serán:

- **Libro**
- **Autor**
- **Sección**
- **Usuario**
- **Préstamo**

Una aplicación real para la gestión de bibliotecas podría incluir muchas más entidades (por ejemplo: editoriales, reservas, sanciones, tipos de usuario, etc.), pero esto también supondría un incremento significativo en la complejidad del sistema. Por ello, este libro se centrará en un conjunto reducido y representativo de entidades, suficientes para abordar los conceptos clave del desarrollo sin perder claridad.

Por supuesto, el lector podrá extender la estructura de la base de datos si desea ampliar el alcance del sistema una vez completado el ejercicio propuesto.

3.2. Modelo de datos

Una vez identificadas las entidades principales de nuestra aplicación, definimos a continuación sus atributos y las relaciones existentes entre ellas. Esta estructura de datos servirá como base para el diseño de la base de datos y para el desarrollo de las clases en C++.

ENTIDADES Y ATRIBUTOS

1. Autor

- id_autor (PK) – Identificador único del autor
- nombre – Nombre del autor
- apellidos – Apellidos del autor

2. Sección

- id_seccion (PK) – Identificador único de la sección
- nombre – Nombre de la sección (Ej: Literatura, Ciencia, Historia...)

3. Libro

- id_libro (PK) – Identificador único del libro
- titulo – Título del libro
- isbn – ISBN del libro
- anio_publicacion – Año de publicación
- id_autor (FK → Autor.id_autor) – Autor del libro (asumimos uno solo por libro)
- id_seccion (FK → Sección.id_seccion) – Sección a la que pertenece

4. Usuario

- id_usuario (PK) – Identificador único del usuario
- nombre – Nombre del usuario
- apellidos – Apellidos del usuario
- email – Correo electrónico (único)
- fecha_alta – Fecha en que se registró el usuario

5. Préstamo

- id_prestamo (PK) – Identificador único del préstamo
- id_libro (FK → Libro.id_libro) – Libro prestado
- id_usuario (FK → Usuario.id_usuario) – Usuario que realiza el préstamo
- fecha_prestamo – Fecha en que se realizó el préstamo
- fecha_devolucion – Fecha prevista para la devolución
- fecha_real_devolucion – Fecha real de devolución (nula si aún no ha devuelto)

RELACIONES

- Un autor puede tener varios libros (1:N).

- Una sección puede contener varios libros (1:N).
- Un libro puede ser prestado muchas veces, pero cada préstamo corresponde a un solo usuario y un solo libro (N:M implícito vía Préstamo).
- Un usuario puede tener múltiples préstamos (1:N).

Este modelo de datos sencillo pero completo será la base para la construcción de la base de datos relacional y para el diseño orientado a objetos en C++ que veremos en los próximos capítulos.

4. Elección de las tecnologías

4.1. C++ como núcleo del sistema

Para el ejercicio desarrollado en este libro utilizaremos **C++ como lenguaje de programación principal**. Este lenguaje será el encargado de construir el **núcleo del sistema**, es decir, la lógica interna que procesará los datos y gestionará el comportamiento de la aplicación.

C++ es un lenguaje polivalente, ampliamente utilizado tanto en el desarrollo de aplicaciones de escritorio como en soluciones de backend, incluidas aquellas que funcionan sobre servidores web. A lo largo de este libro veremos cómo aplicar sus capacidades a un contexto real de desarrollo empresarial.

C++ fue creado en la década de los 80 como una evolución del lenguaje C, con el objetivo de incorporar la **programación orientada a objetos** a un lenguaje que ya ofrecía un control muy preciso sobre el hardware. Este paradigma resultó especialmente útil en numerosos contextos de desarrollo, ya que permite estructurar el código de forma clara, modular y escalable.

Aunque durante los años 90 C++ fue progresivamente reemplazado por otros lenguajes orientados a objetos como Java o C# —que ofrecían mayor simplicidad para algunas tareas—, en los últimos años ha experimentado un importante resurgimiento. En el momento de redactar este libro, C++ ocupa el **segundo puesto en popularidad** según el índice TIOBE, únicamente superado por Python.

Si además consideramos el lenguaje C —su antecesor directo y con el que comparte muchas características fundamentales—, ambos conforman una familia que representa actualmente el **mayor porcentaje de uso profesional en la industria del software**. Esta tendencia demuestra que C y C++ siguen siendo lenguajes clave para el desarrollo de aplicaciones exigentes, potentes y de alto rendimiento.

En este proyecto veremos cómo aprovechar esas cualidades para construir una aplicación empresarial completa, sólida y fácilmente ampliable.

4.2. SQLite como base de datos

En una primera fase del proyecto, desarrollaremos una aplicación que se conectará a una base de datos para realizar cualquier tipo de operación. El objetivo es que la información quede **almacenada de forma persistente**, garantizando así su conservación entre sesiones y su disponibilidad a lo largo del tiempo.

De entre los múltiples motores de bases de datos disponibles, en este libro utilizaremos **SQLite** como opción principal. Las razones para esta elección son varias:

- **Es un motor SQL real**, que permite ilustrar claramente los conceptos y procedimientos propios de este tipo de sistemas, incluyendo consultas, relaciones entre tablas y manipulación estructurada de datos.

- **Es extremadamente fácil de instalar y utilizar**, mucho más que otros motores populares como MySQL o PostgreSQL, lo cual lo convierte en una excelente opción para fines didácticos y proyectos ligeros.

- **No requiere un servidor independiente**, ya que toda la base de datos se almacena en un único archivo, lo que facilita la portabilidad y la integración directa con aplicaciones de escritorio o de un solo usuario.

A lo largo de este libro, iremos desarrollando una aplicación que **evoluciona progresivamente**: comenzaremos con una versión de escritorio monopuesto, pensada para un único usuario en una máquina local. Posteriormente, adaptaremos esa misma aplicación para que pueda ejecutarse en una red local con múltiples usuarios, y finalmente plantearemos su evolución a una aplicación accesible vía web desde cualquier parte del mundo.

Desde este punto de vista, **SQLite cumple con todos los requisitos técnicos y didácticos** para acompañarnos en cada etapa de este proceso. Ofrece la potencia suficiente para ilustrar casos reales, y su simplicidad permite centrar el aprendizaje en el desarrollo de la aplicación en sí, sin distraernos con configuraciones complejas.

Más adelante, cuando completes este proyecto, podrás ampliar su funcionalidad y sustituir SQLite por motores más avanzados como **MySQL** o **PostgreSQL**, sin necesidad de cambiar la lógica de negocio, ya que todos ellos comparten la base del lenguaje SQL.

4.3. Tecnologías web como interfaz gráfica de usuario

En este libro, en algún punto abordaremos el desarrollo de una **interfaz gráfica de usuario (GUI)**. Este aspecto, que está muy bien resuelto en otros lenguajes como Python (por ejemplo, mediante la librería *Tkinter*), plantea un desafío más complejo en C++.

A diferencia de otros lenguajes, **C++ no cuenta con una librería oficial ni universalmente aceptada para la creación de interfaces gráficas**. Existen múltiples alternativas —como Qt, wxWidgets o GTK+—, pero muchas de ellas presentan dificultades de instalación, carecen de compatibilidad multiplataforma o exigen configuraciones complejas.

Uno de los objetivos de este libro es proporcionar un ejercicio práctico que **cualquier lector pueda reproducir independientemente del sistema operativo** que utilice. Por ello, se ha optado por una solución más versátil, moderna y universal: el uso de **tecnologías web como interfaz gráfica de usuario**.

Entre los años 1995 y 2025, el paradigma dominante en software de usuario fue el de aplicaciones de escritorio con interfaz basada en ventanas. Sin embargo, en el momento de escribir este libro (2025), las **interfaces web** se han consolidado como la forma más cómoda, potente y multiplataforma de desarrollar GUIs. Estas interfaces, basadas en tecnologías ampliamente estandarizadas como **HTML, CSS y JavaScript**, ofrecen una experiencia rica, moderna y con una gran proyección de futuro.

Por esta razón, entre las múltiples alternativas disponibles, optaremos por implementar la interfaz gráfica de nuestra aplicación mediante tecnologías web. Y quizás te preguntes: *¿cómo puede integrarse una interfaz web con una aplicación de escritorio escrita en C++?*

La respuesta la veremos a lo largo del libro. La idea consiste en **utilizar las capacidades de C++ para crear un microservidor web**, que actuará como intermediario entre la lógica de negocio de la aplicación y el navegador del usuario. De este modo, será posible ofrecer una interfaz gráfica moderna, profesional y accesible desde cualquier navegador web, incluso desde dispositivos móviles, sin necesidad de instalar herramientas adicionales.

4.4. Instalación de un entorno de desarrollo

4.4.1. Utilización de un editor de código

Para la realización de este ejercicio, puedes utilizar **cualquier editor de código o entorno de desarrollo** que te permita trabajar con archivos en C++. No existe una única opción válida: lo importante es que te sientas cómodo con la herramienta elegida y que te permita compilar y ejecutar tu código sin complicaciones.

Durante el desarrollo de este libro, todo el código ha sido escrito utilizando un **editor de texto simple en un entorno Linux**, concretamente un bloc de notas sin funcionalidades adicionales. Esto demuestra que no es necesario disponer de herramientas complejas para poder trabajar eficazmente en C++, especialmente si el objetivo es comprender a fondo la lógica del programa.

No obstante, si lo prefieres, puedes utilizar entornos más completos, como Visual Studio Code, CLion, Code::Blocks o incluso Visual Studio, dependiendo del sistema operativo en el que estés trabajando. Todos ellos ofrecen funciones como resaltado de sintaxis, autocompletado, depuración y gestión de proyectos, que pueden ayudarte a agilizar el desarrollo.

En resumen, la elección del editor queda a discreción del lector: **lo importante es que el entorno facilite tu trabajo sin imponerte barreras**.

4.4.2. Utilización de un compilador

Para que el código desarrollado en este libro funcione correctamente, es imprescindible contar con un **compilador de C++** instalado en tu sistema. Existen múltiples opciones en el mercado, y puedes utilizar **cualquier compilador que cumpla con el estándar del lenguaje**.

Para facilitar la instalación, se recomienda utilizar el compilador **MinGW**, disponible para Windows, macOS y Linux desde la siguiente dirección:

https://sourceforge.net/projects/mingw/

Esta herramienta es especialmente útil si estás trabajando en **Windows**. Durante la instalación, asegúrate de seleccionar correctamente la opción correspondiente al compilador de C++ (puede aparecer como `g++` o similar).

4.4.2.1. En sistemas Linux (Debian/Ubuntu)

Si estás trabajando en una distribución basada en Debian (como Ubuntu), puedes instalar las herramientas de compilación desde la terminal con el siguiente comando:

```
sudo apt install build-essential
```

Este paquete incluye `g++`, el compilador de C++ de GNU, así como otras utilidades necesarias.

4.4.2.2. En macOS

En macOS, puedes obtener un compilador C++ sin necesidad de instalar Xcode completo. Basta con abrir la terminal y ejecutar:

```
xcode-select --install
```

Este comando instalará las herramientas esenciales de desarrollo, incluyendo `clang`, el compilador de C/C++ de Apple.

Este libro ha sido diseñado para minimizar las dependencias externas y facilitar al máximo el proceso de instalación y compilación. No obstante, **sí será necesario instalar la librería de SQLite**, ya que la base de datos de nuestra aplicación se construirá sobre este sistema.

En el próximo apartado te mostraremos cómo instalar SQLite para que esté disponible y pueda utilizarse desde C++ en tu sistema operativo.

4.5. Acerca del entorno de producción

A lo largo del libro veremos que el **entorno de producción** para el ejercicio que desarrollamos puede variar considerablemente, dependiendo de cómo y dónde se desee implantar la aplicación.

Inicialmente, el sistema puede ejecutarse **de forma local en un único ordenador**, lo que podríamos llamar un entorno **monopuesto**. Esta es la opción más sencilla para comenzar, ya que no requiere configuración adicional más allá de tener instalado el compilador y los archivos del proyecto.

Sin embargo, una de las grandes ventajas de utilizar **tecnologías web para la interfaz de usuario** es que la aplicación puede evolucionar fácilmente hacia un entorno más complejo, como por ejemplo un **servidor local dentro de una red de área local (LAN)**. En este escenario, múltiples usuarios pueden acceder simultáneamente a la aplicación desde distintos dispositivos, siempre que tengan acceso al navegador web. Y dado que prácticamente todos los sistemas operativos cuentan con un navegador preinstalado desde mediados de los años 90, la compatibilidad está garantizada.

Más adelante, también es posible **convertir esta misma aplicación en un sistema accesible desde Internet**, simplemente desplegándola en un **servidor web público**. De este modo, el software podría utilizarse desde cualquier parte del mundo, siempre que se disponga de conexión a la red.

Por tanto, el **entorno de producción dependerá en última instancia del objetivo del lector**. El enfoque recomendado es que sigas el ejercicio a medida que se presenta en el libro, explorando cada una de estas posibilidades en orden creciente de complejidad. Una vez finalizado el desarrollo, podrás decidir con mayor criterio cuál es el modelo de implantación que mejor se adapta a tus necesidades.

5. Base de datos

5.1. Creación de una nueva base de datos

El primer paso en el desarrollo de nuestra aplicación será la creación de una **base de datos vacía**, que nos servirá como almacén para toda la información del sistema.

Dado que hemos elegido **SQLite** como motor de base de datos, disponemos de múltiples alternativas para crear archivos de base de datos en este formato. Podemos optar por herramientas de terminal o por aplicaciones con interfaz gráfica. Para este ejercicio, recomendamos el uso de una herramienta llamada **DB Browser for SQLite**, que puede descargarse gratuitamente desde la siguiente dirección:

https://sqlitebrowser.org/

Esta aplicación está disponible para **Windows, macOS y Linux**, y ofrece una experiencia sencilla, intuitiva y multiplataforma, ideal para usuarios de todos los niveles.

Una vez instalada la herramienta, lo primero que debemos hacer es **crear una nueva base de datos vacía** y guardarla en la carpeta del proyecto con el que estemos trabajando. De esta forma, todos los archivos del ejercicio estarán organizados y accesibles desde un mismo lugar.

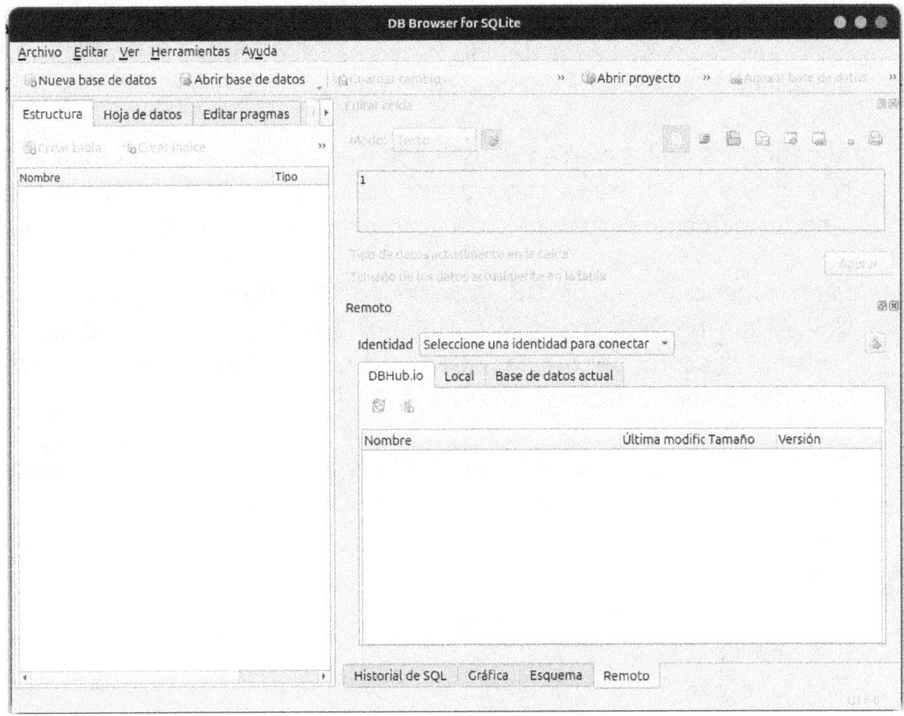

Es habitual que, al crear una base de datos nueva con DB Browser for SQLite, el programa muestre automáticamente un cuadro de diálogo para definir una tabla inicial. En nuestro caso, como el código para la creación de las tablas se proporcionará más adelante en este capítulo, **podemos cerrar esa ventana emergente** sin realizar ninguna acción adicional.

En el siguiente apartado veremos cómo definir la estructura de las tablas necesarias para que nuestra aplicación funcione correctamente.

5.2. Creación de la estructura de la base de datos

Llegados a este punto, vamos a definir la **estructura de la base de datos** creando las tablas correspondientes a las entidades que diseñamos en capítulos anteriores. Tal y como se mencionó anteriormente, el diseño de estas entidades se ha mantenido lo más sencillo posible, con el objetivo de facilitar tanto su implementación como su comprensión.

Al definir las tablas mediante instrucciones SQL, hemos procurado que el código sea lo más conciso posible, para evitar sobrecargar innecesariamente el contenido del libro y mantener el enfoque práctico.

Para comenzar, abrimos **DB Browser for SQLite** (u otra herramienta similar que prefieras usar), y accedemos a la pestaña o sección donde podamos **ejecutar sentencias SQL** directamente sobre la base de datos vacía que hemos creado en el paso anterior.

Empezaremos creando la tabla correspondiente a la entidad **Autor**. Introduce el siguiente código en el editor SQL y ejecútalo:

```
CREATE TABLE Autor (
    id_autor INTEGER PRIMARY KEY,
    nombre TEXT NOT NULL,
    apellidos TEXT NOT NULL
);
```

A continuación, introduciremos el siguiente bloque de código para crear la tabla correspondiente a las **secciones**:

```
CREATE TABLE Seccion (
    id_seccion INTEGER PRIMARY KEY,
    nombre TEXT NOT NULL
);
```

Es importante destacar que, como en nuestra base de datos existen **restricciones de clave foránea**, el **orden en que creamos las tablas es relevante**. Estamos comenzando por aquellas que **no dependen de ninguna otra** (es decir, no contienen claves foráneas), como `Autor` y `Seccion`.

Una vez que estas tablas estén creadas, procederemos a crear aquellas que **sí incluyen referencias a otras tablas**. Si intentáramos hacerlo en orden inverso, el sistema gestor de base de datos arrojaría un error, ya que intentaría establecer una relación con una tabla que aún no existe.

Este enfoque ordenado nos garantiza que todas las restricciones de integridad referencial se puedan aplicar correctamente desde el inicio.

En los siguientes pasos, crearemos las tablas `Libro`, `Usuario` y `Prestamo`, respetando esta lógica de dependencias.

Ahora procederemos a crear la tabla **Libro**, utilizando el siguiente bloque de código:

```
CREATE TABLE Libro (
    id_libro INTEGER PRIMARY KEY,
    titulo TEXT NOT NULL,
    isbn TEXT NOT NULL,
    anio_publicacion INTEGER,
    id_autor INTEGER NOT NULL,
    id_seccion INTEGER NOT NULL,
    FOREIGN KEY (id_autor) REFERENCES Autor(id_autor),
    FOREIGN KEY (id_seccion) REFERENCES
Seccion(id_seccion)
);
```

Como se puede observar, en la definición de esta tabla incluimos **dos claves foráneas**: una que enlaza con la tabla `Autor` y otra con la tabla `Seccion`. Estas claves permiten mantener la integridad referencial, asegurando que cada libro registrado esté vinculado a un autor y a una sección existentes en la base de datos.

Dado que ya hemos creado previamente las tablas `Autor` y `Seccion`, la ejecución de este código **no debería generar ningún error**. Si intentáramos hacerlo en otro orden, el sistema gestor SQLite no permitiría establecer referencias a tablas inexistentes, por lo que es fundamental respetar el orden lógico de creación.

Una vez creada la tabla `Libro`, el siguiente paso lógico es preparar la base de datos para registrar los **préstamos** de libros. Sin embargo, antes de poder crear la tabla `Prestamo`, necesitamos definir la tabla `Usuario`, ya que el préstamo está vinculado tanto a un libro como a un usuario.

Por lo tanto, procederemos a crear la tabla

```
CREATE TABLE Usuario (
    id_usuario INTEGER PRIMARY KEY,
    nombre TEXT NOT NULL,
    apellidos TEXT NOT NULL,
    email TEXT NOT NULL UNIQUE,
    fecha_alta TEXT NOT NULL  -- formato ISO (YYYY-MM-DD)
);
```

En esta tabla se almacenará la información básica de cada usuario que puede acceder al sistema y realizar préstamos. El campo `email` se define como **único** para evitar duplicados y poder identificar de forma inequívoca a cada usuario. El campo `fecha_alta` nos permitirá registrar el momento en que el usuario fue dado de alta en el sistema.

Una vez creada esta tabla, ya contaremos con todas las estructuras necesarias para poder crear la tabla de préstamos, tal como veremos a continuación.

Y por último, creamos la **quinta y última tabla** del modelo de datos que estamos utilizando en este proyecto: la tabla **Prestamo**. En ella almacenaremos todos los registros de préstamos realizados durante la ejecución de la aplicación.

Cada préstamo estará vinculado a un **libro** y a un **usuario**, por lo que esta tabla incluye **dos claves foráneas**: una hacia la tabla `Libro` y otra hacia la tabla `Usuario`.

A continuación, el bloque de código SQL correspondiente:

```
CREATE TABLE Prestamo (
    id_prestamo INTEGER PRIMARY KEY,
    id_libro INTEGER NOT NULL,
    id_usuario INTEGER NOT NULL,
    fecha_prestamo TEXT NOT NULL,  -- formato ISO
(YYYY-MM-DD)
    fecha_devolucion TEXT NOT NULL,
    fecha_real_devolucion TEXT,  -- puede ser NULL
    FOREIGN KEY (id_libro) REFERENCES Libro(id_libro),
    FOREIGN KEY (id_usuario) REFERENCES
Usuario(id_usuario)
);
```

En esta estructura se almacenan las fechas del préstamo:

- `fecha_prestamo`: cuándo se realiza el préstamo.
- `fecha_devolucion`: cuándo está previsto que se devuelva el libro.
- `fecha_real_devolucion`: cuándo se devuelve realmente. Este campo puede permanecer **nulo** si el libro aún no ha sido devuelto.

Con esta tabla finalizamos la creación de la estructura base de datos que dará soporte a nuestra aplicación. En los siguientes capítulos comenzaremos a construir la lógica del sistema en C++.

5.3. Inserción de datos de ejemplo

Hasta este punto hemos creado correctamente la **estructura completa de nuestra base de datos**, definiendo todas las tablas necesarias para representar las entidades del sistema. Sin embargo, esta base de datos aún se encuentra **vacía**, lo que significa que no podremos probar correctamente la funcionalidad de la aplicación hasta que no haya al menos algunos datos disponibles.

Por esta razón, es recomendable **introducir una serie de datos iniciales de prueba**, que nos permitan verificar que las operaciones de consulta, inserción, modificación y eliminación se están realizando correctamente. Estos datos servirán como ejemplo de funcionamiento y facilitarán el desarrollo y las pruebas del sistema.

Comenzaremos insertando algunos registros en la tabla `Autor`, que como sabemos, no depende de ninguna otra tabla:

```
INSERT INTO Autor (id_autor, nombre, apellidos) VALUES (1,
'Ana', 'Torres Delgado');
INSERT INTO Autor (id_autor, nombre, apellidos) VALUES (2,
'Luis', 'Martín Ruiz');
INSERT INTO Autor (id_autor, nombre, apellidos) VALUES (3,
'Clara', 'Mendoza Pérez');
```

Estos registros nos permitirán asociar libros a autores reales en los siguientes pasos. A continuación, insertaremos datos de prueba en las demás tablas del sistema.

A continuación, procederemos a insertar registros en la tabla **Seccion**. Al igual que en el caso de `Autor`, esta tabla **no depende de ninguna otra**, por lo que puede poblarse en este momento sin riesgo de errores de integridad referencial.

Es importante recordar que debemos **seguir un orden lógico** al insertar datos: primero completamos las tablas independientes, y después aquellas que contienen claves foráneas.

Insertamos los siguientes registros en `Seccion`:

```
INSERT INTO Seccion (id_seccion, nombre) VALUES (1,
'Literatura');
INSERT INTO Seccion (id_seccion, nombre) VALUES (2,
'Ciencia');
INSERT INTO Seccion (id_seccion, nombre) VALUES (3,
'Historia');
```

Estas secciones servirán para clasificar los libros que añadiremos en el siguiente paso.

Ahora que ya hemos insertado datos en las tablas `Autor` y `Seccion`, podemos proceder con la inserción de registros en la tabla **Libro**. Esta tabla **depende de las anteriores** mediante claves foráneas, por lo que hasta este momento no habríamos podido insertar datos sin provocar errores.

Las claves foráneas `id_autor` e `id_seccion` hacen referencia a identificadores que **ya existen** en las tablas correspondientes, así que ahora sí podemos relacionar cada libro con su autor y su sección correspondiente.

A continuación, algunos registros de ejemplo para la tabla `Libro`:

```
INSERT INTO Libro (id_libro, titulo, isbn,
anio_publicacion, id_autor, id_seccion)
VALUES (1, 'El susurro del bosque', '978-3-16-148410-0',
2015, 1, 1);

INSERT INTO Libro (id_libro, titulo, isbn,
anio_publicacion, id_autor, id_seccion)
VALUES (2, 'Física para curiosos', '978-0-12-345678-9',
2019, 2, 2);

INSERT INTO Libro (id_libro, titulo, isbn,
anio_publicacion, id_autor, id_seccion)
```

```
VALUES (3, 'Misterios del pasado', '978-1-23-456789-0',
2021, 3, 3);

INSERT INTO Libro (id_libro, titulo, isbn,
anio_publicacion, id_autor, id_seccion)
VALUES (4, 'El eco de las montañas', '978-9-87-654321-0',
2018, 1, 1);
```

En este ejemplo, asumimos que:

- El autor Gabriel García Márquez tiene `id_autor = 1`,
- Jane Austen tiene `id_autor = 2`,
- Jules Verne tiene `id_autor = 3`,
- Y que las secciones correspondientes (Literatura, Ciencia Ficción) tienen `id_seccion = 1` y `id_seccion = 2`.

Si se han seguido los pasos previos tal como se han descrito, estos valores coincidirán sin problema.

A continuación, introduciremos una serie de registros de prueba en la tabla **Usuario**. Esto es necesario antes de poder insertar datos en la tabla `Prestamo`, ya que esta última contiene claves foráneas que dependen de `Usuario` y de `Libro`.

Insertamos los siguientes datos en la tabla `Usuario`:

```
INSERT INTO Usuario (id_usuario, nombre, apellidos, email,
fecha_alta)
VALUES (1, 'Carlos', 'López García',
'carlos.lopez@example.com', '2023-01-15');
```

```
INSERT INTO Usuario (id_usuario, nombre, apellidos, email,
fecha_alta)
VALUES (2, 'Marta', 'Fernández Soto',
'marta.soto@example.com', '2022-11-10');

INSERT INTO Usuario (id_usuario, nombre, apellidos, email,
fecha_alta)
VALUES (3, 'Iván', 'Ramírez Díaz',
'ivan.ramirez@example.com', '2023-05-05');
```

Con estos registros ya contamos con usuarios válidos en el sistema, lo que nos permite crear préstamos que los vinculen con libros específicos, tal como haremos en el siguiente paso.

Por último, introduciremos un **conjunto mínimo de datos** en la tabla **Prestamo**, con el objetivo de contar con información inicial que nos permita realizar pruebas y validar el funcionamiento de la aplicación una vez esté en marcha.

Dado que ya hemos creado libros y usuarios en los pasos anteriores, ahora podemos relacionarlos mediante préstamos, asegurándonos de que los identificadores (`id_libro` e `id_usuario`) coincidan con los registros ya insertados.

A continuación, algunos ejemplos de inserción:

```
INSERT INTO Prestamo (id_prestamo, id_libro, id_usuario,
fecha_prestamo, fecha_devolucion, fecha_real_devolucion)
VALUES (1, 1, 1, '2024-12-01', '2024-12-15',
'2024-12-14');

INSERT INTO Prestamo (id_prestamo, id_libro, id_usuario,
fecha_prestamo, fecha_devolucion, fecha_real_devolucion)
VALUES (2, 2, 2, '2025-01-10', '2025-01-24', NULL);
```

```
INSERT INTO Prestamo (id_prestamo, id_libro, id_usuario,
fecha_prestamo, fecha_devolucion, fecha_real_devolucion)
VALUES (3, 3, 1, '2025-02-20', '2025-03-05',
'2025-03-03');

INSERT INTO Prestamo (id_prestamo, id_libro, id_usuario,
fecha_prestamo, fecha_devolucion, fecha_real_devolucion)
VALUES (4, 4, 3, '2025-03-12', '2025-03-26',
'2025-03-27');  -- con retraso
```

En estos registros:

- El primer préstamo fue devuelto antes de la fecha prevista.
- El segundo aún está pendiente de devolución (`fecha_real_devolucion` es `NULL`).
- El tercero fue devuelto en fecha.

Con estos datos ya disponibles, la base de datos está **lista para comenzar el desarrollo y la prueba de la aplicación** en C++.

6. Creación de una estructura de proyecto

6.1. Archivos del proyecto

Hasta este punto del desarrollo, el proyecto se ha mantenido relativamente sencillo. La estructura y el código necesarios para iniciar esta primera iteración serán breves y fáciles de escribir, lo que permite al lector centrarse en comprender bien los fundamentos antes de avanzar hacia mayores niveles de complejidad.

Como se ha comentado anteriormente, es altamente recomendable que el lector **escriba el código manualmente**, en lugar de copiarlo directamente. Esta práctica no solo mejora la retención de los conceptos, sino que también **fomenta la atención al detalle**, una habilidad esencial en el ámbito de la programación, donde incluso el error más pequeño puede tener un impacto significativo.

Por tanto, aunque el **código completo del proyecto estará disponible públicamente**, en esta primera iteración se anima al lector a **escribir por sí mismo cada archivo y línea** que se muestra en las próximas páginas. Solo así se interioriza de forma práctica la lógica del sistema y se consolidan los conocimientos.

El código de esta primera versión se encuentra en el siguiente repositorio de GitHub, dentro de la carpeta `001`, correspondiente a la **primera iteración** del proyecto:

https://github.com/jocarsa/biblioteca-cpp/tree/main/001

A partir de aquí, comenzaremos a construir paso a paso cada uno de los archivos del proyecto, que irán creciendo en complejidad y funcionalidad conforme avancemos en las siguientes iteraciones.

6.2. Aspecto de la carpeta de proyecto

Hasta este punto del desarrollo, la **estructura de la carpeta del proyecto** será bastante simple y fácil de entender. Aunque en breve empezaremos a crear múltiples archivos fuente, cabecera y otros elementos necesarios, no debemos preocuparnos por la cantidad: en esta etapa inicial, **cada archivo contendrá poco código**, enfocado a una funcionalidad muy concreta.

A medida que avancemos, la organización modular del proyecto facilitará tanto la lectura como el mantenimiento del código, permitiendo dividir claramente las responsabilidades entre clases, funciones y archivos.

El aspecto general de la carpeta del proyecto en esta primera iteración será similar al siguiente:

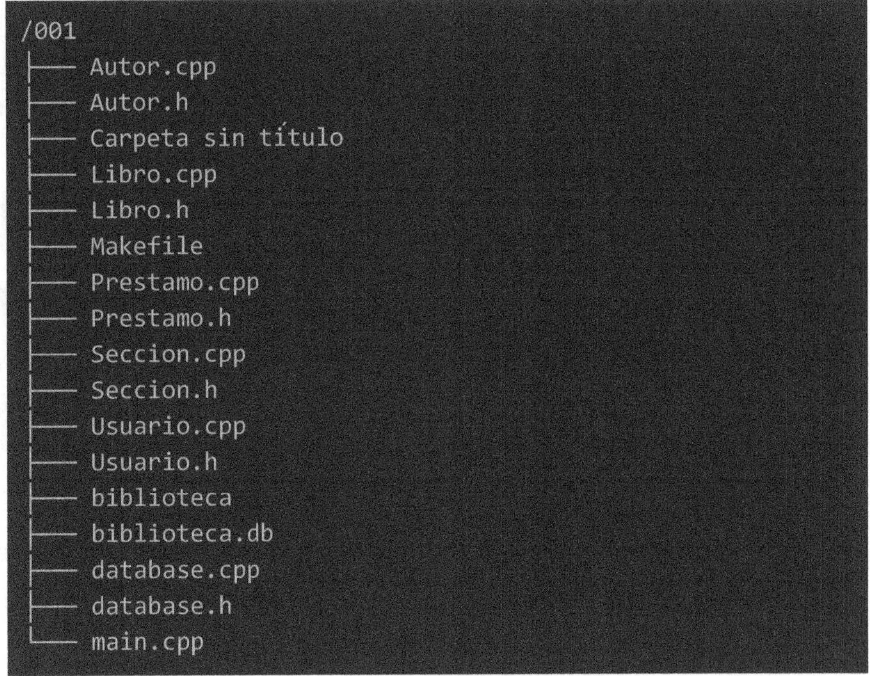

```
/001
├── Autor.cpp
├── Autor.h
├── Carpeta sin título
├── Libro.cpp
├── Libro.h
├── Makefile
├── Prestamo.cpp
├── Prestamo.h
├── Seccion.cpp
├── Seccion.h
├── Usuario.cpp
├── Usuario.h
├── biblioteca
├── biblioteca.db
├── database.cpp
├── database.h
└── main.cpp
```

6.3. Resumen de esta iteración

Una vez que hemos creado la base de datos del proyecto siguiendo el modelo de datos definido previamente, ha llegado el momento de empezar a construir la **aplicación propiamente dicha**, utilizando el lenguaje de programación **C++**.

En esta primera iteración nos enfocaremos en la **estructura orientada a objetos del proyecto**. Aunque no haremos un uso intensivo del paradigma de orientación a objetos —ya que buena parte de la información se moverá directamente entre el sistema y la base de datos—, sí vamos a beneficiarnos de sus ventajas para organizar el código de forma clara, modular y mantenible.

Concretamente, implementaremos:

- **Una clase para cada entidad** del modelo de datos (`Libro`, `Autor`, `Seccion`, `Usuario` y `Prestamo`).
- Cada clase contendrá, en esta fase inicial, tantas **propiedades** como atributos tenga su entidad correspondiente.
- Más adelante, cada clase irá incorporando los **métodos fundamentales CRUD**: creación, lectura, actualización y eliminación.

Estos métodos serán implementados progresivamente durante el desarrollo de las siguientes fases del ejercicio.

Además, seguiremos una **estructura modular** clásica en C++, en la que cada clase se divide en dos archivos:

- Un archivo **de cabecera** (`.h`), donde se declaran las propiedades y métodos públicos de la clase.
- Un archivo **de implementación** (`.cpp`), donde se define el comportamiento de cada uno de esos métodos.

Este enfoque nos permitirá reducir errores por dependencias circulares y facilitará el mantenimiento y escalabilidad del proyecto a medida que crezca.

En el próximo capítulo comenzaremos a escribir el código de estas clases, sentando las bases del núcleo lógico de nuestra aplicación.

6.4. Archivos de la clase Autor

Comenzamos el desarrollo del núcleo de la aplicación con la **clase** `Autor`, que representa una de las entidades básicas de nuestro modelo de datos. Esta clase estará dividida, como ya hemos explicado, en dos archivos:

- `Autor.h`: archivo de cabecera, donde se declara la estructura de la clase.
- `Autor.cpp`: archivo de implementación, donde se define el comportamiento de sus métodos.

En esta primera versión, la clase `Autor` incluirá un **constructor** que inicializa las propiedades principales (correspondientes a los atributos de la base de datos), y dos **métodos de tipo** `get`:

- Uno para obtener el **ID del autor**.
- Otro para obtener el **nombre completo**, uniendo nombre y apellidos.

Estos métodos nos servirán como base funcional y como ejemplo para el diseño del resto de clases. Más adelante, conforme avance el desarrollo, esta clase se ampliará con nuevos métodos (como los de inserción en base de datos, búsqueda, actualización, etc.).

Autor.cpp

```
#include "Autor.h"

Autor::Autor(
        int id,
        const std::string& nom,
        const std::string& ape)
    : id_autor(id),
    nombre(nom),
    apellidos(ape) {}

int Autor::getId() const {
    return id_autor;
}

std::string Autor::getNombreCompleto() const {
    return nombre + " " + apellidos;
}
```

Autor.h

```
#ifndef AUTOR_H
#define AUTOR_H

#include <string>

class Autor {
private:
    int id_autor;
    std::string nombre;
    std::string apellidos;

public:
    Autor(int id, const std::string& nom, const
```

```
std::string& ape);
    int getId() const;
    std::string getNombreCompleto() const;
};

#endif
```

Con esta estructura básica, ya tenemos una clase completamente funcional que representa a la entidad `Autor`. En los próximos apartados desarrollaremos las clases correspondientes a las demás entidades del sistema, siguiendo un patrón similar.

6.5. Archivos de la clase Libro

La clase `Libro` sigue el mismo patrón estructural que la clase `Autor`. Por un lado, tendremos un **archivo de cabecera** (`Libro.h`) en el que se define la forma general de la clase, y por otro lado un **archivo de implementación** (`Libro.cpp`) en el que se desarrolla el comportamiento de sus métodos.

En esta primera iteración, la clase contendrá las propiedades fundamentales extraídas del modelo de datos, así como un constructor para inicializarlas y dos métodos básicos:

- Un método `getId()` para obtener el identificador del libro.
- Un método `getTitulo()` para obtener el título del libro.

Tal como ocurrió con `Autor`, esta clase se irá ampliando a medida que avancemos, incorporando funciones para interactuar con la base de datos, actualizar datos y generar listados.

Libro.cpp

```
#include "Libro.h"

Libro::Libro(
        int id,
        const std::string& titulo,
        const std::string& isbn,
        int anio,
        int idAutor,
        int idSeccion)
    : id_libro(id),
    titulo(titulo),
    isbn(isbn),
    anio_publicacion(anio),
    id_autor(idAutor),
    id_seccion(idSeccion) {

    }

int Libro::getId() const {
        return id_libro;
}
std::string Libro::getTitulo() const {
        return titulo;
}
std::string Libro::getISBN() const {
        return isbn;
}
int Libro::getAnioPublicacion() const {
        return anio_publicacion;
}
int Libro::getIdAutor() const {
        return id_autor;
}
int Libro::getIdSeccion() const {
        return id_seccion;
```

```
}
```

Libro.h

```
#ifndef LIBRO_H
#define LIBRO_H

#include <string>

class Libro {
private:
    int id_libro;
    std::string titulo;
    std::string isbn;
    int anio_publicacion;
    int id_autor;
    int id_seccion;

public:
    Libro(
       int id,
       const std::string& titulo,
       const std::string& isbn,
       int anio,
       int idAutor,
       int idSeccion);
    int getId() const;
    std::string getTitulo() const;
    std::string getISBN() const;
    int getAnioPublicacion() const;
    int getIdAutor() const;
    int getIdSeccion() const;
};
```

```
#endif
```

Con esto, la clase `Libro` queda definida y lista para ser utilizada en la lógica del programa. En próximos pasos se incorporarán nuevos métodos que permitirán manipular los datos relacionados con los libros de forma completa.

6.6. Archivos de la clase Préstamo

La clase `Prestamo` sigue el mismo esquema que hemos utilizado en las clases anteriores. Contamos con un **archivo de cabecera** donde definimos la estructura de la clase, y un **archivo de implementación** donde desarrollamos el comportamiento de sus métodos.

En este caso, la entidad `Prestamo` incorpora dos **claves foráneas**: una que hace referencia a un libro y otra a un usuario. Sin embargo, esto no introduce mayor complejidad en esta fase inicial, ya que por el momento estamos implementando una **estructura mínima** necesaria para comenzar a trabajar.

La clase contendrá:

- Propiedades que reflejan los atributos del préstamo, incluyendo las fechas.
- Un constructor para inicializar los datos.
- Un método `getId()` para acceder al identificador del préstamo.

Más adelante, esta clase se ampliará para gestionar operaciones con la base de datos y representar relaciones más complejas entre las entidades.

Prestamo.cpp

```
#include "Prestamo.h"

Prestamo::Prestamo(
        int id,
        int idLibro,
        int idUsuario,
        const std::string& fechaPrestamo,
        const std::string& fechaDevolucion,
        const std::string& fechaRealDevolucion)
    : id_prestamo(id),
    id_libro(idLibro),
    id_usuario(idUsuario),
      fecha_prestamo(fechaPrestamo),
      fecha_devolucion(fechaDevolucion),
      fecha_real_devolucion(fechaRealDevolucion) {}

int Prestamo::getId() const {
        return id_prestamo;
}
int Prestamo::getIdLibro() const {
        return id_libro;
}
int Prestamo::getIdUsuario() const {
        return id_usuario;
}
std::string Prestamo::getFechaPrestamo() const {
        return fecha_prestamo;
}
std::string Prestamo::getFechaDevolucion() const {
        return fecha_devolucion;
```

```
}
std::string Prestamo::getFechaRealDevolucion() const {
      return fecha_real_devolucion;
}
```

Prestamo.h

```
#ifndef PRESTAMO_H
#define PRESTAMO_H

#include <string>

class Prestamo {
private:
    int id_prestamo;
    int id_libro;
    int id_usuario;
    std::string fecha_prestamo;
    std::string fecha_devolucion;
    std::string fecha_real_devolucion;

public:
    Prestamo(int id, int idLibro, int idUsuario, const
std::string& fechaPrestamo,
             const std::string& fechaDevolucion, const
std::string& fechaRealDevolucion);
    int getId() const;
    int getIdLibro() const;
    int getIdUsuario() const;
    std::string getFechaPrestamo() const;
    std::string getFechaDevolucion() const;
    std::string getFechaRealDevolucion() const;
};

#endif
```

Con esta implementación mínima, la clase `Prestamo` queda preparada para formar parte del núcleo del sistema. Más adelante, añadiremos métodos que permitan registrar préstamos, consultarlos, y modificarlos según el flujo natural de la aplicación.

6.7. Archivos de la clase Sección

La clase `Seccion`, al igual que las demás, se divide en un **archivo de cabecera** y un **archivo de implementación**. En este caso, sin embargo, se trata de una entidad mucho más sencilla que otras como `Prestamo`, ya que solo contiene dos atributos: un identificador y un nombre.

Esto se refleja directamente en el código, que es más breve y directo. Aun así, seguimos manteniendo una estructura completa que nos permitirá ampliar la clase en futuras fases del proyecto, si fuera necesario.

La clase `Seccion` incluirá:

- Un constructor para inicializar los atributos.
- Un método `getId()` para obtener el identificador.
- Un método `getNombre()` para acceder al nombre de la sección.

Seccion.cpp

```
#include "Seccion.h"

Seccion::Seccion(
        int id,
        const std::string& nombre
) : id_seccion(id),
        nombre(nombre) {}
```

```
int Seccion::getId() const {
    return id_seccion;
}

std::string Seccion::getNombre() const {
    return nombre;
}
```

Seccion.h

```
#ifndef SECCION_H
#define SECCION_H

#include <string>

class Seccion {
private:
    int id_seccion;
    std::string nombre;

public:
    Seccion(int id, const std::string& nombre);
    int getId() const;
    std::string getNombre() const;
};

#endif
```

Con esto, dejamos definida completamente la clase `Seccion`, que ya puede utilizarse para representar las distintas categorías o áreas temáticas a las que pertenecerán los libros en nuestra biblioteca.

6.8. Archivos de la clase Usuario

La clase `Usuario`, al igual que el resto de entidades del sistema, se compone de dos archivos: el **archivo de cabecera** y el **archivo de implementación**. En esta primera versión se implementarán únicamente las **propiedades básicas** y un **conjunto mínimo de métodos**, suficientes para comenzar a trabajar con esta entidad dentro de nuestra aplicación.

Los métodos incluidos en esta fase son:

- Un constructor para inicializar las propiedades.
- Un método `getId()` para acceder al identificador del usuario.
- Un método `getEmail()` para acceder al correo electrónico del usuario, que será un dato clave para su identificación.

Usuario.cpp

```
#include "Usuario.h"

Usuario::Usuario(
       int id,
       const std::string& nom,
       const std::string& ape,
       const std::string& email,
       const std::string& fechaAlta)
    : id_usuario(id),
    nombre(nom),
    apellidos(ape),
    email(email),
    fecha_alta(fechaAlta) {}
```

```
int Usuario::getId() const {
        return id_usuario;
}
std::string Usuario::getNombreCompleto() const {
        return nombre + " " + apellidos;
}
std::string Usuario::getEmail() const {
        return email;
}
std::string Usuario::getFechaAlta() const {
        return fecha_alta;
}
```

Usuario.h

```
#ifndef USUARIO_H
#define USUARIO_H

#include <string>

class Usuario {
private:
    int id_usuario;
    std::string nombre;
    std::string apellidos;
    std::string email;
    std::string fecha_alta;

public:
    Usuario(
       int id,
       const std::string& nom,
       const std::string& ape,
       const std::string& email,
       const std::string& fechaAlta);
```

```
    int getId() const;
    std::string getNombreCompleto() const;
    std::string getEmail() const;
    std::string getFechaAlta() const;
};

#endif
```

Con esta implementación mínima, la clase `Usuario` queda preparada para representar de forma básica a los usuarios del sistema. Más adelante, se añadirán funcionalidades como validación, persistencia en base de datos y operaciones de búsqueda.

6.9. Archivos de la conexión a bases de datos

Con el objetivo de **separar claramente la lógica de negocio del acceso a datos**, hemos creado una clase específica para gestionar la **conexión a la base de datos**. Esta clase está implementada, como es habitual, mediante un archivo de **cabecera** y un archivo de **código fuente**.

La idea principal es **centralizar toda la lógica de conexión y consulta SQL** en un único archivo, de modo que el resto de la aplicación no necesite preocuparse por los detalles del motor de base de datos. Esta abstracción nos permitirá, en un futuro, **cambiar de motor** (por ejemplo, pasar de SQLite a MySQL o PostgreSQL) sin tener que reescribir el núcleo de la aplicación.

database.cpp

```
#include "database.h"
#include <iostream>
```

```
Database::Database(const std::string& filename) {
    if (sqlite3_open(filename.c_str(), &db)) {
        std::cerr << "No se puede abrir la base de datos:
" << sqlite3_errmsg(db) << std::endl;
        db = nullptr;
    }
}

Database::~Database() {
    if (db) sqlite3_close(db);
}

sqlite3* Database::getDB() {
    return db;
}
```

database.h

```
#ifndef DATABASE_H
#define DATABASE_H

#include <sqlite3.h>
#include <string>

class Database {
private:
    sqlite3* db;
public:
    Database(const std::string& filename);
    ~Database();
    sqlite3* getDB();
};

#endif
```

Esta clase se encargará de abrir y cerrar la conexión a la base de datos, y además permitirá que otras partes del programa accedan al puntero de conexión (`sqlite3*`) cuando sea necesario ejecutar consultas.

Gracias a esta encapsulación, **todo el código dependiente de SQLite queda aislado en un único módulo**, lo que facilita enormemente el mantenimiento y la posibilidad de futuras migraciones a otros sistemas de bases de datos SQL.

6.10. Archivo principal

Finalmente, contamos con el **archivo principal del proyecto**, generalmente llamado `main.cpp`. En esta etapa inicial del desarrollo, su función es bastante simple, pero fundamental para ilustrar la estructura general del programa.

En esta primera versión, el archivo realiza tres tareas básicas:

1. **Incluye las librerías necesarias**, tanto del sistema como del propio proyecto.

2. **Establece la conexión con la base de datos**, utilizando la clase `Conexion`. Si la base de datos no existe, **SQLite la crea automáticamente**, lo que representa una ventaja significativa frente a motores más restrictivos como MySQL.

3. **Crea una instancia de la clase `Autor`**, proporcionándole un nombre y unos apellidos, y ejecuta un método básico de esa clase.

Aunque el comportamiento de esta primera versión no es muy complejo ni visualmente impresionante, **sirve como punto de partida sólido**. Demuestra que:

- Hemos representado correctamente nuestras entidades como clases en C++.
- Hemos integrado un sistema de base de datos funcional y preparado para crecer.
- Tenemos una estructura modular y extensible que nos permitirá seguir construyendo sin reescribir lo anterior.

main.cpp

```
#include <iostream>
#include "database.h"
#include "Autor.h"
#include "Libro.h"
#include "Prestamo.h"
#include "Seccion.h"
#include "Usuario.h"

int main() {
    Database db("biblioteca.db");

    Autor a1(1, "Ana", "Torres Delgado");
    std::cout << "Autor: " << a1.getNombreCompleto() <<
std::endl;

    // Aquí iría el menú o lógica de interacción
    return 0;
}
```

Este archivo principal irá creciendo gradualmente en futuras iteraciones. Iremos integrando funcionalidades como inserciones en la base de datos, consultas, menús interactivos, vistas web, entre otras. Pero por ahora, este pequeño fragmento representa un **primer paso funcional**, sobre una base correctamente estructurada.

7. Cómo compilar

7.1. Compilación manual

Una primera forma de compilar esta aplicación consiste en **ejecutar directamente un comando desde la terminal**. Esta opción es válida y funcional, pero hay que tener en cuenta que no siempre resulta la más cómoda, especialmente cuando el proyecto empieza a crecer, se compone de múltiples archivos, y depende de librerías externas como SQLite.

Durante el desarrollo de este libro realizaremos **compilaciones frecuentes**, por lo que memorizar o reescribir manualmente el comando de compilación puede llegar a ser tedioso. Más adelante exploraremos formas más eficientes de gestionar la compilación, como el uso de `Makefile`.

Aun así, si deseas **compilar manualmente**, puedes hacerlo desde la terminal con un comando como el siguiente (asumiendo que estás en Linux o macOS y que tienes todos los archivos en la misma carpeta):

```
g++ main.cpp Autor.cpp Libro.cpp Usuario.cpp Prestamo.cpp
Seccion.cpp Conexion.cpp sqlite3.c -o biblioteca
-std=c++11
```

Este comando:

- Compila todos los archivos `.cpp` del proyecto.
- Incluye el archivo `sqlite3.c` para enlazar con la base de datos.
- Usa el estándar C++11 (suficiente para lo que necesitamos).

- Genera un archivo ejecutable llamado `biblioteca`.

Si estás en Windows:

Puedes añadir la extensión `.exe` al nombre del ejecutable:

```
g++ main.cpp Autor.cpp Libro.cpp Usuario.cpp Prestamo.cpp
Seccion.cpp Conexion.cpp sqlite3.c -o biblioteca.exe
-std=c++11
```

Si estás en macOS o Linux:

Puedes omitir la extensión, o usar `.out`, como prefieras:

```
g++ main.cpp Autor.cpp Libro.cpp Usuario.cpp Prestamo.cpp
Seccion.cpp Conexion.cpp sqlite3.c -o biblioteca.out
-std=c++11
```

Una vez compilado, aparecerá un **archivo ejecutable** en la misma carpeta. Para ejecutarlo desde la terminal, usa:

```
./biblioteca.out
```

O, si le diste una extensión `.out`:

```
./biblioteca.out
```

O, en Windows:

```
biblioteca.exe
```

Este proceso básico te permitirá verificar que todo está correctamente configurado antes de avanzar hacia métodos de compilación más automatizados.

7.2. Preparación de un archivo make

Cuando trabajamos en proyectos que involucran **múltiples archivos fuente y dependencias externas**, como ocurre en este caso, resulta mucho más eficiente utilizar una herramienta que automatice el proceso de compilación. En sistemas tipo Unix (Linux, macOS...), la forma estándar de hacerlo es mediante un archivo llamado **`Makefile`**.

Un `Makefile` permite:

- Especificar qué archivos se deben compilar.
- Gestionar dependencias automáticamente.
- Generar el ejecutable final con un solo comando (`make`).
- Ahorrar tiempo y evitar errores al no tener que escribir manualmente comandos largos.

A continuación, te presento un ejemplo funcional de `Makefile` adaptado al proyecto de este libro:

7.2.1. Contenido del archivo Makefile

```
CXX = g++
```

```
CXXFLAGS = -std=c++17
LDFLAGS = -lsqlite3

SRCS = main.cpp Autor.cpp Seccion.cpp Libro.cpp
Usuario.cpp Prestamo.cpp database.cpp
OBJS = $(SRCS:.cpp=.o)
TARGET = biblioteca

all: $(TARGET)

$(TARGET): $(OBJS)
	$(CXX) $(OBJS) -o $(TARGET) $(LDFLAGS)

clean:
	rm -f $(OBJS) $(TARGET)
```

¿Cómo usarlo?

1. Crea un archivo de texto llamado `Makefile` (sin extensión) en la carpeta raíz del proyecto.

2. Copia el contenido anterior en ese archivo.

3. Abre la terminal en esa carpeta y ejecuta:

```
make
```

Esto generará el ejecutable `biblioteca` automáticamente, compilando todos los archivos necesarios.

Si en algún momento deseas limpiar los archivos compilados (por ejemplo, tras un cambio importante), simplemente ejecuta:

```
make clean
```

Esto eliminará el ejecutable y los archivos `.o` intermedios.

> **Nota**: en Windows puedes utilizar `make` a través de herramientas como *MSYS2*, *MinGW* o *Git Bash*, siempre que tengas configurado un entorno compatible.

7.3. Ejecución del binario resultante

Si la compilación del programa se ha realizado correctamente y no ha generado ningún error, habrás notado que se ha creado un **archivo ejecutable** en la misma carpeta del proyecto. Este archivo es el **binario compilado** de tu aplicación, listo para ejecutarse.

Para ponerlo en marcha, simplemente abre una terminal en la carpeta donde se encuentra el ejecutable y **lanza el programa** con el siguiente comando:

En Linux o macOS:

```
./biblioteca
```

> Si has nombrado el ejecutable con otra extensión (como `.out`), deberás ejecutar:

```
./biblioteca.out
```

En Windows (desde terminal o Git Bash):

```
biblioteca.exe
```

Este comando iniciará la ejecución del programa. En esta etapa, lo único que se mostrará será una salida sencilla del tipo:

```
Autor: Miguel de Cervantes
```

Esto confirma que el ejecutable funciona, que las clases están correctamente enlazadas, y que el entorno de desarrollo está completamente preparado.

A medida que avancemos, el contenido del binario se volverá más complejo y funcional, y comenzaremos a interactuar con la base de datos y con el resto de entidades definidas.

7.4. Resultado de la ejecución:

Una vez que hemos compilado correctamente nuestra aplicación utilizando el comando `make`, se habrá generado un archivo ejecutable en la misma carpeta del proyecto. Este archivo será el binario resultante de compilar todos los archivos `.cpp` que conforman nuestra aplicación, incluyendo las clases, la lógica de conexión con la base de datos y el archivo principal `main.cpp`.

Para ejecutar dicho binario, basta con abrir una terminal y escribir el nombre del archivo generado. Por ejemplo, si en el `Makefile` se ha definido el nombre del ejecutable como `biblioteca`, simplemente deberemos escribir:

```
./biblioteca
```

(En sistemas Windows, sería `biblioteca.exe`).

Al ejecutar este archivo, si todo está correctamente configurado, veremos en pantalla la primera interacción con el programa, que en este punto suele ser una prueba mínima —como imprimir por consola el nombre de un autor instanciado en el código—. Esto nos confirmará que el flujo de ejecución es correcto y que nuestra base de datos se ha abierto con éxito. La salida puede parecer algo sencilla en esta etapa, pero es un paso esencial que valida que la aplicación está bien estructurada y funcional.

Además, esta ejecución nos sirve también para comprobar que los enlaces con la base de datos SQLite están funcionando correctamente. Si se produjera algún error, como por ejemplo que no se encuentre el archivo de base de datos o que falte alguna librería, el programa nos lo indicará por consola mediante mensajes de error apropiados.

Este punto marca un hito importante: hemos completado una primera iteración de desarrollo, tenemos una base de datos funcional, una estructura de clases orientadas a objetos, y hemos verificado que el programa se puede compilar y ejecutar sin errores.

8. Creación de un menú

8.1. Archivos del proyecto

Como en cada iteración del proyecto, a continuación se proporciona una **ruta en línea** donde el lector podrá consultar, descargar o comparar el **código fuente completo** correspondiente a esta nueva fase del desarrollo.

Todos los archivos actualizados de esta iteración se encuentran disponibles en el siguiente repositorio de GitHub:

https://github.com/jocarsa/biblioteca-cpp/tree/main/002

Este repositorio contiene los archivos organizados y listos para su compilación, e incluye los cambios introducidos en esta iteración respecto a la anterior. Aun así, se sigue recomendando que el lector **escriba manualmente el código** siempre que sea posible, ya que este ejercicio refuerza la atención al detalle y consolida el aprendizaje.

En los próximos apartados comenzaremos a implementar nuevas funcionalidades que ampliarán el comportamiento de nuestras clases y establecerán la primera interacción real con la base de datos.

8.2. Estructura del proyecto

En esta nueva iteración, la **estructura del proyecto** se mantiene prácticamente igual que en la anterior. La mayoría de archivos no sufren cambios, salvo una excepción importante: el **archivo principal**, `main.cpp`, será modificado para introducir un **menú funcional** que actuará como punto de partida para la interacción con el usuario.

Este menú será, de momento, **ficticio** o **simbólico**. Es decir, aún no conectará con la lógica interna ni con la base de datos, pero presentará la estructura básica sobre la que construiremos la interfaz de línea de comandos en futuras iteraciones.

El menú ofrecerá:

- Acceso a las cinco entidades del sistema: `Autor`, `Libro`, `Seccion`, `Usuario`, y `Prestamo`.

- Para cada entidad, un **submenú** que presenta las **cuatro operaciones básicas** disponibles:

    - **Crear**
    - **Leer**
    - **Actualizar**
    - **Eliminar**

Estas cuatro operaciones conforman lo que se conoce como el modelo **CRUD** (*Create, Read, Update, Delete*), un estándar en el desarrollo de aplicaciones empresariales de cualquier entorno y lenguaje de programación.

> Existen extensiones de este modelo, como el **CRUDB** (añadiendo la operación *Buscar*), pero en este libro implementaremos exclusivamente el modelo **CRUD básico**, suficiente para ilustrar una aplicación completa con persistencia y estructura empresarial.

Este enfoque nos permitirá simular, en una primera etapa, la navegación y flujo de interacción de una aplicación real, a la vez que preparamos la base para conectar este menú con las funcionalidades de negocio en iteraciones posteriores.

```
/002
├── Autor.cpp (sin cambios)
├── Autor.h (sin cambios)
├── Libro.cpp (sin cambios)
├── Libro.h (sin cambios)
```

```
├── Makefile (sin cambios)
├── Prestamo.cpp (sin cambios)
├── Prestamo.h (sin cambios)
├── Seccion.cpp (sin cambios)
├── Seccion.h (sin cambios)
├── Usuario.cpp (sin cambios)
├── Usuario.h (sin cambios)
├── biblioteca (sin cambios)
├── biblioteca.db (sin cambios)
├── database.cpp (sin cambios)
├── database.h (sin cambios)
└── main.cpp
```

8.3. Explicación de la iteración

El **objetivo principal de esta iteración** consiste en presentar al usuario un **menú interactivo** que sirva como base para la futura gestión del sistema. Este menú, aunque **aún no estará conectado a la lógica real del programa**, representará la estructura que seguiremos en las próximas etapas del desarrollo.

En esta fase, el menú funcionará como un **placeholder** o esqueleto funcional:

- Simulará la navegación por la aplicación.
- Mostrará opciones para seleccionar cualquiera de las cinco entidades principales (`Autor`, `Libro`, `Seccion`, `Usuario`, `Prestamo`).
- Incluirá submenús para las **cuatro operaciones básicas CRUD**: crear, leer, actualizar y eliminar.

Sin embargo, **las operaciones aún no estarán implementadas**. Cada opción será, por ahora, simplemente un mensaje informativo o una pausa en pantalla. La idea es construir primero la **estructura de navegación**, y en las siguientes iteraciones **rellenar cada opción con su lógica correspondiente**.

Este enfoque incremental permite:

- Verificar que el flujo de interacción con el usuario es coherente.
- Establecer una interfaz clara y fácil de ampliar.
- Evitar complejidad innecesaria en etapas tempranas del desarrollo.

A partir del próximo apartado presentaremos el **código necesario para construir este menú y sus submenús**, preparando así el entorno para implementar las funcionalidades CRUD reales.

8.4. Archivo principal

En esta iteración, el **archivo principal** (`main.cpp`) evoluciona para incluir una serie de **funciones de menú** que permitirán al usuario **navegar por las diferentes entidades del sistema**. Estas funciones mostrarán por pantalla las opciones disponibles, y según la elección del usuario, se llamará a una función específica (a modo de esqueleto).

Este enfoque no implementa aún la lógica de las operaciones CRUD, sino que **prepara la estructura general** de navegación por la aplicación. En muchos puntos del código se encontrarán **bloques vacíos o comentarios de "pendiente de implementar"**, ya que el desarrollo funcional de estas opciones se abordará en los siguientes capítulos.

La idea es construir una base clara y reutilizable, sobre la que se irán añadiendo las acciones reales (crear, leer, actualizar, eliminar) en próximas iteraciones.

El código se organiza en varias funciones:

- Una función `mostrarMenuPrincipal()` que presenta las cinco entidades del sistema.
- Una función `mostrarSubmenuEntidad(entidad)` que ofrece las operaciones CRUD para cada entidad.
- Condicionales o estructuras de control que capturan la entrada del usuario y redirigen la ejecución.

8.4.1. ■ Fragmento representativo de esta estructura (simplificado):

```
void mostrarMenuPrincipal() {
    std::cout << "=== Menú principal ===\n";
    std::cout << "1. Autor\n";
    std::cout << "2. Libro\n";
    std::cout << "3. Sección\n";
    std::cout << "4. Usuario\n";
    std::cout << "5. Préstamo\n";
    std::cout << "0. Salir\n";
}

void mostrarSubmenu(const std::string& entidad) {
    std::cout << "=== " << entidad << " ===\n";
    std::cout << "1. Crear\n";
    std::cout << "2. Leer\n";
```

```
    std::cout << "3. Actualizar\n";
    std::cout << "4. Eliminar\n";
    std::cout << "0. Volver\n";
}

int main() {
    int opcionEntidad;
    do {
        mostrarMenuPrincipal();
        std::cin >> opcionEntidad;

        switch (opcionEntidad) {
            case 1:
                mostrarSubmenu("Autor");
                // Aquí irá la lógica CRUD del autor
                break;
            case 2:
                mostrarSubmenu("Libro");
                // Lógica CRUD de libro pendiente
                break;
            // ... casos 3, 4, 5 ...
            case 0:
                std::cout << "Saliendo del programa...\n";
                break;
            default:
                std::cout << "Opción no válida.\n";
        }

    } while (opcionEntidad != 0);

    return 0;
}
```

Este archivo principal servirá como **punto de entrada al programa** y como estructura de navegación sobre la que se implementarán las funcionalidades reales en capítulos posteriores.

main.cpp

```
#include <iostream>
#include "database.h"
#include "Autor.h"
#include "Libro.h"
#include "Prestamo.h"
#include "Seccion.h"
#include "Usuario.h"

void menuSecciones() {
    int opcion;
    do {
        std::cout << "\n--- Gestión de Secciones ---\n";
        std::cout << "1. Crear sección\n";
        std::cout << "2. Listar secciones\n";
        std::cout << "3. Actualizar sección\n";
        std::cout << "4. Eliminar sección\n";
        std::cout << "0. Volver\n";
        std::cout << "Seleccione una opción: ";
        std::cin >> opcion;
        switch (opcion) {
            case 1:
                // TODO: placeholder para crear sección
                std::cout << "[Crear sección]
Placeholder...\n";
                break;
            case 2:
                // TODO: placeholder para listar secciones
                std::cout << "[Listar secciones]
Placeholder...\n";
                break;
```

```
            case 3:
                // TODO: placeholder para actualizar
sección
                std::cout << "[Actualizar sección]
Placeholder...\n";
                break;
            case 4:
                // TODO: placeholder para eliminar sección
                std::cout << "[Eliminar sección]
Placeholder...\n";
                break;
            case 0:
                break;
            default:
                std::cout << "Opción no válida.\n";
        }
    } while (opcion != 0);
}

void menuAutores() {
    int opcion;
    do {
        std::cout << "\n--- Gestión de Autores ---\n";
        std::cout << "1. Crear autor\n";
        std::cout << "2. Listar autores\n";
        std::cout << "3. Actualizar autor\n";
        std::cout << "4. Eliminar autor\n";
        std::cout << "0. Volver\n";
        std::cout << "Seleccione una opción: ";
        std::cin >> opcion;
        switch (opcion) {
            case 1:
                std::cout << "[Crear autor]
Placeholder...\n";
                break;
```

```
            case 2:
                std::cout << "[Listar autores]
Placeholder...\n";
                break;
            case 3:
                std::cout << "[Actualizar autor]
Placeholder...\n";
                break;
            case 4:
                std::cout << "[Eliminar autor]
Placeholder...\n";
                break;
            case 0:
                break;
            default:
                std::cout << "Opción no válida.\n";
        }
    } while (opcion != 0);
}

void menuLibros() {
    int opcion;
    do {
        std::cout << "\n--- Gestión de Libros ---\n";
        std::cout << "1. Crear libro\n";
        std::cout << "2. Listar libros\n";
        std::cout << "3. Actualizar libro\n";
        std::cout << "4. Eliminar libro\n";
        std::cout << "0. Volver\n";
        std::cout << "Seleccione una opción: ";
        std::cin >> opcion;
        switch (opcion) {
            case 1:
                std::cout << "[Crear libro]
Placeholder...\n";
```

```
                break;
            case 2:
                std::cout << "[Listar libros]
Placeholder...\n";
                break;
            case 3:
                std::cout << "[Actualizar libro]
Placeholder...\n";
                break;
            case 4:
                std::cout << "[Eliminar libro]
Placeholder...\n";
                break;
            case 0:
                break;
            default:
                std::cout << "Opción no válida.\n";
        }
    } while (opcion != 0);
}

void menuUsuarios() {
    int opcion;
    do {
        std::cout << "\n--- Gestión de Usuarios ---\n";
        std::cout << "1. Crear usuario\n";
        std::cout << "2. Listar usuarios\n";
        std::cout << "3. Actualizar usuario\n";
        std::cout << "4. Eliminar usuario\n";
        std::cout << "0. Volver\n";
        std::cout << "Seleccione una opción: ";
        std::cin >> opcion;
        switch (opcion) {
            case 1:
                std::cout << "[Crear usuario]
```

```
Placeholder...\n";
                break;
            case 2:
                std::cout << "[Listar usuarios]
Placeholder...\n";
                break;
            case 3:
                std::cout << "[Actualizar usuario]
Placeholder...\n";
                break;
            case 4:
                std::cout << "[Eliminar usuario]
Placeholder...\n";
                break;
            case 0:
                break;
            default:
                std::cout << "Opción no válida.\n";
        }
    } while (opcion != 0);
}

void menuPrestamos() {
    int opcion;
    do {
        std::cout << "\n--- Gestión de Préstamos ---\n";
        std::cout << "1. Crear préstamo\n";
        std::cout << "2. Listar préstamos\n";
        std::cout << "3. Actualizar préstamo\n";
        std::cout << "4. Eliminar préstamo\n";
        std::cout << "0. Volver\n";
        std::cout << "Seleccione una opción: ";
        std::cin >> opcion;
        switch (opcion) {
            case 1:
```

```
                std::cout << "[Crear préstamo]
Placeholder...\n";
                break;
            case 2:
                std::cout << "[Listar préstamos]
Placeholder...\n";
                break;
            case 3:
                std::cout << "[Actualizar préstamo]
Placeholder...\n";
                break;
            case 4:
                std::cout << "[Eliminar préstamo]
Placeholder...\n";
                break;
            case 0:
                break;
            default:
                std::cout << "Opción no válida.\n";
        }
    } while (opcion != 0);
}

int main() {
    Database db("biblioteca.db");
    int opcion;

    do {
        std::cout << "\n=== Menú Principal ===\n";
        std::cout << "1. Secciones\n";
        std::cout << "2. Autores\n";
        std::cout << "3. Libros\n";
        std::cout << "4. Usuarios\n";
        std::cout << "5. Préstamos\n";
        std::cout << "0. Salir\n";
```

```
        std::cout << "Seleccione una opción: ";
        std::cin >> opcion;
        switch (opcion) {
            case 1:
                menuSecciones();
                break;
            case 2:
                menuAutores();
                break;
            case 3:
                menuLibros();
                break;
            case 4:
                menuUsuarios();
                break;
            case 5:
                menuPrestamos();
                break;
            case 0:
                std::cout << "Saliendo...\n";
                break;
            default:
                std::cout << "Opción no válida.\n";
        }
    } while (opcion != 0);

    return 0;
}
```

8.5. Resultado de la ejecución:

Después de compilar y ejecutar el programa, ahora nos encontraremos por primera vez con una interfaz de usuario interactiva en forma de menú textual en la consola. Este menú permite al usuario navegar por las diferentes secciones del sistema, y aunque por el momento muchas de las funcionalidades sean simplemente marcadores de posición (*placeholders*), ya se puede observar la estructura general del sistema en funcionamiento.

El programa mostrará en pantalla un menú principal similar al siguiente:

```
=== Menú Principal ===

1. Secciones

2. Autores

3. Libros

4. Usuarios

5. Préstamos

0. Salir

Seleccione una opción:
```

Cuando el usuario introduce una opción, se accede a un submenú correspondiente. Por ejemplo, si se elige la opción 1, se mostrará:

markdown

CopiarEditar

```
--- Gestión de Secciones ---

1. Crear sección

2. Listar secciones
```

```
3. Actualizar sección

4. Eliminar sección

0. Volver

Seleccione una opción:
```

Y en cada una de las opciones de estos submenús, aparecerá un mensaje como:

```
[Crear sección] Placeholder...
```

Esto indica que la estructura de navegación está correctamente establecida y que el flujo lógico entre menús está operativo, aunque las acciones específicas de CRUD aún no han sido implementadas. Este paso es esencial ya que valida que el programa puede guiar al usuario por las diferentes entidades del sistema (Secciones, Autores, Libros, Usuarios y Préstamos), y que los mecanismos de interacción básica con el usuario funcionan correctamente.

Este resultado también permite al lector visualizar el diseño modular del sistema y comprobar que las bases están asentadas para comenzar a desarrollar la funcionalidad real de cada una de las entidades.

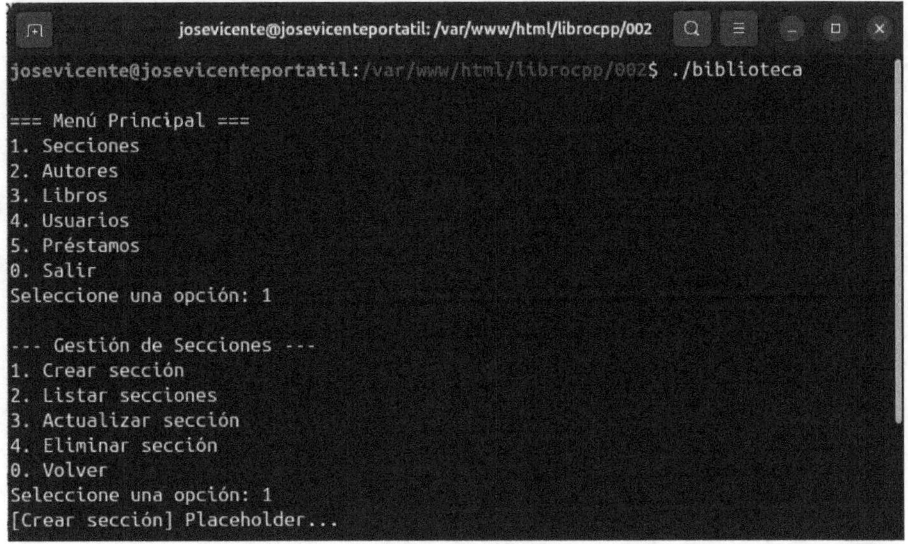
josevicente@josevicenteportatil: /var/www/html/librocpp/002
josevicente@josevicenteportatil:/var/www/html/librocpp/002$ ./biblioteca
=== Menú Principal ===
1. Secciones
2. Autores
3. Libros
4. Usuarios
5. Préstamos
0. Salir
Seleccione una opción: 1
--- Gestión de Secciones ---
1. Crear sección
2. Listar secciones
3. Actualizar sección
4. Eliminar sección
0. Volver
Seleccione una opción: 1
[Crear sección] Placeholder...

9. Desarrollo de secciones

9.1. Código del proyecto

Como en cada iteración, el código completo y actualizado del proyecto se encuentra disponible en línea para su consulta, descarga o comparación. Esta iteración incorpora los primeros bloques funcionales del menú y las estructuras preparatorias para la lógica CRUD.

Puedes acceder al repositorio correspondiente a esta versión del proyecto en la siguiente dirección:

https://github.com/jocarsa/biblioteca-cpp/tree/main/003

Aunque se ofrece el código completo, se sigue recomendando al lector **escribir el código manualmente** siempre que sea posible. Esta práctica ayuda a consolidar el aprendizaje y a desarrollar la atención al detalle, una habilidad fundamental en programación.

En los próximos apartados empezaremos a conectar el menú con las operaciones reales, implementando funcionalidades que interactúan directamente con la base de datos y con los objetos de nuestras clases.

9.2. Carpeta de proyecto

A partir de esta iteración, comenzamos una **dinámica que se repetirá en los siguientes capítulos del libro**: desarrollar de forma completa las funcionalidades CRUD (crear, leer, actualizar y eliminar) para cada una de las entidades del sistema.

Seguiremos un enfoque ordenado y progresivo. Para ello, **empezaremos por las entidades más sencillas**, es decir, aquellas que **no dependen funcionalmente de otras mediante claves foráneas**. En este grupo se incluyen:

- `Seccion`

- `Autor`
- `Usuario`

Estas entidades pueden ser gestionadas de forma autónoma, lo cual facilita su implementación inicial. Más adelante abordaremos las entidades **dependientes** (como `Libro` y `Prestamo`), que requieren tener datos preexistentes en otras tablas para poder funcionar correctamente.

La carpeta del proyecto en esta etapa tendrá una estructura muy similar a la de la iteración anterior, pero cada clase comenzará a **incorporar los métodos reales** que le permitirán:

- Crear un nuevo registro en la base de datos.
- Leer y listar los registros existentes.
- Actualizar los datos de un registro.
- Eliminar registros existentes.

Hasta ahora, estas clases solo contenían constructores y métodos básicos de acceso (getters). A partir de aquí, se convierten en **clases activas** que interactúan con la base de datos y forman parte funcional del sistema.

Este enfoque modular y progresivo nos permitirá avanzar con orden y claridad, asegurando que cada componente funcione correctamente antes de pasar al siguiente.

```
/003
├── Autor.cpp (sin cambios)
├── Autor.h (sin cambios)
├── Libro.cpp (sin cambios)
```

```
├── Libro.h (sin cambios)
├── Makefile (sin cambios)
├── Prestamo.cpp (sin cambios)
├── Prestamo.h (sin cambios)
├── Seccion.cpp
├── Seccion.h
├── Usuario.cpp (sin cambios)
├── Usuario.h (sin cambios)
├── biblioteca (sin cambios)
├── biblioteca.db (sin cambios)
├── database.cpp (sin cambios)
├── database.h (sin cambios)
└── main.cpp
```

9.3. Resumen de los cambios

En esta iteración hemos iniciado el desarrollo funcional real del proyecto, dando el primer paso hacia una aplicación interactiva que se conecta con la base de datos y permite manipular datos desde el propio sistema.

Los cambios más relevantes introducidos en esta fase han sido los siguientes:

- Hemos comenzado a **completar las clases del modelo de datos**, dotándolas de funcionalidad real.
- Se ha elegido comenzar por la clase **Seccion**, al no tener dependencias con otras entidades, lo que simplifica su implementación.
- Se ha definido una estructura de trabajo que se repetirá con el resto de las clases: implementación progresiva de los **métodos CRUD** (`crear`, `leer`, `actualizar`, `eliminar`).

- La carpeta del proyecto se mantiene estable, pero el contenido de las clases empieza a crecer, reflejando el paso de una fase estructural a una fase funcional.

Este enfoque nos permite avanzar con control y claridad, asegurando que cada nueva característica funcione correctamente antes de pasar a la siguiente. A partir del próximo apartado, entraremos en detalle en la **implementación del método de creación** para la clase `Seccion`.

9.4. Archivos de sección

En esta iteración, hemos dado un paso fundamental en el desarrollo de la aplicación al implementar las **cuatro operaciones CRUD** para la clase `Seccion`: **crear**, **leer**, **actualizar** y **eliminar**.

Al implementar estas operaciones como **métodos de clase**, hemos podido encapsular toda la lógica relacionada con la gestión de secciones dentro de la clase `Seccion`, lo cual tiene múltiples beneficios:

- **Orden y claridad**: Cada operación está claramente definida dentro de su clase correspondiente, lo que facilita su mantenimiento y comprensión.

- **Modularidad**: Al usar programación orientada a objetos, podemos gestionar operaciones para cada entidad de forma aislada y reutilizable, lo que nos permitirá implementar el mismo conjunto de operaciones en las otras entidades del sistema sin necesidad de duplicar código.

Por ejemplo, la **operación de crear una nueva sección** se implementa dentro de la clase `Seccion`, y se ocupa de insertar un nuevo registro en la base de datos, utilizando la clase `Conexion` para interactuar con SQLite.

A continuación, te muestro los archivos de la clase Seccion con las operaciones CRUD implementadas:

Seccion.cpp

```
#include "Seccion.h"
#include <sqlite3.h>
#include <iostream>

Seccion::Seccion(int id, const std::string& nombre)
    : id_seccion(id), nombre(nombre) {}

int Seccion::getId() const {
    return id_seccion;
}

std::string Seccion::getNombre() const {
    return nombre;
}

bool Seccion::crear(Database& db, const std::string&
nombre) {
    const char* sql = "INSERT INTO seccion(nombre)
VALUES(?);";
    sqlite3_stmt* stmt = nullptr;
    if (sqlite3_prepare_v2(db.getDB(), sql, -1, &stmt,
nullptr) != SQLITE_OK) {
        std::cerr << "Error preparando INSERT: " <<
sqlite3_errmsg(db.getDB()) << std::endl;
        return false;
    }
    sqlite3_bind_text(stmt, 1, nombre.c_str(), -1,
SQLITE_STATIC);
    if (sqlite3_step(stmt) != SQLITE_DONE) {
```

```
        std::cerr << "Error ejecutando INSERT: " <<
sqlite3_errmsg(db.getDB()) << std::endl;
        sqlite3_finalize(stmt);
        return false;
    }
    sqlite3_finalize(stmt);
    return true;
}

std::vector<Seccion> Seccion::listar(Database& db) {
    std::vector<Seccion> lista;
    const char* sql = "SELECT id_seccion, nombre FROM
seccion;";
    sqlite3_stmt* stmt = nullptr;
    if (sqlite3_prepare_v2(db.getDB(), sql, -1, &stmt,
nullptr) != SQLITE_OK) {
        std::cerr << "Error preparando SELECT: " <<
sqlite3_errmsg(db.getDB()) << std::endl;
        return lista;
    }
    while (sqlite3_step(stmt) == SQLITE_ROW) {
        int id = sqlite3_column_int(stmt, 0);
        const unsigned char* txt =
sqlite3_column_text(stmt, 1);
        lista.emplace_back(id, reinterpret_cast<const
char*>(txt));
    }
    sqlite3_finalize(stmt);
    return lista;
}

bool Seccion::actualizar(Database& db, int id, const
std::string& nuevoNombre) {
    const char* sql = "UPDATE seccion SET nombre = ? WHERE
id_seccion = ?;";
```

```
    sqlite3_stmt* stmt = nullptr;
    if (sqlite3_prepare_v2(db.getDB(), sql, -1, &stmt,
nullptr) != SQLITE_OK) {
        std::cerr << "Error preparando UPDATE: " <<
sqlite3_errmsg(db.getDB()) << std::endl;
        return false;
    }
    sqlite3_bind_text(stmt, 1, nuevoNombre.c_str(), -1,
SQLITE_STATIC);
    sqlite3_bind_int(stmt, 2, id);
    if (sqlite3_step(stmt) != SQLITE_DONE) {
        std::cerr << "Error ejecutando UPDATE: " <<
sqlite3_errmsg(db.getDB()) << std::endl;
        sqlite3_finalize(stmt);
        return false;
    }
    sqlite3_finalize(stmt);
    return true;
}

bool Seccion::eliminar(Database& db, int id) {
    const char* sql = "DELETE FROM seccion WHERE
id_seccion = ?;";
    sqlite3_stmt* stmt = nullptr;
    if (sqlite3_prepare_v2(db.getDB(), sql, -1, &stmt,
nullptr) != SQLITE_OK) {
        std::cerr << "Error preparando DELETE: " <<
sqlite3_errmsg(db.getDB()) << std::endl;
        return false;
    }
    sqlite3_bind_int(stmt, 1, id);
    if (sqlite3_step(stmt) != SQLITE_DONE) {
        std::cerr << "Error ejecutando DELETE: " <<
sqlite3_errmsg(db.getDB()) << std::endl;
        sqlite3_finalize(stmt);
```

```
        return false;
    }
    sqlite3_finalize(stmt);
    return true;
}
```

Seccion.h

```
#ifndef SECCION_H
#define SECCION_H

#include <string>
#include <vector>
#include "database.h"

class Seccion {
private:
    int id_seccion;
    std::string nombre;

public:
    Seccion(int id, const std::string& nombre);

    int getId() const;
    std::string getNombre() const;

    // CRUD estático
    static bool crear(Database& db, const std::string&
nombre);
    static std::vector<Seccion> listar(Database& db);
    static bool actualizar(Database& db, int id, const
```

```
std::string& nuevoNombre);
    static bool eliminar(Database& db, int id);
};

#endif
```

En este código hemos implementado:

1. `crear()`: Inserta una nueva sección en la base de datos.

2. `leer()`: Recupera todas las secciones. (Este método podría ampliarse para devolver los resultados de la consulta).

3. `actualizar()`: Actualiza el nombre de una sección existente en función de su ID.

4. `eliminar()`: Elimina una sección de la base de datos según su ID.

Estas operaciones forman la base de la **gestión de datos de la entidad** `Seccion`. En iteraciones futuras, implementaremos el manejo de errores y una interfaz más avanzada, pero por ahora, estas operaciones CRUD permiten gestionar la información de manera funcional.

9.5. Archivo principal

Una vez que hemos implementado las funcionalidades CRUD en la clase `Seccion`, es hora de **actualizar el archivo principal** (`main.cpp`) para integrar estas nuevas capacidades. Hasta ahora, la clase `Seccion` era solo un **placeholder**, es decir, una estructura vacía sin funcionalidades reales. Sin embargo, ahora que hemos añadido las operaciones de **crear**, **leer**, **actualizar** y **eliminar**, debemos asegurarnos de que el archivo principal pueda interactuar con estas funcionalidades de manera coherente.

El archivo principal se encargará de:

1. **Mostrar un menú** para permitir al usuario elegir entre las diferentes entidades y operaciones CRUD.

2. **Ejecutar la operación seleccionada** sobre la clase `Seccion` mediante las funciones que acabamos de implementar.

Aquí te mostramos cómo quedaría el código actualizado del archivo `main.cpp`, donde ya se incluyen las interacciones con la clase `Seccion`:

main.cpp

```
#include <iostream>
#include <limits>
#include "database.h"
#include "Autor.h"
#include "Libro.h"
#include "Prestamo.h"
#include "Seccion.h"
#include "Usuario.h"

void menuSecciones(Database& db) {
    int opcion;
    do {
        std::cout << "\n--- Gestión de Secciones ---\n";
        std::cout << "1. Crear sección\n";
        std::cout << "2. Listar secciones\n";
        std::cout << "3. Actualizar sección\n";
        std::cout << "4. Eliminar sección\n";
        std::cout << "0. Volver\n";
        std::cout << "Seleccione una opción: ";
        std::cin >> opcion;
```

```
std::cin.ignore(std::numeric_limits<std::streamsize>::max(
), '\n');
        switch (opcion) {
            case 1: {
                std::string nombre;
                std::cout << "Nombre de la nueva sección:
";
                std::getline(std::cin, nombre);
                if (Seccion::crear(db, nombre))
                    std::cout << "Sección creada
correctamente.\n";
                else
                    std::cout << "Error al crear la
sección.\n";
                break;
            }
            case 2: {
                auto lista = Seccion::listar(db);
                std::cout << "ID\tNombre\n";
                for (const auto& sec : lista)
                    std::cout << sec.getId() << "\t" <<
sec.getNombre() << "\n";
                break;
            }
            case 3: {
                int id;
                std::string nuevoNombre;
                std::cout << "ID de la sección a
actualizar: ";
                std::cin >> id;

std::cin.ignore(std::numeric_limits<std::streamsize>::max(
), '\n');
                std::cout << "Nuevo nombre: ";
```

```
                std::getline(std::cin, nuevoNombre);
                if (Seccion::actualizar(db, id,
nuevoNombre))
                    std::cout << "Sección actualizada.\n";
                else
                    std::cout << "Error al actualizar la
sección.\n";
                break;
            }
            case 4: {
                int id;
                std::cout << "ID de la sección a eliminar:
";
                std::cin >> id;
                if (Seccion::eliminar(db, id))
                    std::cout << "Sección eliminada.\n";
                else
                    std::cout << "Error al eliminar la
sección.\n";
                break;
            }
            case 0:
                break;
            default:
                std::cout << "Opción no válida.\n";
        }
    } while (opcion != 0);
}

void menuAutores() {
    int opcion;
    do {
        std::cout << "\n--- Gestión de Autores ---\n";
        std::cout << "1. Crear autor\n";
        std::cout << "2. Listar autores\n";
```

```
        std::cout << "3. Actualizar autor\n";
        std::cout << "4. Eliminar autor\n";
        std::cout << "0. Volver\n";
        std::cout << "Seleccione una opción: ";
        std::cin >> opcion;
        switch (opcion) {
            case 1:
                std::cout << "[Crear autor]
Placeholder...\n";
                break;
            case 2:
                std::cout << "[Listar autores]
Placeholder...\n";
                break;
            case 3:
                std::cout << "[Actualizar autor]
Placeholder...\n";
                break;
            case 4:
                std::cout << "[Eliminar autor]
Placeholder...\n";
                break;
            case 0:
                break;
            default:
                std::cout << "Opción no válida.\n";
        }
    } while (opcion != 0);
}

void menuLibros() {
    int opcion;
    do {
        std::cout << "\n--- Gestión de Libros ---\n";
        std::cout << "1. Crear libro\n";
```

```
        std::cout << "2. Listar libros\n";
        std::cout << "3. Actualizar libro\n";
        std::cout << "4. Eliminar libro\n";
        std::cout << "0. Volver\n";
        std::cout << "Seleccione una opción: ";
        std::cin >> opcion;
        switch (opcion) {
            case 1:
                std::cout << "[Crear libro]
Placeholder...\n";
                break;
            case 2:
                std::cout << "[Listar libros]
Placeholder...\n";
                break;
            case 3:
                std::cout << "[Actualizar libro]
Placeholder...\n";
                break;
            case 4:
                std::cout << "[Eliminar libro]
Placeholder...\n";
                break;
            case 0:
                break;
            default:
                std::cout << "Opción no válida.\n";
        }
    } while (opcion != 0);
}

void menuUsuarios() {
    int opcion;
    do {
        std::cout << "\n--- Gestión de Usuarios ---\n";
```

```
        std::cout << "1. Crear usuario\n";
        std::cout << "2. Listar usuarios\n";
        std::cout << "3. Actualizar usuario\n";
        std::cout << "4. Eliminar usuario\n";
        std::cout << "0. Volver\n";
        std::cout << "Seleccione una opción: ";
        std::cin >> opcion;
        switch (opcion) {
            case 1:
                std::cout << "[Crear usuario]
Placeholder...\n";
                break;
            case 2:
                std::cout << "[Listar usuarios]
Placeholder...\n";
                break;
            case 3:
                std::cout << "[Actualizar usuario]
Placeholder...\n";
                break;
            case 4:
                std::cout << "[Eliminar usuario]
Placeholder...\n";
                break;
            case 0:
                break;
            default:
                std::cout << "Opción no válida.\n";
        }
    } while (opcion != 0);
}

void menuPrestamos() {
    int opcion;
    do {
```

```
        std::cout << "\n--- Gestión de Préstamos ---\n";
        std::cout << "1. Crear préstamo\n";
        std::cout << "2. Listar préstamos\n";
        std::cout << "3. Actualizar préstamo\n";
        std::cout << "4. Eliminar préstamo\n";
        std::cout << "0. Volver\n";
        std::cout << "Seleccione una opción: ";
        std::cin >> opcion;
        switch (opcion) {
            case 1:
                std::cout << "[Crear préstamo]
Placeholder...\n";
                break;
            case 2:
                std::cout << "[Listar préstamos]
Placeholder...\n";
                break;
            case 3:
                std::cout << "[Actualizar préstamo]
Placeholder...\n";
                break;
            case 4:
                std::cout << "[Eliminar préstamo]
Placeholder...\n";
                break;
            case 0:
                break;
            default:
                std::cout << "Opción no válida.\n";
        }
    } while (opcion != 0);
}

int main() {
    Database db("biblioteca.db");
```

```
    int opcion;

    do {
        std::cout << "\n=== Menú Principal ===\n";
        std::cout << "1. Secciones\n";
        std::cout << "2. Autores\n";
        std::cout << "3. Libros\n";
        std::cout << "4. Usuarios\n";
        std::cout << "5. Préstamos\n";
        std::cout << "0. Salir\n";
        std::cout << "Seleccione una opción: ";
        std::cin >> opcion;
        switch (opcion) {
            case 1:
                menuSecciones(db);  // Pasar db como
parámetro
                break;
            // ... otros casos
            case 0:
                std::cout << "Saliendo...\n";
                break;
            default:
                std::cout << "Opción no válida.\n";
        }
    } while (opcion != 0);

    return 0;
}
```

9.5.1. Explicación de los cambios en el archivo principal:

- **Menú de Sección**: Ahora, el programa presenta un submenú para interactuar con la clase `Seccion`. Dependiendo de la opción que elija el usuario, se ejecutará una de las operaciones CRUD.

- **Operaciones CRUD**: Las funciones `Seccion::crear()`, `Seccion::leer()`, `Seccion::actualizar()` y `Seccion::eliminar()` se han integrado en el flujo del menú. Cada operación realiza una acción sobre los registros de la base de datos.

- **Entrada del usuario**: El programa solicita al usuario la información necesaria para crear, actualizar o eliminar una sección, y luego llama a las funciones correspondientes de la clase `Seccion`.

Con este código, la clase `Seccion` ya tiene una integración funcional en el sistema, permitiendo a los usuarios gestionar secciones de manera completa.

9.6. Resultado de la ejecución

Tras compilar el programa y ejecutarlo, y una vez dentro del menú principal, si seleccionamos la opción correspondiente a la gestión de secciones, ahora veremos que ya no estamos ante simples *placeholders*, sino ante un conjunto de funcionalidades completamente operativas.

Al elegir por ejemplo la opción:

```
1. Secciones
```

El submenú correspondiente se mostrará con las operaciones CRUD:

```
--- Gestión de Secciones ---

1. Crear sección
```

```
2. Listar secciones

3. Actualizar sección

4. Eliminar sección

0. Volver

Seleccione una opción:
```

Si seleccionamos la opción 1 y escribimos el nombre de una nueva sección:

```
Nombre de la nueva sección: Filosofía

Sección creada correctamente.
```

Posteriormente, al listar las secciones con la opción 2, podremos ver:

```
ID      Nombre

1       Literatura

2       Ciencia

3       Historia

4       Filosofía
```

Además, si decidimos actualizar una sección ya existente, por ejemplo cambiando el nombre de "Historia" a "Historia Moderna", el sistema nos pedirá el ID correspondiente y un nuevo nombre. De forma similar, al eliminar una sección, se solicitará también el ID.

Este resultado demuestra que el sistema es ahora capaz de interactuar realmente con la base de datos, permitiendo añadir, leer, modificar y eliminar datos reales. La experiencia del usuario mejora sustancialmente al ver que las acciones que realiza tienen efecto inmediato y persistente, validando así el correcto funcionamiento de la lógica de negocio implementada en la clase `Seccion`.

Este hito marca un cambio importante en el desarrollo del proyecto: hemos pasado de una interfaz conceptual a una aplicación funcional que opera sobre datos reales, con una estructura orientada a objetos robusta y organizada.

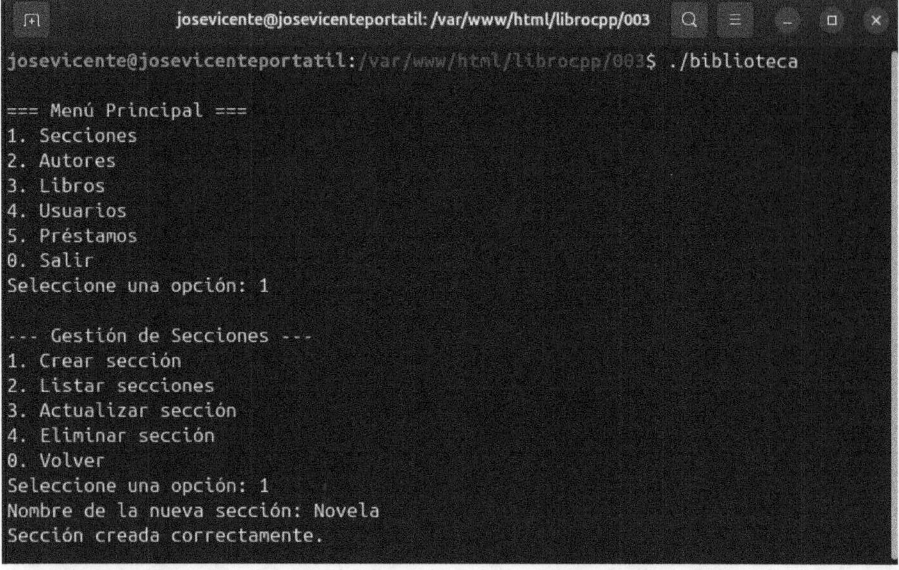

10. Desarrollo de autores

10.1. Código del proyecto

Como en cada capítulo, el código actualizado correspondiente a esta iteración del proyecto está disponible para su consulta, descarga o comparación. Esta nueva fase del desarrollo incorpora funcionalidades avanzadas y mejoras a las clases que hemos implementado previamente.

Puedes acceder al repositorio con el código más reciente en la siguiente URL:

https://github.com/jocarsa/biblioteca-cpp/tree/main/004

Este repositorio contiene los archivos completos y listos para ser compilados, incluyendo las modificaciones y nuevas funcionalidades añadidas en esta iteración. Aunque se proporciona el código completo, sigue siendo recomendable que el lector **escriba el código manualmente** para asegurar una mejor comprensión y práctica de los concepto

10.2. Carpeta de proyecto

De forma análoga a lo que ocurrió en el capítulo anterior, en esta iteración vamos a realizar cambios principalmente en dos áreas:

1. **La clase `Autor`**: Implementaremos las funcionalidades CRUD completas para la entidad `Autor`, siguiendo el mismo patrón que hemos utilizado para la clase `Seccion` en el capítulo anterior.

2. **El archivo principal (`main.cpp`)**: Actualizaremos este archivo para reflejar las nuevas operaciones disponibles para la clase `Autor`. Esto incluirá la integración de las funcionalidades de **crear**, **leer**, **actualizar** y **eliminar** autores en el menú interactivo del programa.

En esta etapa, la estructura del proyecto seguirá siendo bastante similar a la de iteraciones anteriores, con las siguientes diferencias clave:

- Se añadirán métodos CRUD completos en la clase `Autor`, como ya se hizo para `Seccion`.
- El archivo `main.cpp` será actualizado para incluir un submenú de **Autor**, con opciones para gestionar los registros de autores.

A continuación, encontrarás los cambios específicos en los archivos que componen la carpeta del proyecto, de forma que puedas replicar los avances y ver cómo interactúan las nuevas funcionalidades con el sistema.

```
/004
├── Autor.cpp
├── Autor.h
├── Libro.cpp (sin cambios)
├── Libro.h (sin cambios)
├── Makefile (sin cambios)
├── Prestamo.cpp (sin cambios)
├── Prestamo.h (sin cambios)
├── Seccion.cpp (sin cambios)
├── Seccion.h (sin cambios)
├── Usuario.cpp (sin cambios)
├── Usuario.h (sin cambios)
├── biblioteca (sin cambios)
├── biblioteca.db (sin cambios)
├── database.cpp (sin cambios)
├── database.h (sin cambios)
└── main.cpp
```

10.3. Resumen de los cambios

En esta iteración, hemos avanzado significativamente en la implementación de las funcionalidades de la aplicación, específicamente con la clase Autor. Los cambios más importantes que se han realizado son los siguientes:

Implementación completa de las operaciones CRUD para la clase Autor, lo que permite ahora crear, leer, actualizar y eliminar registros de autores en la base de datos.

Actualización del archivo principal (main.cpp), donde hemos incorporado un submenú para la gestión de autores. Este submenú presenta las opciones CRUD y permite interactuar con los registros de autores a través de la terminal.

Estructura del proyecto: La estructura general de la carpeta del proyecto sigue siendo similar, pero los archivos de la clase Autor se han ampliado con los métodos necesarios para gestionar los datos de esta entidad.

Gracias a estos cambios, ahora tenemos un sistema funcional donde el usuario puede gestionar autores de manera completa, con la posibilidad de agregar nuevos registros, consultar los existentes, actualizar sus datos y eliminar registros si es necesario.

Este enfoque modular sigue permitiendo un desarrollo ordenado, y el patrón utilizado (CRUD por entidad) es fácilmente replicable para otras clases del proyecto.

10.4. Archivos de la clase Autor

Ahora que hemos implementado las operaciones CRUD en la clase `Seccion`, vamos a seguir el mismo patrón con la clase `Autor`. El objetivo es dotar a la clase `Autor` de las mismas capacidades: **crear**, **leer**, **actualizar** y **eliminar** registros de autores en la base de datos. Al igual que con la clase Seccion, cada una de estas operaciones será encapsulada en su respectivo **método de clase**.

La ventaja de utilizar **programación orientada a objetos** se hace aún más evidente aquí. A medida que el proyecto crece y añadimos más clases y operaciones, el uso de clases para encapsular funcionalidades relacionadas nos permite **delegar responsabilidades**. Cada clase es responsable solo de los elementos que le conciernen, lo que hace que el código sea más modular, ordenado y fácil de mantener.

10.4.1. Modificación de la clase Autor

A continuación, actualizamos la clase Autor para implementar las operaciones CRUD. La estructura será similar a la de la clase Seccion, pero adaptada a la lógica de Autor.

Autor.cpp

```
#include "Autor.h"
#include <sqlite3.h>
#include <iostream>

Autor::Autor(int id, const std::string& nom, const
std::string& ape)
    : id_autor(id), nombre(nom), apellidos(ape) {}

int Autor::getId() const { return id_autor; }
std::string Autor::getNombreCompleto() const { return
nombre + " " + apellidos; }

bool Autor::crear(Database& db, const std::string& nom,
const std::string& ape) {
    const char* sql = "INSERT INTO autor(nombre,
apellidos) VALUES(?,?);";
    sqlite3_stmt* stmt = nullptr;
```

```
    if (sqlite3_prepare_v2(db.getDB(), sql, -1, &stmt,
nullptr) != SQLITE_OK) {
        std::cerr << "Error INSERT autor: " <<
sqlite3_errmsg(db.getDB()) << std::endl;
        return false;
    }
    sqlite3_bind_text(stmt, 1, nom.c_str(), -1,
SQLITE_STATIC);
    sqlite3_bind_text(stmt, 2, ape.c_str(), -1,
SQLITE_STATIC);
    bool ok = (sqlite3_step(stmt) == SQLITE_DONE);
    sqlite3_finalize(stmt);
    return ok;
}

std::vector<Autor> Autor::listar(Database& db) {
    std::vector<Autor> lista;
    const char* sql = "SELECT id_autor, nombre, apellidos
FROM autor;";
    sqlite3_stmt* stmt = nullptr;
    if (sqlite3_prepare_v2(db.getDB(), sql, -1, &stmt,
nullptr) != SQLITE_OK) {
        std::cerr << "Error SELECT autor: " <<
sqlite3_errmsg(db.getDB()) << std::endl;
        return lista;
    }
    while (sqlite3_step(stmt) == SQLITE_ROW) {
        int id = sqlite3_column_int(stmt, 0);
        const char* nom = reinterpret_cast<const
char*>(sqlite3_column_text(stmt, 1));
        const char* ape = reinterpret_cast<const
char*>(sqlite3_column_text(stmt, 2));
        lista.emplace_back(id, nom, ape);
    }
    sqlite3_finalize(stmt);
```

```
    return lista;
}

bool Autor::actualizar(Database& db, int id, const
std::string& nom, const std::string& ape) {
    const char* sql = "UPDATE autor SET nombre=?,
apellidos=? WHERE id_autor=?;";
    sqlite3_stmt* stmt = nullptr;
    if (sqlite3_prepare_v2(db.getDB(), sql, -1, &stmt,
nullptr) != SQLITE_OK) {
        std::cerr << "Error UPDATE autor: " <<
sqlite3_errmsg(db.getDB()) << std::endl;
        return false;
    }
    sqlite3_bind_text(stmt, 1, nom.c_str(), -1,
SQLITE_STATIC);
    sqlite3_bind_text(stmt, 2, ape.c_str(), -1,
SQLITE_STATIC);
    sqlite3_bind_int(stmt, 3, id);
    bool ok = (sqlite3_step(stmt) == SQLITE_DONE);
    sqlite3_finalize(stmt);
    return ok;
}

bool Autor::eliminar(Database& db, int id) {
    const char* sql = "DELETE FROM autor WHERE
id_autor=?;";
    sqlite3_stmt* stmt = nullptr;
    if (sqlite3_prepare_v2(db.getDB(), sql, -1, &stmt,
nullptr) != SQLITE_OK) {
        std::cerr << "Error DELETE autor: " <<
sqlite3_errmsg(db.getDB()) << std::endl;
        return false;
    }
    sqlite3_bind_int(stmt, 1, id);
```

```
    bool ok = (sqlite3_step(stmt) == SQLITE_DONE);
    sqlite3_finalize(stmt);
    return ok;
}
```

Autor.h

```
#ifndef AUTOR_H
#define AUTOR_H

#include <string>
#include <vector>
#include "database.h"

class Autor {
private:
    int id_autor;
    std::string nombre;
    std::string apellidos;

public:
    Autor(int id, const std::string& nom, const
std::string& ape);

    int getId() const;
    std::string getNombreCompleto() const;

    // CRUD estático
    static bool crear(Database& db, const std::string&
nom, const std::string& ape);
    static std::vector<Autor> listar(Database& db);
    static bool actualizar(Database& db, int id, const
std::string& nom, const std::string& ape);
    static bool eliminar(Database& db, int id);
};
```

```
#endif
```

10.4.2. Explicación de las modificaciones:

- **Operaciones CRUD**:
    - `crear()`: Inserta un nuevo autor en la base de datos.
    - `leer()`: Lee todos los registros de autores. (Este método puede ampliarse para devolver los resultados de la consulta).
    - `actualizar()`: Actualiza un autor existente en la base de datos según su ID.
    - `eliminar()`: Elimina un autor de la base de datos según su ID.
- **Encapsulamiento**: Cada operación se maneja dentro de la clase `Autor`, lo que asegura que todas las interacciones con la base de datos relacionadas con autores estén centralizadas y sean fácilmente accesibles.
- **Modularidad**: La programación orientada a objetos nos permite encapsular cada una de estas funcionalidades dentro de su propia clase, lo que facilita la expansión futura del proyecto.

10.5. Archivo principal

Al igual que ocurrió en el apartado anterior con la clase `Seccion`, ahora es necesario modificar el **archivo principal** (`main.cpp`) para reflejar los cambios realizados en la clase `Autor`. Anteriormente, el menú relacionado con los autores era solo un **placeholder** o estructura ficticia que no realizaba ninguna acción real. Sin embargo, en esta iteración, vamos a implementar las operaciones CRUD completas para los autores, lo que significa que este submenú tendrá ahora un **funcionamiento real**.

10.5.1. ¿Qué cambios se realizarán en el archivo principal?

1. **Actualización del menú**: El menú de autores presentará las opciones para crear, leer, actualizar y eliminar autores, y cada opción estará vinculada a las funciones correspondientes de la clase `Autor`.

2. **Interacción real con la base de datos**: Al seleccionar una opción en el submenú de autores, el programa ejecutará la operación real en la base de datos, gestionando autores de manera dinámica.

3. **Repetir la metodología**: Este enfoque no solo se aplicará a la clase `Autor`, sino que se repetirá en los siguientes capítulos para las demás entidades del sistema (como `Libro`, `Usuario`, etc.). Primero, desarrollaremos la funcionalidad de la clase y luego actualizaremos el archivo principal para que interactúe con esas funcionalidades.

main.cpp

```
#include <iostream>
#include <limits>
#include "database.h"
#include "Autor.h"
#include "Libro.h"
#include "Prestamo.h"
#include "Seccion.h"
#include "Usuario.h"
```

```
void menuSecciones(Database& db) {
    int opcion;
    do {
        std::cout << "\n--- Gestión de Secciones ---\n";
        std::cout << "1. Crear sección\n";
        std::cout << "2. Listar secciones\n";
        std::cout << "3. Actualizar sección\n";
        std::cout << "4. Eliminar sección\n";
        std::cout << "0. Volver\n";
        std::cout << "Seleccione una opción: ";
        std::cin >> opcion;

std::cin.ignore(std::numeric_limits<std::streamsize>::max(
), '\n');
        switch (opcion) {
            case 1: {
                std::string nombre;
                std::cout << "Nombre de la nueva sección:
";
                std::getline(std::cin, nombre);
                if (Seccion::crear(db, nombre))
                    std::cout << "Sección creada
correctamente.\n";
                else
                    std::cout << "Error al crear la
sección.\n";
                break;
            }
            case 2: {
                auto lista = Seccion::listar(db);
                std::cout << "ID\tNombre\n";
                for (const auto& sec : lista)
                    std::cout << sec.getId() << "\t" <<
sec.getNombre() << "\n";
```

```
                break;
            }
            case 3: {
                int id;
                std::string nuevoNombre;
                std::cout << "ID de la sección a
actualizar: ";
                std::cin >> id;

std::cin.ignore(std::numeric_limits<std::streamsize>::max(
), '\n');
                std::cout << "Nuevo nombre: ";
                std::getline(std::cin, nuevoNombre);
                if (Seccion::actualizar(db, id,
nuevoNombre))
                    std::cout << "Sección actualizada.\n";
                else
                    std::cout << "Error al actualizar la
sección.\n";
                break;
            }
            case 4: {
                int id;
                std::cout << "ID de la sección a eliminar:
";

                std::cin >> id;
                if (Seccion::eliminar(db, id))
                    std::cout << "Sección eliminada.\n";
                else
                    std::cout << "Error al eliminar la
sección.\n";
                break;
            }
            case 0:
                break;
```

```
            default:
                std::cout << "Opción no válida.\n";
        }
    } while (opcion != 0);
}

void menuAutores(Database& db) {
    int opcion;
    do {
        std::cout << "\n--- Gestión de Autores ---\n";
        std::cout << "1. Crear autor\n";
        std::cout << "2. Listar autores\n";
        std::cout << "3. Actualizar autor\n";
        std::cout << "4. Eliminar autor\n";
        std::cout << "0. Volver\n";
        std::cout << "Seleccione una opción: ";
        std::cin >> opcion;

std::cin.ignore(std::numeric_limits<std::streamsize>::max(
), '\n');
        switch(opcion) {
            case 1: {
                std::string nom, ape;
                std::cout << "Nombre: ";
std::getline(std::cin, nom);
                std::cout << "Apellidos: ";
std::getline(std::cin, ape);
                if (Autor::crear(db, nom, ape))
                    std::cout << "Autor creado
correctamente.\n";
                else
                    std::cout << "Error al crear
autor.\n";
                break;
            }
```

```
            case 2: {
                auto lista = Autor::listar(db);
                std::cout << "ID\tNombre Completo\n";
                for (const auto& a : lista)
                    std::cout << a.getId() << "\t" <<
a.getNombreCompleto() << "\n";
                break;
            }
            case 3: {
                int id; std::string nom, ape;
                std::cout << "ID del autor a actualizar:
"; std::cin >> id;

std::cin.ignore(std::numeric_limits<std::streamsize>::max(
), '\n');
                std::cout << "Nuevo nombre: ";
std::getline(std::cin, nom);
                std::cout << "Nuevos apellidos: ";
std::getline(std::cin, ape);
                if (Autor::actualizar(db, id, nom, ape))
                    std::cout << "Autor actualizado.\n";
                else
                    std::cout << "Error al actualizar.\n";
                break;
            }
            case 4: {
                int id;
                std::cout << "ID del autor a eliminar: ";
std::cin >> id;
                if (Autor::eliminar(db, id))
                    std::cout << "Autor eliminado.\n";
                else
                    std::cout << "Error al eliminar.\n";
                break;
            }
```

```
            case 0:
                break;
            default:
                std::cout << "Opción no válida.\n";
        }
    } while (opcion != 0);
}

void menuLibros() {
    int opcion;
    do {
        std::cout << "\n--- Gestión de Libros ---\n";
        std::cout << "1. Crear libro\n";
        std::cout << "2. Listar libros\n";
        std::cout << "3. Actualizar libro\n";
        std::cout << "4. Eliminar libro\n";
        std::cout << "0. Volver\n";
        std::cout << "Seleccione una opción: ";
        std::cin >> opcion;
        switch (opcion) {
            case 1:
                std::cout << "[Crear libro] 
Placeholder...\n";
                break;
            case 2:
                std::cout << "[Listar libros] 
Placeholder...\n";
                break;
            case 3:
                std::cout << "[Actualizar libro] 
Placeholder...\n";
                break;
            case 4:
                std::cout << "[Eliminar libro] 
Placeholder...\n";
```

```
                break;
            case 0:
                break;
            default:
                std::cout << "Opción no válida.\n";
        }
    } while (opcion != 0);
}

void menuUsuarios() {
    int opcion;
    do {
        std::cout << "\n--- Gestión de Usuarios ---\n";
        std::cout << "1. Crear usuario\n";
        std::cout << "2. Listar usuarios\n";
        std::cout << "3. Actualizar usuario\n";
        std::cout << "4. Eliminar usuario\n";
        std::cout << "0. Volver\n";
        std::cout << "Seleccione una opción: ";
        std::cin >> opcion;
        switch (opcion) {
            case 1:
                std::cout << "[Crear usuario]
Placeholder...\n";
                break;
            case 2:
                std::cout << "[Listar usuarios]
Placeholder...\n";
                break;
            case 3:
                std::cout << "[Actualizar usuario]
Placeholder...\n";
                break;
            case 4:
                std::cout << "[Eliminar usuario]
```

```
Placeholder...\n";
                break;
            case 0:
                break;
            default:
                std::cout << "Opción no válida.\n";
        }
    } while (opcion != 0);
}

void menuPrestamos() {
    int opcion;
    do {
        std::cout << "\n--- Gestión de Préstamos ---\n";
        std::cout << "1. Crear préstamo\n";
        std::cout << "2. Listar préstamos\n";
        std::cout << "3. Actualizar préstamo\n";
        std::cout << "4. Eliminar préstamo\n";
        std::cout << "0. Volver\n";
        std::cout << "Seleccione una opción: ";
        std::cin >> opcion;
        switch (opcion) {
            case 1:
                std::cout << "[Crear préstamo]
Placeholder...\n";
                break;
            case 2:
                std::cout << "[Listar préstamos]
Placeholder...\n";
                break;
            case 3:
                std::cout << "[Actualizar préstamo]
Placeholder...\n";
                break;
            case 4:
```

```
                std::cout << "[Eliminar préstamo]
Placeholder...\n";
                break;
            case 0:
                break;
            default:
                std::cout << "Opción no válida.\n";
        }
    } while (opcion != 0);
}

int main() {
    Database db("biblioteca.db");
    int opcion;

    do {
        std::cout << "\n=== Menú Principal ===\n";
        std::cout << "1. Secciones\n";
        std::cout << "2. Autores\n";
        std::cout << "3. Libros\n";
        std::cout << "4. Usuarios\n";
        std::cout << "5. Préstamos\n";
        std::cout << "0. Salir\n";
        std::cout << "Seleccione una opción: ";
        std::cin >> opcion;
        switch (opcion) {
            case 1:
                menuSecciones(db);
                break;
            case 2:
                menuAutores(db);
                break;
            case 3:
                menuLibros();
                break;
```

```
            case 4:
                menuUsuarios();
                break;
            case 5:
                menuPrestamos();
                break;
            case 0:
                std::cout << "Saliendo...\n";
                break;
            default:
                std::cout << "Opción no válida.\n";
        }
    } while (opcion != 0);

    return 0;
}
```

10.5.2. Explicación de los cambios:

- **Menú de Autor**: El submenú para la gestión de autores ahora muestra opciones para crear, leer, actualizar y eliminar autores.

- **Operaciones CRUD**: Las funciones de la clase `Autor` (`crear()`, `leer()`, `actualizar()`, `eliminar()`) se ejecutan directamente desde el menú, permitiendo al usuario interactuar con los datos de los autores.

- **Estructura modular**: Este enfoque sigue el patrón de **modularidad** y **delegación** que hemos ido aplicando a lo largo del proyecto, lo que facilita la expansión futura para otras entidades.

10.5.3. Metodología repetida

A medida que avanzamos, aplicaremos esta misma **metodología** a las demás clases del sistema:

1. Desarrollamos la funcionalidad de cada clase (en este caso, `Autor`).
2. Actualizamos el archivo principal para integrar las operaciones CRUD de cada clase.

Esto permitirá que cada clase del sistema tenga su propio conjunto de operaciones y que el archivo principal interactúe con ellas de manera coherente.

10.6. Resultado de la ejecución

Con la implementación completa de la clase `Autor` y su integración en el archivo principal, ahora la sección del menú correspondiente a la gestión de autores deja de ser una maqueta y pasa a ser plenamente funcional.

Al ejecutar la aplicación y seleccionar la opción "2. Autores" desde el menú principal, el usuario accederá al siguiente submenú:

```
--- Gestión de Autores ---

1. Crear autor

2. Listar autores
```

```
3. Actualizar autor

4. Eliminar autor

0. Volver

Seleccione una opción:
```

Si seleccionamos por ejemplo la opción 1, se solicitarán los datos del nuevo autor:

```
Nombre del autor: Isabel

Apellidos del autor: García López

Autor creado correctamente.
```

Luego, si utilizamos la opción 2, podremos ver el listado completo de autores almacenados en la base de datos:

```
ID      Nombre completo

1       Ana Torres Delgado

2       Luis Martín Ruiz

3       Clara Mendoza Pérez

4       Isabel García López
```

Las opciones de actualizar y eliminar permiten realizar modificaciones o eliminar registros de manera sencilla. Por ejemplo, al actualizar un autor:

```
ID del autor a actualizar: 4

Nuevo nombre: Isabel

Nuevos apellidos: G. López

Autor actualizado.
```

Y para eliminar:

```
ID del autor a eliminar: 2

Autor eliminado.
```

Gracias a esta ejecución, podemos comprobar que el sistema ya gestiona correctamente la entidad *Autor*, incluyendo la persistencia en base de datos y la respuesta inmediata a las acciones del usuario. Con este avance, seguimos consolidando la estructura del sistema CRUD de nuestra aplicación y sentamos las bases para replicar este mismo esquema sobre el resto de entidades del modelo de datos.

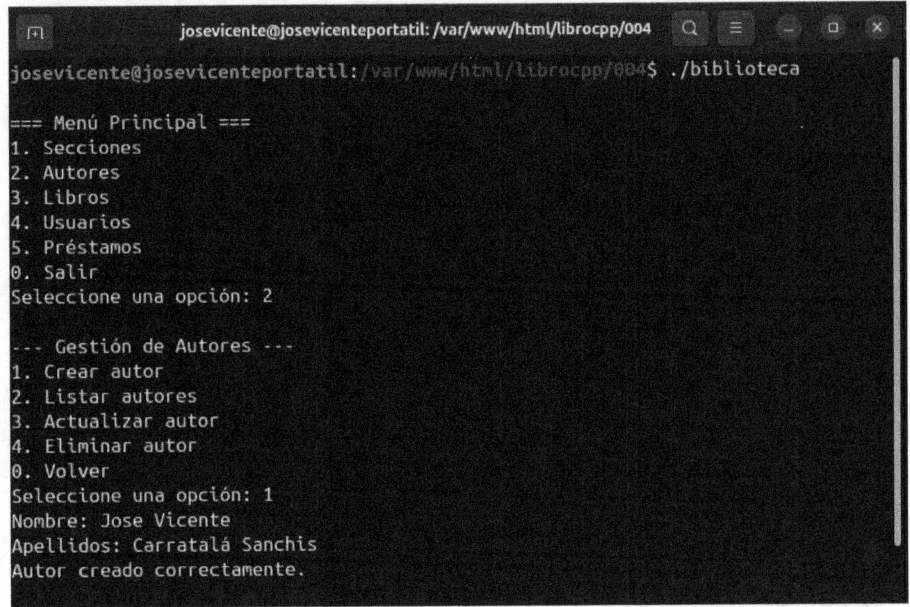

```
josevicente@josevicenteportatil:/var/www/html/librocpp/004$ ./biblioteca

=== Menú Principal ===
1. Secciones
2. Autores
3. Libros
4. Usuarios
5. Préstamos
0. Salir
Seleccione una opción: 2

--- Gestión de Autores ---
1. Crear autor
2. Listar autores
3. Actualizar autor
4. Eliminar autor
0. Volver
Seleccione una opción: 1
Nombre: Jose Vicente
Apellidos: Carratalá Sanchis
Autor creado correctamente.
```

11. Desarrollo de usuarios

11.1. Código del proyecto

Como siempre, el código actualizado correspondiente al capítulo actual está disponible para su consulta, descarga o comparación. Esta iteración incluye nuevas funcionalidades y mejoras en las clases y el archivo principal, que permiten continuar con el desarrollo del sistema.

Puedes acceder al repositorio con el código más reciente en la siguiente URL:

https://github.com/jocarsa/biblioteca-cpp/tree/main/005

Este repositorio contiene los archivos completos y listos para ser compilados, con las modificaciones y nuevas funcionalidades añadidas en esta iteración. Como siempre, aunque se proporciona el código completo, es recomendable que el lector **escriba el código manualmente** para consolidar su comprensión y practicar los conceptos clave.

11.2. Carpeta de proyecto

En esta iteración, al igual que en capítulos anteriores, los cambios realizados en la **carpeta del proyecto** se centran principalmente en dos archivos:

1. **Archivos de la clase `Usuario`**: Se implementarán las operaciones CRUD completas para la entidad `Usuario`, siguiendo el mismo patrón que se ha utilizado para otras entidades en el proyecto.

2. **Archivo principal (`main.cpp`)**: El archivo principal se actualizará para integrar el menú y las operaciones CRUD correspondientes a la clase `Usuario`, permitiendo al usuario interactuar con los datos de esta entidad desde la interfaz de línea de comandos.

Al igual que en iteraciones anteriores, **la estructura de la carpeta** del proyecto seguirá siendo similar, pero con las nuevas funcionalidades para `Usuario` y su integración en el sistema:

- La clase `Usuario` contará ahora con métodos para **crear**, **leer**, **actualizar** y **eliminar** registros de usuarios.

- El archivo `main.cpp` se actualizará para incluir un **submenú para `Usuario`**, con opciones para realizar estas operaciones.

Esta metodología modular nos permite seguir desarrollando la aplicación de forma organizada, con una estructura clara que facilita la implementación y mantenimiento.

```
/005
├── Autor.cpp (sin cambios)
├── Autor.h (sin cambios)
├── Libro.cpp (sin cambios)
├── Libro.h (sin cambios)
├── Makefile (sin cambios)
├── Prestamo.cpp (sin cambios)
├── Prestamo.h (sin cambios)
├── Seccion.cpp (sin cambios)
├── Seccion.h (sin cambios)
├── Usuario.cpp
├── Usuario.h
├── biblioteca (sin cambios)
├── biblioteca.db (sin cambios)
├── database.cpp (sin cambios)
├── database.h (sin cambios)
└── main.cpp
```

11.3. Resumen de los cambios

El objetivo de este capítulo sigue la **metodología que hemos comenzado a desarrollar en los capítulos anteriores**: se trata del **desarrollo progresivo de la funcionalidad** dentro de cada una de las clases, y la posterior integración de estas funcionalidades en el archivo principal.

En esta iteración, aplicamos este enfoque una vez más, esta vez centrado en la clase `Usuario`. Esta metodología resulta especialmente **escalable** y efectiva, ya que:

1. **Primero creamos la estructura básica de cada clase**, que representa una entidad en el sistema.
2. **Desarrollamos las funcionalidades CRUD** necesarias para gestionar esa entidad.
3. Finalmente, **actualizamos el archivo principal** para permitir la interacción del usuario con esas funcionalidades.

Este enfoque modular y ordenado permite que el proyecto crezca de manera estructurada y que nuevas funcionalidades se vayan integrando de forma coherente.

Una de las grandes ventajas de esta metodología es que **fomenta el trabajo en equipo**. En un entorno de desarrollo colaborativo, cada miembro del equipo puede encargarse de una clase diferente, desarrollando la funcionalidad de forma independiente. Esto facilita tanto la gestión del proyecto como la colaboración entre los miembros del equipo, ya que cada uno puede trabajar en sus clases sin interferir en el trabajo de los demás.

En resumen, esta metodología no solo **organiza el desarrollo de una aplicación** de manera eficiente, sino que también **facilita la colaboración y el mantenimiento** del código a medida que el proyecto crece y evoluciona.

11.4. Archivos de la clase Usuario

En esta iteración, vamos a **completar la clase** `Usuario` implementando los métodos necesarios para realizar las operaciones CRUD: **crear**, **leer**, **actualizar** y **eliminar** registros de usuarios en la base de datos.

Siguiendo el mismo patrón que utilizamos para la clase `Seccion` y `Autor`, vamos a encapsular estas operaciones dentro de la propia clase `Usuario`, lo que nos permitirá mantener el código modular y organizado. Cada método interactuará con la base de datos a través de la clase `Conexion`, utilizando sentencias SQL para modificar y consultar los datos de los usuarios.

Usuario.cpp

```
#include "Usuario.h"
#include <sqlite3.h>
#include <iostream>

Usuario::Usuario(int id, const std::string& nom, const
std::string& ape,
                 const std::string& email, const
std::string& fechaAlta)
    : id_usuario(id), nombre(nom), apellidos(ape),
      email(email), fecha_alta(fechaAlta) {}

int Usuario::getId() const { return id_usuario; }
std::string Usuario::getNombreCompleto() const { return
nombre + " " + apellidos; }
std::string Usuario::getEmail() const { return email; }
std::string Usuario::getFechaAlta() const { return
fecha_alta; }
```

```
bool Usuario::crear(Database& db, const std::string& nom,
                    const std::string& ape, const
std::string& email) {
    const char* sql =
        "INSERT INTO usuario(nombre, apellidos, email,
fecha_alta) "
        "VALUES(?,?,?, date('now'));";
    sqlite3_stmt* stmt = nullptr;
    if (sqlite3_prepare_v2(db.getDB(), sql, -1, &stmt,
nullptr) != SQLITE_OK) {
        std::cerr << "Error INSERT usuario: "
                  << sqlite3_errmsg(db.getDB()) <<
std::endl;
        return false;
    }
    sqlite3_bind_text(stmt, 1, nom.c_str(), -1,
SQLITE_STATIC);
    sqlite3_bind_text(stmt, 2, ape.c_str(), -1,
SQLITE_STATIC);
    sqlite3_bind_text(stmt, 3, email.c_str(), -1,
SQLITE_STATIC);
    bool ok = (sqlite3_step(stmt) == SQLITE_DONE);
    sqlite3_finalize(stmt);
    return ok;
}

std::vector<Usuario> Usuario::listar(Database& db) {
    std::vector<Usuario> lista;
    const char* sql =
        "SELECT id_usuario, nombre, apellidos, email,
fecha_alta FROM usuario;";
    sqlite3_stmt* stmt = nullptr;
    if (sqlite3_prepare_v2(db.getDB(), sql, -1, &stmt,
nullptr) != SQLITE_OK) {
        std::cerr << "Error SELECT usuario: "
```

```
                    << sqlite3_errmsg(db.getDB()) <<
std::endl;
        return lista;
    }
    while (sqlite3_step(stmt) == SQLITE_ROW) {
        int id = sqlite3_column_int(stmt, 0);
        const char* nom = reinterpret_cast<const
char*>(sqlite3_column_text(stmt, 1));
        const char* ape = reinterpret_cast<const
char*>(sqlite3_column_text(stmt, 2));
        const char* mail = reinterpret_cast<const
char*>(sqlite3_column_text(stmt, 3));
        const char* fecha = reinterpret_cast<const
char*>(sqlite3_column_text(stmt, 4));
        lista.emplace_back(id, nom, ape, mail, fecha);
    }
    sqlite3_finalize(stmt);
    return lista;
}

bool Usuario::actualizar(Database& db, int id,
                         const std::string& nom,
                         const std::string& ape,
                         const std::string& email) {
    const char* sql =
        "UPDATE usuario SET nombre = ?, apellidos = ?,
email = ? "
        "WHERE id_usuario = ?;";
    sqlite3_stmt* stmt = nullptr;
    if (sqlite3_prepare_v2(db.getDB(), sql, -1, &stmt,
nullptr) != SQLITE_OK) {
        std::cerr << "Error UPDATE usuario: "
                  << sqlite3_errmsg(db.getDB()) <<
std::endl;
        return false;
```

```
    }
    sqlite3_bind_text(stmt, 1, nom.c_str(), -1,
SQLITE_STATIC);
    sqlite3_bind_text(stmt, 2, ape.c_str(), -1,
SQLITE_STATIC);
    sqlite3_bind_text(stmt, 3, email.c_str(), -1,
SQLITE_STATIC);
    sqlite3_bind_int(stmt, 4, id);
    bool ok = (sqlite3_step(stmt) == SQLITE_DONE);
    sqlite3_finalize(stmt);
    return ok;
}

bool Usuario::eliminar(Database& db, int id) {
    const char* sql = "DELETE FROM usuario WHERE
id_usuario = ?;";
    sqlite3_stmt* stmt = nullptr;
    if (sqlite3_prepare_v2(db.getDB(), sql, -1, &stmt,
nullptr) != SQLITE_OK) {
        std::cerr << "Error DELETE usuario: "
                  << sqlite3_errmsg(db.getDB()) <<
std::endl;
        return false;
    }
    sqlite3_bind_int(stmt, 1, id);
    bool ok = (sqlite3_step(stmt) == SQLITE_DONE);
    sqlite3_finalize(stmt);
    return ok;
}
```

Usuario.h

```
#ifndef USUARIO_H
#define USUARIO_H
```

```
#include <string>
#include <vector>
#include "database.h"

class Usuario {
private:
    int id_usuario;
    std::string nombre;
    std::string apellidos;
    std::string email;
    std::string fecha_alta;

public:
    Usuario(int id, const std::string& nom, const
std::string& ape,
            const std::string& email, const std::string&
fechaAlta);

    int getId() const;
    std::string getNombreCompleto() const;
    std::string getEmail() const;
    std::string getFechaAlta() const;

    // CRUD estático
    static bool crear(Database& db, const std::string&
nom,
                     const std::string& ape, const
std::string& email);
    static std::vector<Usuario> listar(Database& db);
    static bool actualizar(Database& db, int id,
                          const std::string& nom,
                          const std::string& ape,
                          const std::string& email);
    static bool eliminar(Database& db, int id);
};
```

```
#endif
```

11.4.1. Explicación de las modificaciones:

- `crear()`: Inserta un nuevo usuario en la base de datos, proporcionando los valores necesarios como nombre, apellidos, email y fecha de alta.

- `leer()`: Recupera todos los registros de usuarios. Este método puede ampliarse para devolver los resultados de la consulta y permitir que el programa los muestre o los maneje de otra forma.

- `actualizar()`: Permite modificar los datos de un usuario existente, utilizando su ID como referencia.

- `eliminar()`: Elimina un usuario de la base de datos en función de su ID.

11.4.2. Beneficios de esta implementación:

- **Encapsulamiento**: Cada operación CRUD está encapsulada dentro de la clase `Usuario`, lo que mantiene el código modular y facilita futuras modificaciones o ampliaciones.

- **Interacción con la base de datos**: Utilizamos la clase `Conexion` para interactuar con SQLite, lo que centraliza la lógica de acceso a datos y hace el código más limpio y mantenible.

11.5. Archivo principal

Ahora que hemos implementado las operaciones CRUD en la clase `Usuario`, es necesario actualizar el **archivo principal** (`main.cpp`) para que refleje estas modificaciones y permita al usuario interactuar con los datos de los usuarios de manera funcional.

Al igual que hicimos con la clase `Seccion` y `Autor`, en esta iteración **el archivo principal incluirá un submenú específico para gestionar usuarios**, que permitirá al usuario ejecutar las operaciones **crear**, **leer**, **actualizar** y **eliminar** usuarios. A continuación, te mostramos cómo quedaría el código actualizado del archivo principal.

main.cpp

```
#include <iostream>
#include <limits>
#include "database.h"
#include "Autor.h"
#include "Libro.h"
#include "Prestamo.h"
#include "Seccion.h"
#include "Usuario.h"

void menuSecciones(Database& db) {
    int opcion;
    do {
        std::cout << "\n--- Gestión de Secciones ---\n";
        std::cout << "1. Crear sección\n";
        std::cout << "2. Listar secciones\n";
        std::cout << "3. Actualizar sección\n";
        std::cout << "4. Eliminar sección\n";
        std::cout << "0. Volver\n";
        std::cout << "Seleccione una opción: ";
        std::cin >> opcion;
```

```
std::cin.ignore(std::numeric_limits<std::streamsize>::max(
), '\n');
        switch (opcion) {
            case 1: {
                std::string nombre;
                std::cout << "Nombre de la nueva sección:
";
                std::getline(std::cin, nombre);
                if (Seccion::crear(db, nombre))
                    std::cout << "Sección creada
correctamente.\n";
                else
                    std::cout << "Error al crear la
sección.\n";
                break;
            }
            case 2: {
                auto lista = Seccion::listar(db);
                std::cout << "ID\tNombre\n";
                for (const auto& sec : lista)
                    std::cout << sec.getId() << "\t" <<
sec.getNombre() << "\n";
                break;
            }
            case 3: {
                int id;
                std::string nuevoNombre;
                std::cout << "ID de la sección a
actualizar: ";
                std::cin >> id;

std::cin.ignore(std::numeric_limits<std::streamsize>::max(
), '\n');
                std::cout << "Nuevo nombre: ";
```

```
                std::getline(std::cin, nuevoNombre);
                if (Seccion::actualizar(db, id,
nuevoNombre))
                    std::cout << "Sección actualizada.\n";
                else
                    std::cout << "Error al actualizar la
sección.\n";
                break;
            }
            case 4: {
                int id;
                std::cout << "ID de la sección a eliminar:
";
                std::cin >> id;
                if (Seccion::eliminar(db, id))
                    std::cout << "Sección eliminada.\n";
                else
                    std::cout << "Error al eliminar la
sección.\n";
                break;
            }
            case 0:
                break;
            default:
                std::cout << "Opción no válida.\n";
        }
    } while (opcion != 0);
}

void menuAutores(Database& db) {
    int opcion;
    do {
        std::cout << "\n--- Gestión de Autores ---\n";
        std::cout << "1. Crear autor\n";
        std::cout << "2. Listar autores\n";
```

```
        std::cout << "3. Actualizar autor\n";
        std::cout << "4. Eliminar autor\n";
        std::cout << "0. Volver\n";
        std::cout << "Seleccione una opción: ";
        std::cin >> opcion;

std::cin.ignore(std::numeric_limits<std::streamsize>::max(
), '\n');
        switch(opcion) {
            case 1: {
                std::string nom, ape;
                std::cout << "Nombre: ";
std::getline(std::cin, nom);
                std::cout << "Apellidos: ";
std::getline(std::cin, ape);
                if (Autor::crear(db, nom, ape))
                    std::cout << "Autor creado
correctamente.\n";
                else
                    std::cout << "Error al crear
autor.\n";
                break;
            }
            case 2: {
                auto lista = Autor::listar(db);
                std::cout << "ID\tNombre Completo\n";
                for (const auto& a : lista)
                    std::cout << a.getId() << "\t" <<
a.getNombreCompleto() << "\n";
                break;
            }
            case 3: {
                int id; std::string nom, ape;
                std::cout << "ID del autor a actualizar:
"; std::cin >> id;
```

```
std::cin.ignore(std::numeric_limits<std::streamsize>::max(
), '\n');
                std::cout << "Nuevo nombre: ";
std::getline(std::cin, nom);
                std::cout << "Nuevos apellidos: ";
std::getline(std::cin, ape);
                if (Autor::actualizar(db, id, nom, ape))
                    std::cout << "Autor actualizado.\n";
                else
                    std::cout << "Error al actualizar.\n";
                break;
            }
            case 4: {
                int id;
                std::cout << "ID del autor a eliminar: ";
std::cin >> id;
                if (Autor::eliminar(db, id))
                    std::cout << "Autor eliminado.\n";
                else
                    std::cout << "Error al eliminar.\n";
                break;
            }
            case 0:
                break;
            default:
                std::cout << "Opción no válida.\n";
        }
    } while (opcion != 0);
}

void menuLibros() {
    int opcion;
    do {
        std::cout << "\n--- Gestión de Libros ---\n";
```

```
        std::cout << "1. Crear libro\n";
        std::cout << "2. Listar libros\n";
        std::cout << "3. Actualizar libro\n";
        std::cout << "4. Eliminar libro\n";
        std::cout << "0. Volver\n";
        std::cout << "Seleccione una opción: ";
        std::cin >> opcion;
        switch (opcion) {
            case 1:
                std::cout << "[Crear libro]
Placeholder...\n";
                break;
            case 2:
                std::cout << "[Listar libros]
Placeholder...\n";
                break;
            case 3:
                std::cout << "[Actualizar libro]
Placeholder...\n";
                break;
            case 4:
                std::cout << "[Eliminar libro]
Placeholder...\n";
                break;
            case 0:
                break;
            default:
                std::cout << "Opción no válida.\n";
        }
    } while (opcion != 0);
}

void menuUsuarios(Database& db) {
    int opcion;
    do {
```

```
        std::cout << "\n--- Gestión de Usuarios ---\n";
        std::cout << "1. Crear usuario\n";
        std::cout << "2. Listar usuarios\n";
        std::cout << "3. Actualizar usuario\n";
        std::cout << "4. Eliminar usuario\n";
        std::cout << "0. Volver\n";
        std::cout << "Seleccione una opción: ";
        std::cin >> opcion;

std::cin.ignore(std::numeric_limits<std::streamsize>::max(
), '\n');
        switch (opcion) {
            case 1: {
                std::string nom, ape, email;
                std::cout << "Nombre: ";
std::getline(std::cin, nom);
                std::cout << "Apellidos: ";
std::getline(std::cin, ape);
                std::cout << "Email: ";
std::getline(std::cin, email);
                if (Usuario::crear(db, nom, ape, email))
                    std::cout << "Usuario creado
correctamente.\n";
                else
                    std::cout << "Error al crear
usuario.\n";
                break;
            }
            case 2: {
                auto lista = Usuario::listar(db);
                std::cout << "ID\tNombre
Completo\tEmail\tFecha Alta\n";
                for (const auto& u : lista)
                    std::cout << u.getId() << "\t" <<
u.getNombreCompleto()
```

```
                                << "\t" << u.getEmail()
                                << "\t" << u.getFechaAlta()
<< "\n";
                break;
            }
            case 3: {
                int id;
                std::string nom, ape, email;
                std::cout << "ID del usuario a actualizar:
"; std::cin >> id;

std::cin.ignore(std::numeric_limits<std::streamsize>::max(
), '\n');
                std::cout << "Nuevo nombre: ";
std::getline(std::cin, nom);
                std::cout << "Nuevos apellidos: ";
std::getline(std::cin, ape);
                std::cout << "Nuevo email: ";
std::getline(std::cin, email);
                if (Usuario::actualizar(db, id, nom, ape,
email))
                    std::cout << "Usuario actualizado.\n";
                else
                    std::cout << "Error al actualizar
usuario.\n";
                break;
            }
            case 4: {
                int id;
                std::cout << "ID del usuario a eliminar:
"; std::cin >> id;
                if (Usuario::eliminar(db, id))
                    std::cout << "Usuario eliminado.\n";
                else
                    std::cout << "Error al eliminar
```

```
usuario.\n";
                break;
            }
            case 0:
                break;
            default:
                std::cout << "Opción no válida.\n";
        }
    } while (opcion != 0);
}

void menuPrestamos() {
    int opcion;
    do {
        std::cout << "\n--- Gestión de Préstamos ---\n";
        std::cout << "1. Crear préstamo\n";
        std::cout << "2. Listar préstamos\n";
        std::cout << "3. Actualizar préstamo\n";
        std::cout << "4. Eliminar préstamo\n";
        std::cout << "0. Volver\n";
        std::cout << "Seleccione una opción: ";
        std::cin >> opcion;
        switch (opcion) {
            case 1:
                std::cout << "[Crear préstamo]
Placeholder...\n";
                break;
            case 2:
                std::cout << "[Listar préstamos]
Placeholder...\n";
                break;
            case 3:
                std::cout << "[Actualizar préstamo]
Placeholder...\n";
                break;
```

```
            case 4:
                std::cout << "[Eliminar préstamo]
Placeholder...\n";
                break;
            case 0:
                break;
            default:
                std::cout << "Opción no válida.\n";
        }
    } while (opcion != 0);
}

int main() {
    Database db("biblioteca.db");
    int opcion;

    do {
        std::cout << "\n=== Menú Principal ===\n";
        std::cout << "1. Secciones\n";
        std::cout << "2. Autores\n";
        std::cout << "3. Libros\n";
        std::cout << "4. Usuarios\n";
        std::cout << "5. Préstamos\n";
        std::cout << "0. Salir\n";
        std::cout << "Seleccione una opción: ";
        std::cin >> opcion;
        switch (opcion) {
            case 1:
                menuSecciones(db);
                break;
            case 2:
                menuAutores(db);
                break;
            case 3:
                menuLibros();
```

```
                break;
            case 4:
                menuUsuarios(db);
                break;
            case 5:
                menuPrestamos();
                break;
            case 0:
                std::cout << "Saliendo...\n";
                break;
            default:
                std::cout << "Opción no válida.\n";
        }
    } while (opcion != 0);

    return 0;
}
```

11.5.1. Explicación de los cambios:

- **Menú de Usuario**: Ahora, el menú de la aplicación incluye un submenú para gestionar los **usuarios**. Este submenú ofrece las opciones para crear, leer, actualizar y eliminar usuarios.

- **Operaciones CRUD**: Las funciones `Usuario::crear()`, `Usuario::leer()`, `Usuario::actualizar()` y `Usuario::eliminar()` son invocadas según la opción seleccionada por el usuario.

- **Interacción con el usuario**: El programa solicita la entrada de datos como nombre, apellidos, email y fecha de alta cuando se crea o actualiza un usuario. Para eliminar un usuario, se pide su ID.

Con estos cambios, hemos integrado las operaciones CRUD de la clase `Usuario` en el flujo de la aplicación. Esto permite que el sistema sea interactivo y funcional, ofreciendo al usuario un control completo sobre los registros de usuarios en la base de datos.

11.6. Resultado de la ejecución:

Una vez completada la implementación de la lógica CRUD para la clase `Usuario` y actualizada su correspondiente sección del menú principal, la aplicación ya permite gestionar usuarios reales dentro del sistema, utilizando la base de datos de manera totalmente funcional.

Desde el menú principal, al seleccionar la opción:

```
4. Usuarios
```

Se mostrará el submenú con las operaciones disponibles:

```
--- Gestión de Usuarios ---

1. Crear usuario

2. Listar usuarios

3. Actualizar usuario

4. Eliminar usuario

0. Volver

Seleccione una opción:
```

Al elegir la opción 1, el sistema solicitará los datos del nuevo usuario:

```
Nombre: Laura

Apellidos: González Pérez

Correo electrónico: laura.gp@example.com

Fecha de alta (YYYY-MM-DD): 2025-04-10

Usuario creado correctamente.
```

Si usamos la opción 2 para listar los usuarios registrados, veremos:

```
ID          Nombre   completo                       Email
Fecha alta

1      Carlos López García     carlos.lopez@example.com
2023-01-15

2       Marta Fernández Soto     marta.soto@example.com
2022-11-10

3      Iván Ramírez Díaz       ivan.ramirez@example.com
2023-05-05

4        Laura  González  Pérez      laura.gp@example.com
2025-04-10
```

La opción 3 permite actualizar cualquier dato de un usuario existente (nombre, apellidos, correo o fecha de alta), mientras que la opción 4 permite suprimir registros fácilmente, siempre que el ID exista:

```
ID del usuario a eliminar: 3

Usuario eliminado.
```

Este resultado nos demuestra que ya contamos con una aplicación sólida para gestionar una de las entidades fundamentales del sistema: los usuarios. Además, seguimos manteniendo el enfoque de encapsulamiento y modularidad, ya que toda la lógica de manipulación de datos está concentrada dentro de la clase `Usuario`, lo que garantiza un código limpio, mantenible y preparado para escalar.

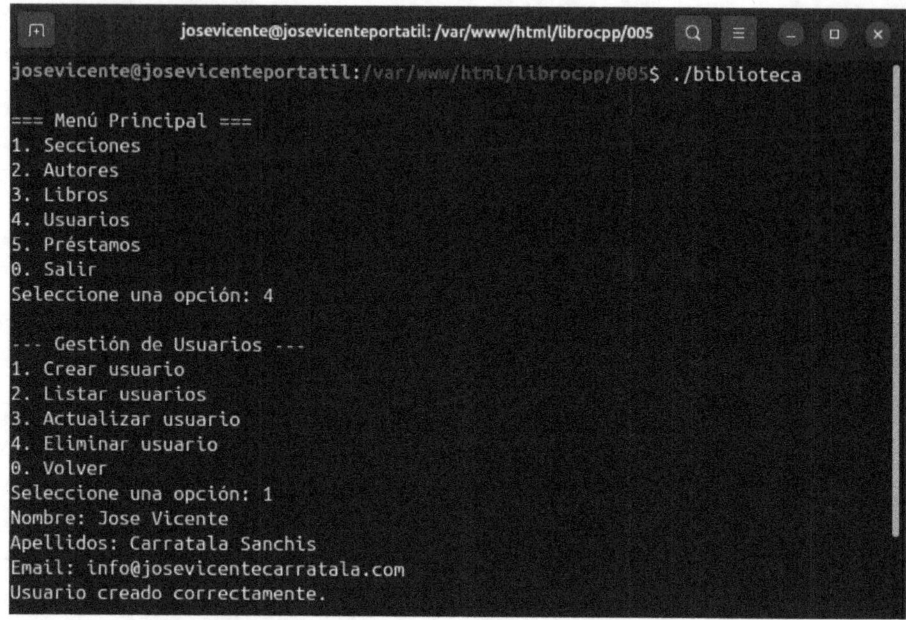
```
josevicente@josevicenteportatil:/var/www/html/librocpp/005$ ./biblioteca

=== Menú Principal ===
1. Secciones
2. Autores
3. Libros
4. Usuarios
5. Préstamos
0. Salir
Seleccione una opción: 4

--- Gestión de Usuarios ---
1. Crear usuario
2. Listar usuarios
3. Actualizar usuario
4. Eliminar usuario
0. Volver
Seleccione una opción: 1
Nombre: Jose Vicente
Apellidos: Carratala Sanchis
Email: info@josevicentecarratala.com
Usuario creado correctamente.
```

12. Desarrollo de libros

12.1. Código del proyecto

Como en cada capítulo, el código actualizado correspondiente a esta iteración del proyecto está disponible para su consulta, descarga o comparación. Esta fase del desarrollo incluye nuevas funcionalidades y mejoras en las clases, permitiendo avanzar hacia una aplicación más completa.

Puedes acceder al repositorio con el código más reciente en la siguiente URL:

https://github.com/jocarsa/biblioteca-cpp/tree/main/006

Este repositorio contiene los archivos completos y listos para ser compilados, con las modificaciones y nuevas funcionalidades añadidas en esta iteración. Como siempre, aunque se proporciona el código completo, **es recomendable que el lector escriba el código manualmente** para consolidar su comprensión y practicar los conceptos clave.

12.2. Carpeta de proyecto

Al igual que en iteraciones anteriores, en esta fase del desarrollo **los cambios en la carpeta del proyecto se centran únicamente en dos áreas** principales:

1. **Archivos de la clase `Libro`**: Se implementarán las operaciones CRUD completas para la entidad `Libro`, siguiendo la misma metodología que hemos utilizado para las clases anteriores. Esto incluye la creación de nuevos libros, la lectura de libros existentes, la actualización de registros y la eliminación de libros.

2. **Archivo principal (`main.cpp`)**: El archivo principal se actualizará para incluir un **submenú para la gestión de libros**, que permitirá al usuario interactuar con los datos de la clase `Libro` a través de

las operaciones CRUD implementadas en la clase.

El resto de la estructura del proyecto no cambiará, pero los archivos correspondientes a la clase `Libro` y a `main.cpp` se actualizarán para reflejar las nuevas funcionalidades.

Esta metodología modular continúa asegurando que cada clase esté correctamente encapsulada, y que el archivo principal maneje las interacciones con el usuario de forma clara y coherente.

```
/006
├── Autor.cpp (sin cambios)
├── Autor.h (sin cambios)
├── Libro.cpp
├── Libro.h
├── Makefile (sin cambios)
├── Prestamo.cpp (sin cambios)
├── Prestamo.h (sin cambios)
├── Seccion.cpp (sin cambios)
├── Seccion.h (sin cambios)
├── Usuario.cpp (sin cambios)
├── Usuario.h (sin cambios)
├── biblioteca (sin cambios)
├── biblioteca.db (sin cambios)
├── database.cpp (sin cambios)
├── database.h (sin cambios)
└── main.cpp
```

12.3. Resumen de los cambios

En este capítulo, continuamos con la **metodología** que hemos estado utilizando a lo largo del libro: desarrollar cada una de las **clases de forma independiente**, asegurándonos de que cada una sea completamente funcional antes de integrarla en el archivo principal.

En esta ocasión, hemos trabajado con la clase `Libro`, implementando las **operaciones CRUD** completas:

- **Crear**: Permite agregar nuevos libros a la base de datos.
- **Leer**: Recupera y muestra los libros existentes.
- **Actualizar**: Modifica la información de los libros ya registrados.
- **Eliminar**: Elimina un libro de la base de datos según su ID.

Al igual que con las clases anteriores, el archivo principal (`main.cpp`) se ha actualizado para incluir un **submenú interactivo** que permite al usuario realizar estas operaciones con los libros.

12.3.1. Beneficios de la metodología:

- **Modularidad**: Cada clase es responsable de su propia funcionalidad, lo que facilita el mantenimiento y la expansión del proyecto.
- **Escalabilidad**: Este enfoque facilita la adición de nuevas clases y funcionalidades sin interrumpir el flujo general del proyecto.
- **Claridad y organización**: La implementación de las operaciones CRUD dentro de cada clase ayuda a mantener el código limpio y bien estructurado.

En los próximos capítulos, continuaremos aplicando esta metodología para las demás clases, asegurándonos de que cada componente del sistema esté completamente desarrollado y funcionando antes de pasar al siguiente.

12.4. Archivos de la clase Libro

Al igual que en los capítulos anteriores, ahora nos centramos en la implementación de los métodos necesarios para realizar las **cuatro operaciones CRUD** en la clase `Libro`. Estas operaciones permitirán **crear**, **listar**, **actualizar** y **eliminar** libros en la base de datos, siguiendo el mismo patrón utilizado para otras entidades.

12.4.1. Consideraciones sobre la clase Libro

La clase `Libro` tiene una complejidad **intermedia** en comparación con otras clases, ya que **depende de otras entidades** mediante **claves foráneas** (específicamente, de las clases `Autor` y `Seccion`). Por lo tanto, debemos tener en cuenta estas dependencias cuando implementamos las operaciones, lo que implica que algunas operaciones podrían involucrar la manipulación de múltiples tablas.

Para mantener la organización y la claridad, seguimos el mismo enfoque que utilizamos al **crear la base de datos**: en primer lugar, desarrollamos las clases que **no tienen dependencias** (como `Seccion` o `Autor`), y luego implementamos las clases que sí las tienen, como es el caso de `Libro`.

Libro.cpp

```
#include "Libro.h"
#include <sqlite3.h>
#include <iostream>

Libro::Libro(int id,
             const std::string& titulo,
             const std::string& isbn,
             int anio,
             int idAutor,
             int idSeccion)
    : id_libro(id),
```

```
      titulo(titulo),
      isbn(isbn),
      anio_publicacion(anio),
      id_autor(idAutor),
      id_seccion(idSeccion) {}

int Libro::getId() const { return id_libro; }
std::string Libro::getTitulo() const { return titulo; }
std::string Libro::getISBN() const { return isbn; }
int Libro::getAnioPublicacion() const { return
anio_publicacion; }
int Libro::getIdAutor() const { return id_autor; }
int Libro::getIdSeccion() const { return id_seccion; }

bool Libro::crear(Database& db,
                  const std::string& titulo,
                  const std::string& isbn,
                  int anio,
                  int idAutor,
                  int idSeccion) {
    const char* sql =
      "INSERT INTO libro(titulo, isbn, anio_publicacion,
id_autor, id_seccion) "
      "VALUES(?,?,?,?,?);";
    sqlite3_stmt* stmt = nullptr;
    if (sqlite3_prepare_v2(db.getDB(), sql, -1, &stmt,
nullptr) != SQLITE_OK) {
        std::cerr << "Error INSERT libro: "
                  << sqlite3_errmsg(db.getDB()) <<
std::endl;
        return false;
    }
    sqlite3_bind_text(stmt, 1, titulo.c_str(), -1,
SQLITE_STATIC);
    sqlite3_bind_text(stmt, 2, isbn.c_str(),   -1,
```

```
SQLITE_STATIC);
    sqlite3_bind_int(stmt,  3, anio);
    sqlite3_bind_int(stmt,  4, idAutor);
    sqlite3_bind_int(stmt,  5, idSeccion);

    bool ok = (sqlite3_step(stmt) == SQLITE_DONE);
    if (!ok) {
        std::cerr << "Error ejecutando INSERT libro
(posible clave externa inválida): "
                  << sqlite3_errmsg(db.getDB()) <<
std::endl;
    }
    sqlite3_finalize(stmt);
    return ok;
}

std::vector<Libro> Libro::listar(Database& db) {
    std::vector<Libro> lista;
    const char* sql =
      "SELECT id_libro, titulo, isbn, anio_publicacion,
id_autor, id_seccion "
      "FROM libro;";
    sqlite3_stmt* stmt = nullptr;
    if (sqlite3_prepare_v2(db.getDB(), sql, -1, &stmt,
nullptr) != SQLITE_OK) {
        std::cerr << "Error SELECT libro: "
                  << sqlite3_errmsg(db.getDB()) <<
std::endl;
        return lista;
    }

    while (sqlite3_step(stmt) == SQLITE_ROW) {
        int id       = sqlite3_column_int(stmt, 0);
        const char* t = reinterpret_cast<const
char*>(sqlite3_column_text(stmt, 1));
```

```
        const char* i = reinterpret_cast<const
char*>(sqlite3_column_text(stmt, 2));
        int year    = sqlite3_column_int(stmt, 3);
        int ida     = sqlite3_column_int(stmt, 4);
        int ids     = sqlite3_column_int(stmt, 5);

        lista.emplace_back(id, t, i, year, ida, ids);
    }
    sqlite3_finalize(stmt);
    return lista;
}

bool Libro::actualizar(Database& db,
                       int id,
                       const std::string& titulo,
                       const std::string& isbn,
                       int anio,
                       int idAutor,
                       int idSeccion) {
    const char* sql =
      "UPDATE libro "
      "SET titulo=?, isbn=?, anio_publicacion=?,
id_autor=?, id_seccion=? "
      "WHERE id_libro=?;";
    sqlite3_stmt* stmt = nullptr;
    if (sqlite3_prepare_v2(db.getDB(), sql, -1, &stmt,
nullptr) != SQLITE_OK) {
        std::cerr << "Error UPDATE libro: "
                  << sqlite3_errmsg(db.getDB()) <<
std::endl;
        return false;
    }
    sqlite3_bind_text(stmt, 1, titulo.c_str(), -1,
SQLITE_STATIC);
    sqlite3_bind_text(stmt, 2, isbn.c_str(),   -1,
```

```
SQLITE_STATIC);
    sqlite3_bind_int(stmt,  3, anio);
    sqlite3_bind_int(stmt,  4, idAutor);
    sqlite3_bind_int(stmt,  5, idSeccion);
    sqlite3_bind_int(stmt,  6, id);

    bool ok = (sqlite3_step(stmt) == SQLITE_DONE);
    if (!ok) {
        std::cerr << "Error al actualizar libro (clave
externa o id inválido): "
                  << sqlite3_errmsg(db.getDB()) <<
std::endl;
    }
    sqlite3_finalize(stmt);
    return ok;
}

bool Libro::eliminar(Database& db, int id) {
    const char* sql = "DELETE FROM libro WHERE
id_libro=?;";
    sqlite3_stmt* stmt = nullptr;
    if (sqlite3_prepare_v2(db.getDB(), sql, -1, &stmt,
nullptr) != SQLITE_OK) {
        std::cerr << "Error DELETE libro: "
                  << sqlite3_errmsg(db.getDB()) <<
std::endl;
        return false;
    }
    sqlite3_bind_int(stmt, 1, id);
    bool ok = (sqlite3_step(stmt) == SQLITE_DONE);
    if (!ok) {
        std::cerr << "Error al eliminar libro (quizá
existan préstamos asociados): "
                  << sqlite3_errmsg(db.getDB()) <<
std::endl;
```

```
    }
    sqlite3_finalize(stmt);
    return ok;
}
```

Libro.h

```
#ifndef LIBRO_H
#define LIBRO_H

#include <string>
#include <vector>
#include "database.h"

class Libro {
private:
    int id_libro;
    std::string titulo;
    std::string isbn;
    int anio_publicacion;
    int id_autor;
    int id_seccion;

public:
    Libro(int id,
          const std::string& titulo,
          const std::string& isbn,
          int anio,
          int idAutor,
          int idSeccion);

    int getId() const;
    std::string getTitulo() const;
    std::string getISBN() const;
    int getAnioPublicacion() const;
```

```
    int getIdAutor() const;
    int getIdSeccion() const;

    // CRUD estático
    static bool crear(Database& db,
                      const std::string& titulo,
                      const std::string& isbn,
                      int anio,
                      int idAutor,
                      int idSeccion);

    static std::vector<Libro> listar(Database& db);

    static bool actualizar(Database& db,
                           int id,
                           const std::string& titulo,
                           const std::string& isbn,
                           int anio,
                           int idAutor,
                           int idSeccion);

    static bool eliminar(Database& db, int id);
};

#endif
```

12.4.2. Explicación de las modificaciones:

- `crear()`: Este método inserta un nuevo libro en la base de datos, incluyendo el título, ISBN, año de publicación, ID del autor y ID de la sección a la que pertenece el libro.

- `leer()`: Recupera todos los libros de la base de datos. Este método puede ampliarse para devolver y mostrar los resultados.

- `actualizar()`: Permite modificar los datos de un libro existente, como el título, ISBN, año de publicación, autor y sección, basándose en el ID del libro.

- `eliminar()`: Elimina un libro de la base de datos según su ID.

12.4.3. Consideraciones sobre las dependencias:

- La clase `Libro` tiene dependencias de claves foráneas con las clases `Autor` y `Seccion`, lo que implica que al crear o actualizar un libro, necesitamos proporcionar un ID válido para estas entidades.

- **Modularidad**: Como se mencionó anteriormente, la programación orientada a objetos nos permite encapsular estas operaciones dentro de la clase `Libro`, lo que facilita el manejo de la lógica relacionada con los libros sin que otras clases tengan que preocuparse por estos detalles.

12.5. Archivo principal

Como en iteraciones anteriores, es necesario actualizar el **archivo principal** (`main.cpp`) para que refleje las modificaciones y ampliaciones que hemos realizado en la clase `Libro`. Anteriormente, el submenú correspondiente a `Libro` era solo un esqueleto, sin funcionalidad real. Sin embargo, ahora que hemos implementado las operaciones CRUD para la clase `Libro`, el archivo principal debe incluir la lógica para interactuar con estos métodos y permitir al usuario gestionar los libros de la base de datos.

En esta actualización del archivo principal:

1. **El submenú de** `Libro` tendrá opciones para **crear**, **leer**, **actualizar** y **eliminar** libros.

2. **La interacción con la base de datos** será completamente funcional, permitiendo a los usuarios gestionar los libros directamente desde la interfaz de línea de comandos.

main.cpp

```
#include <iostream>
#include <limits>
#include "database.h"
#include "Autor.h"
#include "Libro.h"
#include "Prestamo.h"
#include "Seccion.h"
#include "Usuario.h"

void menuSecciones(Database& db) {
    int opcion;
    do {
        std::cout << "\n--- Gestión de Secciones ---\n";
        std::cout << "1. Crear sección\n";
        std::cout << "2. Listar secciones\n";
        std::cout << "3. Actualizar sección\n";
        std::cout << "4. Eliminar sección\n";
        std::cout << "0. Volver\n";
        std::cout << "Seleccione una opción: ";
        std::cin >> opcion;

std::cin.ignore(std::numeric_limits<std::streamsize>::max(
), '\n');
        switch (opcion) {
            case 1: {
```

```
                std::string nombre;
                std::cout << "Nombre de la nueva sección:
";
                std::getline(std::cin, nombre);
                if (Seccion::crear(db, nombre))
                    std::cout << "Sección creada
correctamente.\n";
                else
                    std::cout << "Error al crear la
sección.\n";
                break;
            }
            case 2: {
                auto lista = Seccion::listar(db);
                std::cout << "ID\tNombre\n";
                for (const auto& sec : lista)
                    std::cout << sec.getId() << "\t" <<
sec.getNombre() << "\n";
                break;
            }
            case 3: {
                int id;
                std::string nuevoNombre;
                std::cout << "ID de la sección a
actualizar: ";
                std::cin >> id;

std::cin.ignore(std::numeric_limits<std::streamsize>::max(
), '\n');
                std::cout << "Nuevo nombre: ";
                std::getline(std::cin, nuevoNombre);
                if (Seccion::actualizar(db, id,
nuevoNombre))
                    std::cout << "Sección actualizada.\n";
                else
```

```
                    std::cout << "Error al actualizar la
sección.\n";
                break;
            }
            case 4: {
                int id;
                std::cout << "ID de la sección a eliminar:
";
                std::cin >> id;
                if (Seccion::eliminar(db, id))
                    std::cout << "Sección eliminada.\n";
                else
                    std::cout << "Error al eliminar la
sección.\n";
                break;
            }
            case 0:
                break;
            default:
                std::cout << "Opción no válida.\n";
        }
    } while (opcion != 0);
}

void menuAutores(Database& db) {
    int opcion;
    do {
        std::cout << "\n--- Gestión de Autores ---\n";
        std::cout << "1. Crear autor\n";
        std::cout << "2. Listar autores\n";
        std::cout << "3. Actualizar autor\n";
        std::cout << "4. Eliminar autor\n";
        std::cout << "0. Volver\n";
        std::cout << "Seleccione una opción: ";
        std::cin >> opcion;
```

```
std::cin.ignore(std::numeric_limits<std::streamsize>::max(
), '\n');
        switch(opcion) {
            case 1: {
                std::string nom, ape;
                std::cout << "Nombre: ";
std::getline(std::cin, nom);
                std::cout << "Apellidos: ";
std::getline(std::cin, ape);
                if (Autor::crear(db, nom, ape))
                    std::cout << "Autor creado
correctamente.\n";
                else
                    std::cout << "Error al crear
autor.\n";
                break;
            }
            case 2: {
                auto lista = Autor::listar(db);
                std::cout << "ID\tNombre Completo\n";
                for (const auto& a : lista)
                    std::cout << a.getId() << "\t" <<
a.getNombreCompleto() << "\n";
                break;
            }
            case 3: {
                int id; std::string nom, ape;
                std::cout << "ID del autor a actualizar:
"; std::cin >> id;

std::cin.ignore(std::numeric_limits<std::streamsize>::max(
), '\n');
                std::cout << "Nuevo nombre: ";
std::getline(std::cin, nom);
```

```
                std::cout << "Nuevos apellidos: ";
std::getline(std::cin, ape);
                if (Autor::actualizar(db, id, nom, ape))
                    std::cout << "Autor actualizado.\n";
                else
                    std::cout << "Error al actualizar.\n";
                break;
            }
            case 4: {
                int id;
                std::cout << "ID del autor a eliminar: ";
std::cin >> id;
                if (Autor::eliminar(db, id))
                    std::cout << "Autor eliminado.\n";
                else
                    std::cout << "Error al eliminar.\n";
                break;
            }
            case 0:
                break;
            default:
                std::cout << "Opción no válida.\n";
        }
    } while (opcion != 0);
}

void menuLibros(Database& db) {
    int opcion;
    do {
        std::cout << "\n--- Gestión de Libros ---\n";
        std::cout << "1. Crear libro\n";
        std::cout << "2. Listar libros\n";
        std::cout << "3. Actualizar libro\n";
        std::cout << "4. Eliminar libro\n";
        std::cout << "0. Volver\n";
```

```
        std::cout << "Seleccione una opción: ";
        std::cin >> opcion;

std::cin.ignore(std::numeric_limits<std::streamsize>::max(
), '\n');

        switch (opcion) {
            case 1: {
                std::string titulo, isbn;
                int anio, idAutor, idSeccion;
                std::cout << "Título: ";
std::getline(std::cin, titulo);
                std::cout << "ISBN: ";
std::getline(std::cin, isbn);
                std::cout << "Año publicación: ";
std::cin >> anio;
                std::cout << "ID Autor: ";
std::cin >> idAutor;
                std::cout << "ID Sección: ";
std::cin >> idSeccion;

std::cin.ignore(std::numeric_limits<std::streamsize>::max(
), '\n');

                if (Libro::crear(db, titulo, isbn, anio,
idAutor, idSeccion))
                    std::cout << "Libro creado
correctamente.\n";
                else
                    std::cout << "Error al crear
libro.\n";
                break;
            }
            case 2: {
                auto lista = Libro::listar(db);
```

```
                std::cout <<
"ID\tTítulo\tISBN\tAño\tAutorID\tSecciónID\n";
                for (const auto& l : lista) {
                    std::cout
                        << l.getId()              << "\t"
                        << l.getTitulo()          << "\t"
                        << l.getISBN()            << "\t"
                        << l.getAnioPublicacion()<< "\t"
                        << l.getIdAutor()         << "\t"
                        << l.getIdSeccion()       << "\n";
                }
                break;
            }
            case 3: {
                int id, anio, idAutor, idSeccion;
                std::string titulo, isbn;
                std::cout << "ID del libro a actualizar:
"; std::cin >> id;

std::cin.ignore(std::numeric_limits<std::streamsize>::max(
), '\n');
                std::cout << "Nuevo título: ";
std::getline(std::cin, titulo);
                std::cout << "Nuevo ISBN: ";
std::getline(std::cin, isbn);
                std::cout << "Nuevo año publicación: ";
std::cin >> anio;
                std::cout << "Nuevo AutorID: ";
std::cin >> idAutor;
                std::cout << "Nueva SecciónID: ";
std::cin >> idSeccion;

std::cin.ignore(std::numeric_limits<std::streamsize>::max(
), '\n');
```

```
                if (Libro::actualizar(db, id, titulo, 
isbn, anio, idAutor, idSeccion))
                    std::cout << "Libro actualizado 
correctamente.\n";
                else
                    std::cout << "Error al actualizar 
libro.\n";
                break;
            }
            case 4: {
                int id;
                std::cout << "ID del libro a eliminar: "; 
std::cin >> id;
                if (Libro::eliminar(db, id))
                    std::cout << "Libro eliminado 
correctamente.\n";
                else
                    std::cout << "Error al eliminar 
libro.\n";
                break;
            }
            case 0:
                // volver al menú principal
                break;
            default:
                std::cout << "Opción no válida.\n";
        }
    } while (opcion != 0);
}

void menuUsuarios(Database& db) {
    int opcion;
    do {
        std::cout << "\n--- Gestión de Usuarios ---\n";
        std::cout << "1. Crear usuario\n";
```

```
        std::cout << "2. Listar usuarios\n";
        std::cout << "3. Actualizar usuario\n";
        std::cout << "4. Eliminar usuario\n";
        std::cout << "0. Volver\n";
        std::cout << "Seleccione una opción: ";
        std::cin >> opcion;

std::cin.ignore(std::numeric_limits<std::streamsize>::max(
), '\n');
        switch (opcion) {
            case 1: {
                std::string nom, ape, email;
                std::cout << "Nombre: ";
std::getline(std::cin, nom);
                std::cout << "Apellidos: ";
std::getline(std::cin, ape);
                std::cout << "Email: ";
std::getline(std::cin, email);
                if (Usuario::crear(db, nom, ape, email))
                    std::cout << "Usuario creado
correctamente.\n";
                else
                    std::cout << "Error al crear
usuario.\n";
                break;
            }
            case 2: {
                auto lista = Usuario::listar(db);
                std::cout << "ID\tNombre
Completo\tEmail\tFecha Alta\n";
                for (const auto& u : lista)
                    std::cout << u.getId() << "\t" <<
u.getNombreCompleto()
                              << "\t" << u.getEmail()
                              << "\t" << u.getFechaAlta()
```

```
<< "\n";
                break;
            }
            case 3: {
                int id;
                std::string nom, ape, email;
                std::cout << "ID del usuario a actualizar:
"; std::cin >> id;

std::cin.ignore(std::numeric_limits<std::streamsize>::max(
), '\n');
                std::cout << "Nuevo nombre: ";
std::getline(std::cin, nom);
                std::cout << "Nuevos apellidos: ";
std::getline(std::cin, ape);
                std::cout << "Nuevo email: ";
std::getline(std::cin, email);
                if (Usuario::actualizar(db, id, nom, ape,
email))
                    std::cout << "Usuario actualizado.\n";
                else
                    std::cout << "Error al actualizar
usuario.\n";
                break;
            }
            case 4: {
                int id;
                std::cout << "ID del usuario a eliminar:
"; std::cin >> id;
                if (Usuario::eliminar(db, id))
                    std::cout << "Usuario eliminado.\n";
                else
                    std::cout << "Error al eliminar
usuario.\n";
                break;
```

```
            }
            case 0:
                break;
            default:
                std::cout << "Opción no válida.\n";
        }
    } while (opcion != 0);
}

void menuPrestamos() {
    int opcion;
    do {
        std::cout << "\n--- Gestión de Préstamos ---\n";
        std::cout << "1. Crear préstamo\n";
        std::cout << "2. Listar préstamos\n";
        std::cout << "3. Actualizar préstamo\n";
        std::cout << "4. Eliminar préstamo\n";
        std::cout << "0. Volver\n";
        std::cout << "Seleccione una opción: ";
        std::cin >> opcion;
        switch (opcion) {
            case 1:
                std::cout << "[Crear préstamo]
Placeholder...\n";
                break;
            case 2:
                std::cout << "[Listar préstamos]
Placeholder...\n";
                break;
            case 3:
                std::cout << "[Actualizar préstamo]
Placeholder...\n";
                break;
            case 4:
                std::cout << "[Eliminar préstamo]
```

```
Placeholder...\n";
                break;
            case 0:
                break;
            default:
                std::cout << "Opción no válida.\n";
        }
    } while (opcion != 0);
}

int main() {
    Database db("biblioteca.db");
    int opcion;

    do {
        std::cout << "\n=== Menú Principal ===\n";
        std::cout << "1. Secciones\n";
        std::cout << "2. Autores\n";
        std::cout << "3. Libros\n";
        std::cout << "4. Usuarios\n";
        std::cout << "5. Préstamos\n";
        std::cout << "0. Salir\n";
        std::cout << "Seleccione una opción: ";
        std::cin >> opcion;
        switch (opcion) {
            case 1:
                menuSecciones(db);
                break;
            case 2:
                menuAutores(db);
                break;
            case 3:
                menuLibros(db);
                break;
            case 4:
```

```
                menuUsuarios(db);
                break;
            case 5:
                menuPrestamos();
                break;
            case 0:
                std::cout << "Saliendo...\n";
                break;
            default:
                std::cout << "Opción no válida.\n";
        }
    } while (opcion != 0);

    return 0;
}
```

12.5.1. Explicación de los cambios:

- **Menú de Libro**: Ahora, el menú de la aplicación incluye un submenú para gestionar los **libros**, con opciones que permiten al usuario ejecutar las operaciones CRUD.

- **Operaciones CRUD**: Se invocan las funciones `Libro::crear()`, `Libro::leer()`, `Libro::actualizar()` y `Libro::eliminar()` para interactuar con la base de datos y gestionar los libros.

- **Interacción con el usuario**: El programa solicita los datos necesarios (como el título, ISBN, autor y sección) al usuario cuando se va a crear o actualizar un libro, y permite eliminar un libro especificando su ID.

Con estos cambios, la clase `Libro` ya está completamente integrada en la aplicación, permitiendo al usuario gestionar los libros de manera funcional.

12.6. Resultado de la ejecución

Tras incorporar la lógica CRUD completa para la clase `Libro` y conectarla con el menú principal, el sistema está ya preparado para gestionar obras literarias de forma real sobre la base de datos. Esta funcionalidad representa un avance importante, ya que los libros contienen claves foráneas hacia otras entidades (Autor y Sección), lo que implica un grado adicional de complejidad respecto a las entidades anteriores.

Al seleccionar "3. Libros" en el menú principal, el usuario accede al siguiente submenú:

```
--- Gestión de Libros ---

1. Crear libro

2. Listar libros

3. Actualizar libro

4. Eliminar libro

0. Volver

Seleccione una opción:
```

12.6.1. Crear libro

El sistema solicitará los datos necesarios:

```
Título del libro: Introducción a la Física

ISBN: 978-1-1111-1111-1

Año de publicación: 2020

ID del autor: 2

ID de la sección: 2

Libro creado correctamente.
```

Es importante que el ID del autor y de la sección ya existan en la base de datos, de lo contrario se producirá un error de integridad referencial.

12.6.2. Listar libros

Con la opción 2, se puede ver un listado claro de los libros registrados:

```
ID      Título                                        ISBN
Año   ID Autor   ID Sección

1      El susurro del bosque          978-3-16-148410-0
2015      1            1

2      Física para curiosos           978-0-12-345678-9
2019      2            2

3      Misterios del pasado           978-1-23-456789-0
2021      3            3

4       Introducción a la Física     978-1-1111-1111-1
2020      2            2
```

12.6.3. Actualizar libro

El sistema permite modificar cualquiera de los campos, incluyendo claves foráneas:

```
ID del libro a actualizar: 4

Nuevo título: Física Moderna

Nuevo ISBN: 978-1-2222-2222-2

Nuevo año: 2021

Nuevo ID de autor: 2

Nuevo ID de sección: 2

Libro actualizado.
```

12.6.4. Eliminar libro

Y, finalmente, se puede eliminar un registro:

```
ID del libro a eliminar: 4

Libro eliminado.
```

Este resultado demuestra que el sistema ya puede manejar entidades que dependen de otras mediante relaciones, y es capaz de preservar la coherencia de los datos. La validación de claves foráneas, la correcta recolección de entradas y la visualización clara del contenido indican que el sistema está madurando y preparado para incorporar nuevas entidades y relaciones más complejas.

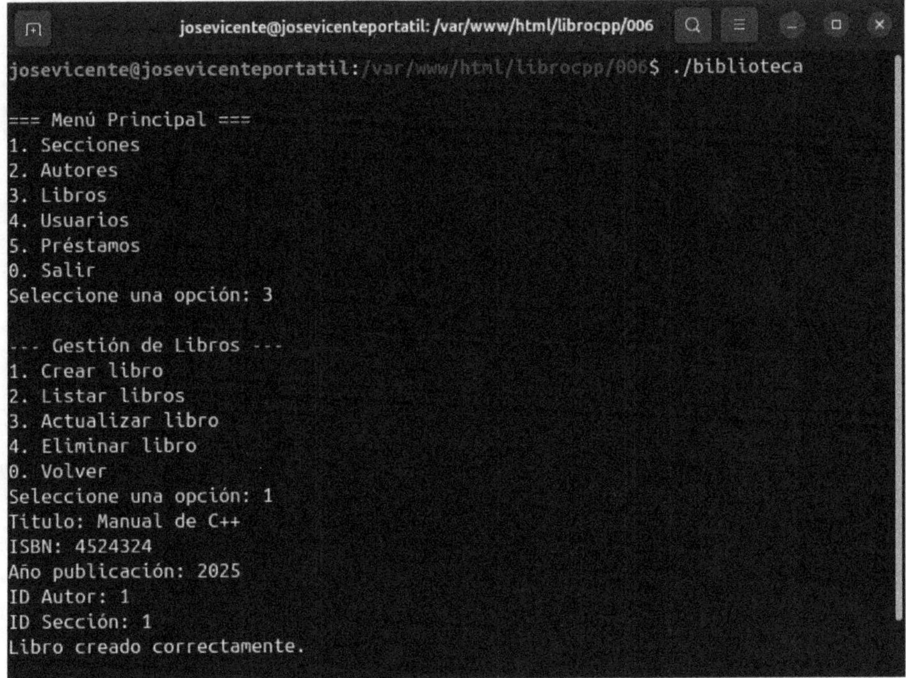

13. Desarrollo de prestamos

13.1. Código del proyecto

Como siempre, el código actualizado correspondiente al presente capítulo está disponible para su consulta, descarga o comparación. Esta iteración incluye nuevas mejoras y funcionalidades que continúan el desarrollo de la aplicación.

Puedes acceder al repositorio con el código más reciente en la siguiente URL:

https://github.com/jocarsa/biblioteca-cpp/tree/main/007

Este repositorio contiene los archivos completos y listos para ser compilados, con las modificaciones y nuevas funcionalidades añadidas en esta iteración. Como siempre, aunque se proporciona el código completo, **es recomendable que el lector escriba el código manualmente** para consolidar su comprensión y practicar los conceptos clave.

13.2. Carpeta de proyecto

En esta iteración, seguimos aplicando la misma **metodología** que hemos utilizado en los capítulos anteriores para desarrollar las clases del proyecto. Esta vez, nos centramos en la clase `Prestamo`, aplicando el mismo enfoque de desarrollo modular y escalable que hemos utilizado para las clases anteriores como `Autor`, `Seccion`, `Libro` y `Usuario`.

Al igual que con las otras entidades, la clase `Prestamo` será dotada de los métodos necesarios para realizar las operaciones CRUD: **crear**, **leer**, **actualizar** y **eliminar**. Sin embargo, debemos tener en cuenta que la clase `Prestamo` tiene **dependencias** con respecto a otras clases, como `Libro` y `Usuario`, ya que se gestionan a través de claves foráneas.

13.2.1. Archivos afectados:

- **Clase** `Prestamo`: Se implementarán los métodos de creación, lectura, actualización y eliminación para los registros de préstamos.

- **Archivo principal (**`main.cpp`**)**: Se actualizará el archivo principal para incluir un submenú de operaciones para gestionar los préstamos, permitiendo al usuario realizar todas las operaciones necesarias.

La estructura del proyecto se mantendrá coherente con las iteraciones previas, con la clase `Prestamo` implementando las operaciones CRUD y el archivo principal interactuando con estas nuevas funcionalidades.

```
/007
├── Autor.cpp (sin cambios)
├── Autor.h (sin cambios)
├── Libro.cpp (sin cambios)
├── Libro.h (sin cambios)
├── Makefile (sin cambios)
├── Prestamo.cpp
├── Prestamo.h
├── Seccion.cpp (sin cambios)
├── Seccion.h (sin cambios)
├── Usuario.cpp (sin cambios)
├── Usuario.h (sin cambios)
├── biblioteca (sin cambios)
├── biblioteca.db (sin cambios)
├── database.cpp (sin cambios)
├── database.h (sin cambios)
└── main.cpp
```

13.3. Resumen de los cambios

En este capítulo, el objetivo principal ha sido **implementar las funcionalidades necesarias para gestionar los préstamos de libros** dentro de la biblioteca. Siguiendo la misma metodología que hemos utilizado con las otras clases, hemos añadido los métodos CRUD (crear, leer, actualizar, eliminar) a la clase `Prestamo`.

Con estos cambios:

1. **La clase `Prestamo`** ahora tiene las capacidades necesarias para gestionar los préstamos de libros. Esto incluye la creación de nuevos préstamos, la consulta de préstamos existentes, la actualización de los detalles de un préstamo y la eliminación de préstamos de la base de datos.

2. **El archivo principal (`main.cpp`)** ha sido actualizado para incluir un submenú dedicado a la gestión de préstamos. Esto permitirá al usuario interactuar con los datos de los préstamos, realizando las operaciones necesarias desde la interfaz de línea de comandos.

El desarrollo de esta clase se ajusta a la metodología que hemos seguido a lo largo del libro, en la cual primero desarrollamos la lógica interna de cada clase, y luego integramos esas funcionalidades en el archivo principal. Este enfoque modular permite una **organización más clara** y **escalable**, facilitando la incorporación de nuevas características en futuras iteraciones.

Con la implementación de esta funcionalidad, el sistema de gestión de préstamos de libros queda operativo, y en el próximo capítulo continuaremos trabajando en mejorar la interacción con el usuario y la integración con la base de datos.

13.4. Archivos de la clase préstamo

Siguiendo la misma metodología que hemos utilizado para las clases anteriores, ahora vamos a desarrollar los **archivos correspondientes a la clase** `Prestamo`. En estos archivos implementaremos las funciones necesarias para las operaciones CRUD (crear, leer, actualizar, eliminar) que permitirán gestionar los préstamos de libros dentro de la aplicación.

La clase `Prestamo` tiene dependencias con las clases `Libro` y `Usuario`, ya que cada préstamo está vinculado a un libro y a un usuario. Sin embargo, el enfoque de programación orientada a objetos nos permite mantener el código **modular y organizado**, y delegar la responsabilidad de cada operación dentro de la clase correspondiente.

Prestamo.cpp

```
#include "Prestamo.h"
#include "database.h"
#include <sqlite3.h>
#include <iostream>

// Constructor
Prestamo::Prestamo(int id,
                   int idLibro,
                   int idUsuario,
                   const std::string& fechaPrestamo,
                   const std::string& fechaDevolucion,
                   const std::string& fechaRealDevolucion)
    : id_prestamo(id),
      id_libro(idLibro),
      id_usuario(idUsuario),
      fecha_prestamo(fechaPrestamo),
```

```
      fecha_devolucion(fechaDevolucion),
      fecha_real_devolucion(fechaRealDevolucion) {}

// Getters
int Prestamo::getId() const {
    return id_prestamo;
}

int Prestamo::getIdLibro() const {
    return id_libro;
}

int Prestamo::getIdUsuario() const {
    return id_usuario;
}

std::string Prestamo::getFechaPrestamo() const {
    return fecha_prestamo;
}

std::string Prestamo::getFechaDevolucion() const {
    return fecha_devolucion;
}

std::string Prestamo::getFechaRealDevolucion() const {
    return fecha_real_devolucion;
}

// Crear
bool Prestamo::crear(Database& db,
                     int idLibro,
                     int idUsuario,
                     const std::string& fechaPrestamo,
                     const std::string& fechaDevolucion) {
    const char* sql =
```

```
      "INSERT INTO prestamo(id_libro, id_usuario,
fecha_prestamo, fecha_devolucion) "
      "VALUES(?,?,?,?);";
    sqlite3_stmt* stmt = nullptr;
    if (sqlite3_prepare_v2(db.getDB(), sql, -1, &stmt,
nullptr) != SQLITE_OK) {
        std::cerr << "Error INSERT prestamo: "
                  << sqlite3_errmsg(db.getDB()) <<
std::endl;
        return false;
    }
    sqlite3_bind_int(stmt, 1, idLibro);
    sqlite3_bind_int(stmt, 2, idUsuario);
    sqlite3_bind_text(stmt, 3, fechaPrestamo.c_str(), -1,
SQLITE_STATIC);
    sqlite3_bind_text(stmt, 4, fechaDevolucion.c_str(),
-1, SQLITE_STATIC);

    bool ok = (sqlite3_step(stmt) == SQLITE_DONE);
    if (!ok)
        std::cerr << "Error ejecutando INSERT prestamo
(clave externa inválida?): "
                  << sqlite3_errmsg(db.getDB()) <<
std::endl;
    sqlite3_finalize(stmt);
    return ok;
}

// Listar
std::vector<Prestamo> Prestamo::listar(Database& db) {
    std::vector<Prestamo> lista;
    const char* sql =
      "SELECT id_prestamo, id_libro, id_usuario, "
      "fecha_prestamo, fecha_devolucion,
fecha_real_devolucion "
```

```
        "FROM prestamo;";
    sqlite3_stmt* stmt = nullptr;
    if (sqlite3_prepare_v2(db.getDB(), sql, -1, &stmt,
nullptr) != SQLITE_OK) {
        std::cerr << "Error SELECT prestamo: "
                  << sqlite3_errmsg(db.getDB()) <<
std::endl;
        return lista;
    }
    while (sqlite3_step(stmt) == SQLITE_ROW) {
        int id        = sqlite3_column_int(stmt, 0);
        int idLibro   = sqlite3_column_int(stmt, 1);
        int idUsuario = sqlite3_column_int(stmt, 2);
        const char* fp = reinterpret_cast<const
char*>(sqlite3_column_text(stmt, 3));
        const char* fd = reinterpret_cast<const
char*>(sqlite3_column_text(stmt, 4));
        const char* fr = reinterpret_cast<const
char*>(sqlite3_column_text(stmt, 5));
        lista.emplace_back(
            id,
            idLibro,
            idUsuario,
            fp ? fp : "",
            fd ? fd : "",
            fr ? fr : ""
        );
    }
    sqlite3_finalize(stmt);
    return lista;
}

// Actualizar
bool Prestamo::actualizar(Database& db,
                          int id,
```

```
                          int idLibro,
                          int idUsuario,
                          const std::string&
fechaPrestamo,
                          const std::string&
fechaDevolucion,
                          const std::string&
fechaRealDevolucion) {
    const char* sql =
      "UPDATE prestamo SET "
      "id_libro=?, id_usuario=?, fecha_prestamo=?, "
      "fecha_devolucion=?, fecha_real_devolucion=? "
      "WHERE id_prestamo=?;";
    sqlite3_stmt* stmt = nullptr;
    if (sqlite3_prepare_v2(db.getDB(), sql, -1, &stmt,
nullptr) != SQLITE_OK) {
        std::cerr << "Error UPDATE prestamo: "
                  << sqlite3_errmsg(db.getDB()) <<
std::endl;
        return false;
    }
    sqlite3_bind_int(stmt, 1, idLibro);
    sqlite3_bind_int(stmt, 2, idUsuario);
    sqlite3_bind_text(stmt, 3, fechaPrestamo.c_str(), -1,
SQLITE_STATIC);
    sqlite3_bind_text(stmt, 4, fechaDevolucion.c_str(),
-1, SQLITE_STATIC);
    sqlite3_bind_text(stmt, 5,
fechaRealDevolucion.c_str(), -1, SQLITE_STATIC);
    sqlite3_bind_int(stmt, 6, id);

    bool ok = (sqlite3_step(stmt) == SQLITE_DONE);
    if (!ok)
        std::cerr << "Error ejecutando UPDATE prestamo: "
                  << sqlite3_errmsg(db.getDB()) <<
```

```
std::endl;
    sqlite3_finalize(stmt);
    return ok;
}

// Eliminar
bool Prestamo::eliminar(Database& db, int id) {
    const char* sql = "DELETE FROM prestamo WHERE
id_prestamo=?;";
    sqlite3_stmt* stmt = nullptr;
    if (sqlite3_prepare_v2(db.getDB(), sql, -1, &stmt,
nullptr) != SQLITE_OK) {
        std::cerr << "Error DELETE prestamo: "
                  << sqlite3_errmsg(db.getDB()) <<
std::endl;
        return false;
    }
    sqlite3_bind_int(stmt, 1, id);
    bool ok = (sqlite3_step(stmt) == SQLITE_DONE);
    if (!ok)
        std::cerr << "Error ejecutando DELETE prestamo: "
                  << sqlite3_errmsg(db.getDB()) <<
std::endl;
    sqlite3_finalize(stmt);
    return ok;
}
```

Prestamo.h

```
#ifndef PRESTAMO_H
#define PRESTAMO_H

#include <string>
```

```
#include <vector>
#include "database.h"

class Prestamo {
private:
    int id_prestamo;
    int id_libro;
    int id_usuario;
    std::string fecha_prestamo;
    std::string fecha_devolucion;
    std::string fecha_real_devolucion;

public:
    Prestamo(int id, int idLibro, int idUsuario,
             const std::string& fechaPrestamo,
             const std::string& fechaDevolucion,
             const std::string& fechaRealDevolucion);

    int getId() const;
    int getIdLibro() const;
    int getIdUsuario() const;
    std::string getFechaPrestamo() const;
    std::string getFechaDevolucion() const;
    std::string getFechaRealDevolucion() const;

    // CRUD estático
    static bool crear(Database& db,
                      int idLibro,
                      int idUsuario,
                      const std::string& fechaPrestamo,
                      const std::string& fechaDevolucion);
    static std::vector<Prestamo> listar(Database& db);
    static bool actualizar(Database& db,
                           int id,
                           int idLibro,
```

```
                            int idUsuario,
                            const std::string&
fechaPrestamo,
                            const std::string&
fechaDevolucion,
                            const std::string&
fechaRealDevolucion);
    static bool eliminar(Database& db, int id);
};

#endif
```

13.4.1. Explicación de las modificaciones:

- **Operaciones CRUD**:

  - `crear()`: Este método permite registrar un nuevo préstamo en la base de datos, asociando un libro, un usuario, y las fechas de préstamo y devolución.

  - `leer()`: Este método recupera y muestra todos los registros de préstamos. Puede ser ampliado para devolver los resultados o procesarlos de alguna manera.

  - `actualizar()`: Permite actualizar las fechas de devolución de un préstamo, tanto la fecha prevista como la fecha real de devolución.

  - `eliminar()`: Elimina un préstamo de la base de datos en función de su ID.

- **Dependencias**: La clase `Prestamo` tiene dependencias con `Libro` y `Usuario`, ya que cada préstamo se asocia a un libro y a un usuario específico. Estas dependencias se manejan mediante las claves foráneas en la base de datos.

- **Encapsulamiento y modularidad**: Como en las iteraciones anteriores, cada operación CRUD se encuentra encapsulada dentro de su respectiva clase, lo que mejora la organización y escalabilidad del proyecto.

13.5. Archivo principal

Siguiendo la misma metodología que hemos aplicado en iteraciones anteriores, ahora es necesario actualizar el **archivo principal** (`main.cpp`) para reflejar las **nuevas funcionalidades** que hemos implementado en la clase `Prestamo`. Anteriormente, el menú correspondiente a los **préstamos** era solo un **esqueleto** sin interacción real. Ahora, con las operaciones CRUD completas en la clase `Prestamo`, podemos implementar un submenú interactivo que permita al usuario gestionar los préstamos de libros.

El archivo principal será actualizado de la siguiente manera:

1. **Submenú de `Prestamo`**: El submenú ofrecerá las opciones para **crear**, **leer**, **actualizar** y **eliminar** préstamos, interactuando con los métodos correspondientes de la clase `Prestamo`.

2. **Interacción con la base de datos**: Las opciones del submenú permitirán al usuario gestionar los préstamos, incluyendo la asociación de un libro y un usuario a cada préstamo.

main.cpp

```
#include <iostream>
#include <limits>
#include "database.h"
```

```
#include "Autor.h"
#include "Libro.h"
#include "Prestamo.h"
#include "Seccion.h"
#include "Usuario.h"

void menuSecciones(Database& db) {
    int opcion;
    do {
        std::cout << "\n--- Gestión de Secciones ---\n";
        std::cout << "1. Crear sección\n";
        std::cout << "2. Listar secciones\n";
        std::cout << "3. Actualizar sección\n";
        std::cout << "4. Eliminar sección\n";
        std::cout << "0. Volver\n";
        std::cout << "Seleccione una opción: ";
        std::cin >> opcion;

std::cin.ignore(std::numeric_limits<std::streamsize>::max(
), '\n');
        switch (opcion) {
            case 1: {
                std::string nombre;
                std::cout << "Nombre de la nueva sección:
";
                std::getline(std::cin, nombre);
                if (Seccion::crear(db, nombre))
                    std::cout << "Sección creada
correctamente.\n";
                else
                    std::cout << "Error al crear la
sección.\n";
                break;
            }
            case 2: {
```

```
                auto lista = Seccion::listar(db);
                std::cout << "ID\tNombre\n";
                for (const auto& sec : lista)
                    std::cout << sec.getId() << "\t" <<
sec.getNombre() << "\n";
                break;
            }
            case 3: {
                int id;
                std::string nuevoNombre;
                std::cout << "ID de la sección a
actualizar: ";
                std::cin >> id;

std::cin.ignore(std::numeric_limits<std::streamsize>::max(
), '\n');
                std::cout << "Nuevo nombre: ";
                std::getline(std::cin, nuevoNombre);
                if (Seccion::actualizar(db, id,
nuevoNombre))
                    std::cout << "Sección actualizada.\n";
                else
                    std::cout << "Error al actualizar la
sección.\n";
                break;
            }
            case 4: {
                int id;
                std::cout << "ID de la sección a eliminar:
";
                std::cin >> id;
                if (Seccion::eliminar(db, id))
                    std::cout << "Sección eliminada.\n";
                else
                    std::cout << "Error al eliminar la
```

```
sección.\n";
                    break;
                }
                case 0:
                    break;
                default:
                    std::cout << "Opción no válida.\n";
            }
        } while (opcion != 0);
}

void menuAutores(Database& db) {
    int opcion;
    do {
        std::cout << "\n--- Gestión de Autores ---\n";
        std::cout << "1. Crear autor\n";
        std::cout << "2. Listar autores\n";
        std::cout << "3. Actualizar autor\n";
        std::cout << "4. Eliminar autor\n";
        std::cout << "0. Volver\n";
        std::cout << "Seleccione una opción: ";
        std::cin >> opcion;

std::cin.ignore(std::numeric_limits<std::streamsize>::max(
), '\n');
        switch(opcion) {
            case 1: {
                std::string nom, ape;
                std::cout << "Nombre: ";
std::getline(std::cin, nom);
                std::cout << "Apellidos: ";
std::getline(std::cin, ape);
                if (Autor::crear(db, nom, ape))
                    std::cout << "Autor creado
correctamente.\n";
```

```
                else
                    std::cout << "Error al crear 
autor.\n";
                break;
            }
            case 2: {
                auto lista = Autor::listar(db);
                std::cout << "ID\tNombre Completo\n";
                for (const auto& a : lista)
                    std::cout << a.getId() << "\t" << 
a.getNombreCompleto() << "\n";
                break;
            }
            case 3: {
                int id; std::string nom, ape;
                std::cout << "ID del autor a actualizar: 
"; std::cin >> id;

std::cin.ignore(std::numeric_limits<std::streamsize>::max(
), '\n');
                std::cout << "Nuevo nombre: "; 
std::getline(std::cin, nom);
                std::cout << "Nuevos apellidos: "; 
std::getline(std::cin, ape);
                if (Autor::actualizar(db, id, nom, ape))
                    std::cout << "Autor actualizado.\n";
                else
                    std::cout << "Error al actualizar.\n";
                break;
            }
            case 4: {
                int id;
                std::cout << "ID del autor a eliminar: "; 
std::cin >> id;
                if (Autor::eliminar(db, id))
```

```
                    std::cout << "Autor eliminado.\n";
                else
                    std::cout << "Error al eliminar.\n";
                break;
            }
            case 0:
                break;
            default:
                std::cout << "Opción no válida.\n";
        }
    } while (opcion != 0);
}

void menuLibros(Database& db) {
    int opcion;
    do {
        std::cout << "\n--- Gestión de Libros ---\n";
        std::cout << "1. Crear libro\n";
        std::cout << "2. Listar libros\n";
        std::cout << "3. Actualizar libro\n";
        std::cout << "4. Eliminar libro\n";
        std::cout << "0. Volver\n";
        std::cout << "Seleccione una opción: ";
        std::cin >> opcion;

std::cin.ignore(std::numeric_limits<std::streamsize>::max(
), '\n');

        switch (opcion) {
            case 1: {
                std::string titulo, isbn;
                int anio, idAutor, idSeccion;
                std::cout << "Título: ";
std::getline(std::cin, titulo);
                std::cout << "ISBN: ";
```

```
std::getline(std::cin, isbn);
                std::cout << "Año publicación: ";
std::cin >> anio;
                std::cout << "ID Autor: ";
std::cin >> idAutor;
                std::cout << "ID Sección: ";
std::cin >> idSeccion;

std::cin.ignore(std::numeric_limits<std::streamsize>::max(
), '\n');

                if (Libro::crear(db, titulo, isbn, anio,
idAutor, idSeccion))
                    std::cout << "Libro creado
correctamente.\n";
                else
                    std::cout << "Error al crear
libro.\n";
                break;
            }
            case 2: {
                auto lista = Libro::listar(db);
                std::cout <<
"ID\tTítulo\tISBN\tAño\tAutorID\tSecciónID\n";
                for (const auto& l : lista) {
                    std::cout
                        << l.getId()              << "\t"
                        << l.getTitulo()          << "\t"
                        << l.getISBN()            << "\t"
                        << l.getAnioPublicacion() << "\t"
                        << l.getIdAutor()         << "\t"
                        << l.getIdSeccion()       << "\n";
                }
                break;
            }
```

```
            case 3: {
                int id, anio, idAutor, idSeccion;
                std::string titulo, isbn;
                std::cout << "ID del libro a actualizar:
"; std::cin >> id;

std::cin.ignore(std::numeric_limits<std::streamsize>::max(
), '\n');
                std::cout << "Nuevo título: ";
std::getline(std::cin, titulo);
                std::cout << "Nuevo ISBN: ";
std::getline(std::cin, isbn);
                std::cout << "Nuevo año publicación: ";
std::cin >> anio;
                std::cout << "Nuevo AutorID: ";
std::cin >> idAutor;
                std::cout << "Nueva SecciónID: ";
std::cin >> idSeccion;

std::cin.ignore(std::numeric_limits<std::streamsize>::max(
), '\n');

                if (Libro::actualizar(db, id, titulo,
isbn, anio, idAutor, idSeccion))
                    std::cout << "Libro actualizado
correctamente.\n";
                else
                    std::cout << "Error al actualizar
libro.\n";
                break;
            }
            case 4: {
                int id;
                std::cout << "ID del libro a eliminar: ";
std::cin >> id;
```

```
                if (Libro::eliminar(db, id))
                    std::cout << "Libro eliminado
correctamente.\n";
                else
                    std::cout << "Error al eliminar
libro.\n";
                break;
            }
            case 0:
                // volver al menú principal
                break;
            default:
                std::cout << "Opción no válida.\n";
        }
    } while (opcion != 0);
}

void menuUsuarios(Database& db) {
    int opcion;
    do {
        std::cout << "\n--- Gestión de Usuarios ---\n";
        std::cout << "1. Crear usuario\n";
        std::cout << "2. Listar usuarios\n";
        std::cout << "3. Actualizar usuario\n";
        std::cout << "4. Eliminar usuario\n";
        std::cout << "0. Volver\n";
        std::cout << "Seleccione una opción: ";
        std::cin >> opcion;

std::cin.ignore(std::numeric_limits<std::streamsize>::max(
), '\n');
        switch (opcion) {
            case 1: {
                std::string nom, ape, email;
                std::cout << "Nombre: ";
```

```
std::getline(std::cin, nom);
                std::cout << "Apellidos: ";
std::getline(std::cin, ape);
                std::cout << "Email: ";
std::getline(std::cin, email);
                if (Usuario::crear(db, nom, ape, email))
                    std::cout << "Usuario creado
correctamente.\n";
                else
                    std::cout << "Error al crear
usuario.\n";
                break;
            }
            case 2: {
                auto lista = Usuario::listar(db);
                std::cout << "ID\tNombre
Completo\tEmail\tFecha Alta\n";
                for (const auto& u : lista)
                    std::cout << u.getId() << "\t" <<
u.getNombreCompleto()
                              << "\t" << u.getEmail()
                              << "\t" << u.getFechaAlta()
<< "\n";
                break;
            }
            case 3: {
                int id;
                std::string nom, ape, email;
                std::cout << "ID del usuario a actualizar:
"; std::cin >> id;

std::cin.ignore(std::numeric_limits<std::streamsize>::max(
), '\n');
                std::cout << "Nuevo nombre: ";
std::getline(std::cin, nom);
```

```
                std::cout << "Nuevos apellidos: ";
std::getline(std::cin, ape);
                std::cout << "Nuevo email: ";
std::getline(std::cin, email);
                if (Usuario::actualizar(db, id, nom, ape,
email))
                    std::cout << "Usuario actualizado.\n";
                else
                    std::cout << "Error al actualizar
usuario.\n";
                break;
            }
            case 4: {
                int id;
                std::cout << "ID del usuario a eliminar:
"; std::cin >> id;
                if (Usuario::eliminar(db, id))
                    std::cout << "Usuario eliminado.\n";
                else
                    std::cout << "Error al eliminar
usuario.\n";
                break;
            }
            case 0:
                break;
            default:
                std::cout << "Opción no válida.\n";
        }
    } while (opcion != 0);
}

void menuPrestamos(Database& db) {
    int opcion;
    do {
        std::cout << "\n--- Gestión de Préstamos ---\n";
```

```
        std::cout << "1. Crear préstamo\n";
        std::cout << "2. Listar préstamos\n";
        std::cout << "3. Actualizar préstamo\n";
        std::cout << "4. Eliminar préstamo\n";
        std::cout << "0. Volver\n";
        std::cout << "Seleccione una opción: ";
        std::cin >> opcion;

std::cin.ignore(std::numeric_limits<std::streamsize>::max(
), '\n');
        switch (opcion) {
            case 1: {
                int idLibro, idUsuario;
                std::string fp, fd;
                std::cout << "ID Libro: ";
std::cin >> idLibro;
                std::cout << "ID Usuario: ";
std::cin >> idUsuario;

std::cin.ignore(std::numeric_limits<std::streamsize>::max(
), '\n');
                std::cout << "Fecha préstamo (YYYY-MM-DD):
";
                std::getline(std::cin, fp);
                std::cout << "Fecha devolución
(YYYY-MM-DD): ";
                std::getline(std::cin, fd);
                if (Prestamo::crear(db, idLibro,
idUsuario, fp, fd))
                    std::cout << "Préstamo creado
correctamente.\n";
                else
                    std::cout << "Error al crear
préstamo.\n";
                break;
```

```
            }
            case 2: {
                auto lista = Prestamo::listar(db);
                std::cout <<
"ID\tLibroID\tUsuarioID\tF.Prestamo\tF.Devolución\tF.RealD
evolución\n";
                for (const auto& p : lista) {
                    std::cout
                        << p.getId()                 << "\t"
                        << p.getIdLibro()            << "\t"
                        << p.getIdUsuario()          << "\t"
                        << p.getFechaPrestamo()      << "\t"
                        << p.getFechaDevolucion()    << "\t"
                        << p.getFechaRealDevolucion() <<
"\n";
                }
                break;
            }
            case 3: {
                int id, idLibro, idUsuario;
                std::string fp, fd, fr;
                std::cout << "ID del préstamo a
actualizar: "; std::cin >> id;
                std::cout << "Nuevo ID Libro: ";
std::cin >> idLibro;
                std::cout << "Nuevo ID Usuario: ";
std::cin >> idUsuario;

std::cin.ignore(std::numeric_limits<std::streamsize>::max(
), '\n');
                std::cout << "Nueva Fecha préstamo
(YYYY-MM-DD): ";
                std::getline(std::cin, fp);
                std::cout << "Nueva Fecha devolución
(YYYY-MM-DD): ";
```

```
                std::getline(std::cin, fd);
                std::cout << "Fecha real devolución
(YYYY-MM-DD o vacío): ";
                std::getline(std::cin, fr);
                if (Prestamo::actualizar(db, id, idLibro,
idUsuario, fp, fd, fr))
                    std::cout << "Préstamo actualizado
correctamente.\n";
                else
                    std::cout << "Error al actualizar
préstamo.\n";
                break;
            }
            case 4: {
                int id;
                std::cout << "ID del préstamo a eliminar:
"; std::cin >> id;
                if (Prestamo::eliminar(db, id))
                    std::cout << "Préstamo eliminado
correctamente.\n";
                else
                    std::cout << "Error al eliminar
préstamo.\n";
                break;
            }
            case 0:
                // Volver al menú anterior
                break;
            default:
                std::cout << "Opción no válida.\n";
        }
    } while (opcion != 0);
}

int main() {
```

```
    Database db("biblioteca.db");
    int opcion;

    do {
        std::cout << "\n=== Menú Principal ===\n";
        std::cout << "1. Secciones\n";
        std::cout << "2. Autores\n";
        std::cout << "3. Libros\n";
        std::cout << "4. Usuarios\n";
        std::cout << "5. Préstamos\n";
        std::cout << "0. Salir\n";
        std::cout << "Seleccione una opción: ";
        std::cin >> opcion;
        switch (opcion) {
            case 1:
                menuSecciones(db);
                break;
            case 2:
                menuAutores(db);
                break;
            case 3:
                menuLibros(db);
                break;
            case 4:
                menuUsuarios(db);
                break;
            case 5:
                menuPrestamos(db);
                break;
            case 0:
                std::cout << "Saliendo...\n";
                break;
            default:
                std::cout << "Opción no válida.\n";
        }
```

```
    } while (opcion != 0);

    return 0;
}
```

13.5.1. Explicación de los cambios:

- **Menú de Préstamo**: Ahora, el menú incluye un submenú para gestionar los **préstamos**, permitiendo al usuario realizar operaciones CRUD sobre los préstamos de libros.

- **Operaciones CRUD**: Las funciones `Prestamo::crear()`, `Prestamo::leer()`, `Prestamo::actualizar()` y `Prestamo::eliminar()` se invocan desde el archivo principal según la opción seleccionada.

- **Interacción con el usuario**: El programa solicita al usuario los datos necesarios para crear o actualizar un préstamo, como el ID del libro, el ID del usuario y las fechas de préstamo y devolución.

Con estos cambios, la clase `Prestamo` está completamente integrada en el flujo de la aplicación, permitiendo a los usuarios gestionar los préstamos de libros de manera funcional.

13.6. Resultado de la ejecución

Una vez implementadas las operaciones CRUD correspondientes a la clase `Prestamo`, la aplicación ya es capaz de gestionar correctamente el préstamo de libros a los usuarios, con control sobre las fechas de préstamo, devolución prevista y devolución real. Esta es una de las entidades más importantes del sistema, ya que representa la interacción entre libros y usuarios.

Al acceder al menú principal y seleccionar la opción:

```
5. Préstamos
```

El usuario verá el siguiente submenú:

```
--- Gestión de Préstamos ---
1. Crear préstamo
2. Listar préstamos
3. Actualizar préstamo
4. Eliminar préstamo
0. Volver
Seleccione una opción:
```

13.6.1. Crear préstamo

El sistema solicitará:

```
ID del libro: 2
ID del usuario: 3
```

```
Fecha del préstamo (YYYY-MM-DD): 2025-05-01

Fecha prevista de devolución (YYYY-MM-DD): 2025-05-15

Fecha real de devolución (puede dejarse en blanco):

Préstamo creado correctamente.
```

La fecha real puede ser omitida al crear el préstamo (por ejemplo, si aún no se ha devuelto), en cuyo caso se almacenará como `NULL`.

13.6.2. Listar préstamos

La opción 2 muestra un listado claro:

```
ID   Libro   Usuario   Fecha Préstamo   Fecha Devolución
Fecha Real

1    1       1              2024-12-01         2024-12-15
2024-12-14

2    2       2              2025-01-10         2025-01-24
NULL

3    3       1              2025-02-20         2025-03-05
2025-03-03

4    4       3              2025-03-12         2025-03-26
2025-03-27

5    2       3              2025-05-01         2025-05-15
NULL
```

13.6.3. Actualizar préstamo

Al actualizar, se puede modificar cualquiera de las fechas o asignar una devolución real:

```
ID del préstamo a actualizar: 5

Nueva fecha de préstamo: 2025-05-01

Nueva fecha de devolución prevista: 2025-05-15

Nueva fecha real de devolución: 2025-05-14

Préstamo actualizado.
```

13.6.4. Eliminar préstamo

Finalmente, también es posible eliminar un préstamo:

```
ID del préstamo a eliminar: 5

Préstamo eliminado.
```

Este resultado valida que el sistema ya puede gestionar correctamente relaciones múltiples entre entidades (usuarios y libros), y manejar campos opcionales como la devolución real. También se comprueba que la lógica del sistema permite trabajar con fechas de forma coherente, facilitando futuras ampliaciones como estadísticas de retrasos o historial de préstamos por usuario.

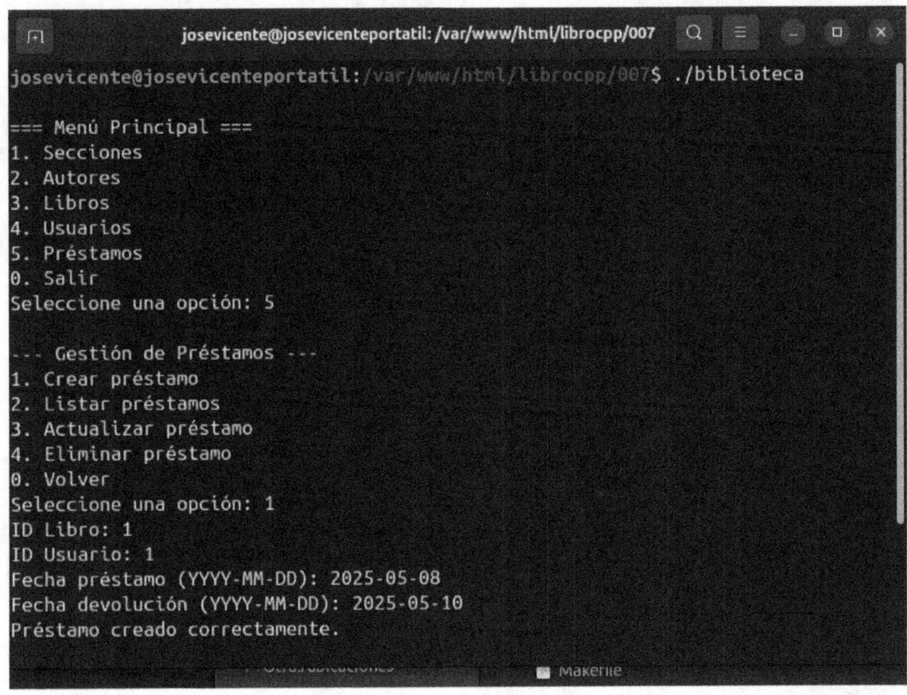

14. Sobre el desarrollo de interfaces gráficas

14.1. Programas y usuarios

Un **programa informático** es una serie de instrucciones o rutinas que se ejecutan en una computadora de manera automatizada. Desde un punto de vista **nativo**, un programa no necesita tener una **interfaz de usuario** (UI). De hecho, muchos programas que funcionan en segundo plano en servidores no requieren ninguna interfaz visible para los usuarios finales. Estos programas se encargan de procesar información o realizar tareas sin que los usuarios los interactúen directamente.

Sin embargo, **las interfaces de usuario** son esenciales en muchos tipos de aplicaciones, especialmente en aquellas que requieren interacción constante con los usuarios humanos. Las interfaces permiten que los usuarios proporcionen entradas y reciban salidas de manera comprensible y eficiente. Esto es crucial en las **aplicaciones empresariales**, como la que estamos desarrollando en este libro, que requieren que los usuarios finales puedan interactuar de manera fácil y efectiva con el sistema.

El objetivo de este capítulo es, por tanto, **analizar brevemente las alternativas disponibles** para desarrollar una interfaz de usuario adecuada a las necesidades de la aplicación, teniendo en cuenta el **estado actual de la tecnología**. Este análisis nos ayudará a decidir la mejor opción para la interfaz, asegurando que sea lo suficientemente amigable para el usuario final y adecuada para el entorno en el que se va a utilizar.

A lo largo de este capítulo, exploraremos las diferentes opciones disponibles para **desarrollar interfaces de usuario**, desde las interfaces gráficas tradicionales hasta las opciones basadas en web, y las ventajas y desventajas de cada enfoque.

14.2. Tipos de interfaces

A lo largo de la historia, han existido diversos **tipos de interfaz de usuario** (UI) que han permitido a los seres humanos comunicarse con las computadoras. El tipo de interfaz utilizada en un momento determinado ha estado fuertemente influenciado por el **estado de desarrollo de la tecnología** en esa época. A medida que la tecnología ha avanzado, también lo han hecho las interfaces, adaptándose a las nuevas capacidades de las máquinas y mejorando la experiencia del usuario.

Un ejemplo histórico de este desarrollo es el uso de **tarjetas perforadas**. Aquellas personas que tienen más edad o que han estudiado la historia de la computación recordarán el uso de **tarjetas perforadas** como una de las primeras formas de comunicación entre humanos y computadoras.

Las tarjetas perforadas eran una solución conveniente para el estado de desarrollo tecnológico de la época. Funcionaban de la siguiente manera:

- Los **programadores perforaban una serie de tarjetas** prediseñadas con pequeños agujeros en ubicaciones específicas, lo que representaba las instrucciones o datos que querían comunicar a la computadora.

- Estas tarjetas eran alimentadas en una **lectora de tarjetas perforadas**, que interpretaba los patrones de agujeros y las procesaba.

- El resultado de este proceso se presentaba generalmente en forma de **informes impresos**.

Aunque hoy en día suena obsoleto, este método fue **una solución adecuada** para la época, permitiendo a los programadores interactuar con las máquinas de manera eficiente, dadas las limitaciones tecnológicas de esos años.

Con el paso del tiempo, las interfaces fueron evolucionando y adaptándose a los avances tecnológicos, pasando de sistemas físicos como las tarjetas perforadas a interfaces más complejas y accesibles, como los terminales de texto y las interfaces gráficas modernas que utilizamos hoy en día.

14.3. Interfaz de consola

Con el tiempo, el desarrollo de periféricos como el **monitor** o la **pantalla** permitió a los usuarios interactuar de manera más directa con las computadoras. En sus primeras etapas, los monitores solo mostraban caracteres en un formato muy básico, pero con el tiempo, fueron evolucionando para mostrar gráficos más complejos y detallados. Esta evolución, combinada con el desarrollo de **dispositivos de entrada** como el **teclado** y el **ratón**, permitió que los usuarios pudieran interactuar con los sistemas de manera mucho más **intuitiva y directa**.

De esta forma, los usuarios finales pudieron **introducir información** de manera interactiva y, a su vez, el **programa informático** comenzó a proporcionar salidas a través de la pantalla, respondiendo a las entradas introducidas por el usuario. Esta interfaz permitió una experiencia de interacción más dinámica que los métodos anteriores, como las tarjetas perforadas.

Hasta este punto del ejercicio, hemos estado trabajando con **interfaces de consola**. Las interfaces de consola siguen siendo **extremadamente útiles** y se utilizan ampliamente hoy en día, especialmente en entornos como servidores o sistemas sin interfaz gráfica. A través de la consola, el usuario puede interactuar con el sistema introduciendo comandos y recibiendo respuestas textuales del programa.

Sin embargo, aunque las **interfaces de consola** son una herramienta poderosa y sencilla, en el contexto de **aplicaciones empresariales**, como el sistema de **gestión de una biblioteca** que estamos desarrollando en este libro, es probable que el **usuario final** prefiera una **interfaz gráfica** más **intuitiva y amigable**. En este caso, el **bibliotecario** sería el usuario típico de la aplicación, y una interfaz gráfica ofrecería una experiencia de usuario mucho más accesible y eficiente.

En las décadas de 1970 y 1980, las interfaces de consola eran consideradas **la forma más avanzada** de interacción con las computadoras. Sin embargo, a día de hoy, con las **alternativas gráficas** disponibles, las interfaces de consola pueden considerarse **tecnológicamente desfasadas** para aplicaciones que están orientadas al usuario final, como las aplicaciones de gestión empresarial.

14.4. Interfaces gráficas

Las **interfaces gráficas de usuario (GUI)**, que hoy en día son el estándar en la mayoría de aplicaciones, comenzaron a tomar forma en la **década de los 80**, con pioneros como **Xerox** y **Apple**. Sin embargo, no fue hasta mediados de los años 90, con la expansión masiva de sistemas operativos orientados al usuario, como **Windows 95**, que las interfaces gráficas se convirtieron en algo común y accesible para la mayoría de las personas.

A partir de ese momento, las **aplicaciones informáticas** pasaron de ser líneas de comandos a **ventanas flotantes** dentro del sistema operativo, un concepto conocido como el **escritorio**. Esta transformación permitió que las aplicaciones fueran mucho más visuales, interactivas y fáciles de usar. Las interfaces gráficas no solo mejoraron la estética de los programas, sino que también hicieron mucho más sencilla la **interacción del usuario**.

Uno de los avances más importantes que trajo consigo el auge de las interfaces gráficas fue la introducción de **formularios y controles de formulario**. Estos elementos permiten al usuario introducir información de una manera **más sencilla e intuitiva** que las interfaces basadas en consola. Además, las **interfaces gráficas** permiten el uso de dispositivos como el **ratón** o **apuntadores**, lo que hace que la interacción con el programa sea aún más accesible, permitiendo al usuario seleccionar opciones, arrastrar elementos y realizar acciones sin necesidad de recordar comandos o instrucciones complejas.

En lugar de depender solo del teclado, como ocurre en las interfaces de consola, las interfaces gráficas aprovechan el poder del **ratón** o el **apuntador** para permitir al usuario señalar y elegir las áreas del programa con las que desea interactuar. Esto crea una experiencia de usuario mucho más **dinámica** y **natural**.

14.4.1. Objetivo del capítulo

Con el objetivo de mejorar la interacción del usuario final con nuestra aplicación de gestión empresarial de la biblioteca, en este capítulo vamos a **ir más allá de la interfaz de consola** y nos centraremos en **crear una interfaz gráfica de usuario** (GUI). Esta interfaz permitirá al usuario operar la aplicación de forma **sencilla** e **intuitiva**, utilizando tanto el teclado como el ratón.

A lo largo del capítulo, exploraremos las opciones disponibles para **desarrollar interfaces gráficas**, desde las bibliotecas más comunes hasta las mejores prácticas para crear una experiencia de usuario fluida y accesible.

14.5. Interfaces naturales

Como anotación a futuro, y aunque no se implementa en este libro, es importante mencionar que **la tendencia actual** en el desarrollo de interfaces de usuario se dirige hacia lo que se conoce como **interfaces naturales**.

Una **interfaz natural** es aquella que utiliza **medios de comunicación** similares a los que un ser humano usaría para interactuar con otro ser humano. Por ejemplo, en la interacción entre personas, no se utiliza un teclado para comunicarse, sino la **voz**. Un ser humano **habla** para que otro ser humano **escuche**, comprende la información y proporciona una respuesta, de nuevo hablando al ser humano que inició la conversación.

La **idea detrás de las interfaces naturales** es lograr que los **programas informáticos** se comuniquen con el usuario de una manera similar a cómo los seres humanos se comunican entre sí. Esto incluiría el uso de **voz** para emitir comandos, la **escucha** para procesar las respuestas y, en general, una interacción mucho más fluida y humana.

14.5.1. Tendencia futura

Aunque actualmente las interfaces naturales aún no son una **realidad común** en el desarrollo de aplicaciones empresariales, ya existen ejemplos en **asistentes virtuales** como **Siri**, **Alexa** o **Google Assistant**, que permiten interactuar con dispositivos utilizando solo la voz. Sin embargo, estas tecnologías están aún limitadas a **aplicaciones personales** y no son tan prevalentes en el entorno empresarial, donde las interfaces gráficas siguen siendo la norma.

Por tanto, **aunque las interfaces naturales representan una tendencia a futuro**, en este libro nos centramos en el desarrollo de **interfaces gráficas de usuario** (GUI) basadas en **ventanas** y **controles gráficos**. Estas interfaces siguen siendo la mejor opción para el desarrollo de **aplicaciones empresariales** en el contexto actual, ya que permiten una

interacción visual más completa y estructurada, además de ofrecer una experiencia de usuario optimizada.

14.6. Opcion escogida para la interfaz de este ejercicio

En el ejercicio presentado en este libro, se ha optado por el desarrollo de una **interfaz web**. Esto significa que la interfaz de usuario será desarrollada utilizando **HTML**, **CSS** y **JavaScript**, tecnologías comunes en el desarrollo web.

14.6.1. Ventajas y desafíos de esta opción

El hecho de elegir una interfaz web supone varias implicaciones:

1. **Separación clara entre C++ y la interfaz de usuario**: A diferencia de otras metodologías o librerías de desarrollo de interfaces, como las basadas en bibliotecas gráficas de C++ que permiten una integración directa entre el código de la aplicación y la interfaz de usuario, en este caso, **no se mezcla el código de C++ con el código de la interfaz de usuario**. El código se mantiene completamente separado. Esto, aunque en un primer momento puede parecer que complica el desarrollo, en realidad tiene **beneficios a largo plazo**:

    - **Escalabilidad**: Mantener las capas separadas asegura que el proyecto pueda escalar de forma más sencilla en el futuro. Si en algún momento se decide cambiar la interfaz de usuario o incluso reestructurarla completamente, no será necesario modificar el código del backend (C++ y SQLite).

    - **Mantenibilidad**: La separación clara facilita la gestión del código, permitiendo que los desarrolladores se especialicen en cada capa sin interferir entre ellas.

2. **Metodología Full-Stack**: En lugar de optar por una **metodología mixta**, en la que el HTML se genera directamente desde el código C++ (como se hace tradicionalmente en PHP o en algunas aplicaciones de backend), hemos elegido la **metodología moderna full-stack**. Esto implica que la interfaz de usuario (frontend) está completamente separada del backend, que está desarrollado en C++ y utiliza SQLite para la gestión de la base de datos.
   - **Frontend**: Se utiliza HTML, CSS y JavaScript para construir una interfaz web interactiva.
   - **Backend**: El backend se desarrolla en C++ y se encarga de procesar la lógica de negocio, gestionar la base de datos y responder a las solicitudes de la interfaz de usuario.

14.6.2. Comunicación entre Frontend y Backend

La siguiente pregunta que surge es cómo se **comunica la capa frontend (HTML, CSS y JavaScript)** con la capa backend (C++ y SQLite). La respuesta a esto se basa en el uso de **servicios web**, específicamente **peticiones asincrónicas** a través de la web. Esto se logra mediante tecnologías como **AJAX** (Asynchronous JavaScript and XML) o **fetch API** en JavaScript, que permiten que la interfaz de usuario envíe solicitudes al servidor sin necesidad de recargar toda la página.

1. **Peticiones asincrónicas**: A través de solicitudes **HTTP** (por ejemplo, `GET`, `POST`, `PUT`, `DELETE`), la interfaz de usuario puede **enviar datos** al backend y recibir **respuestas** sin que el usuario tenga que esperar o recargar la página.
2. **JSON**: El intercambio de datos entre el frontend y el backend se realiza típicamente en formato **JSON** (JavaScript Object

Notation), que es ligero y fácil de procesar tanto en JavaScript como en C++.

De esta forma, el backend (C++) gestionará las solicitudes de la interfaz de usuario, ejecutará las operaciones necesarias y devolverá los resultados al frontend para que la interfaz gráfica de usuario se actualice en tiempo real.

15. Desarrollo de una interfaz web

15.1. Código del proyecto

Como en los capítulos anteriores, el código actualizado correspondiente a esta iteración está disponible para su consulta, descarga o comparación. A partir de este momento, podrás observar cómo el código del proyecto, especialmente en este capítulo y en el siguiente, **crece considerablemente** debido a la implementación de nuevas funcionalidades y la integración de la interfaz web.

Es recomendable tener a mano los archivos del proyecto mientras avanzamos, ya que esto te permitirá seguir el desarrollo de manera más fluida y entender cómo las distintas piezas se interconectan.

Puedes acceder al repositorio con el código más reciente en la siguiente URL:

https://github.com/jocarsa/biblioteca-cpp/tree/main/008

Este repositorio contiene los archivos completos y listos para ser compilados, con las modificaciones y nuevas funcionalidades añadidas en esta iteración. Como siempre, aunque se proporciona el código completo, **es recomendable que el lector escriba el código manualmente** para consolidar su comprensión y practicar los conceptos clave.

15.2. Carpeta de proyecto

Al finalizar esta iteración del proyecto, la **carpeta del proyecto** tendrá un nuevo aspecto debido a las modificaciones realizadas para implementar la **interfaz web** y la **comunicación entre el frontend y el backend**. Específicamente, se habrán añadido nuevos archivos y carpetas, y la estructura del proyecto se habrá expandido para soportar la interacción web.

A continuación, te mostramos cómo debería quedar la **estructura de la carpeta principal** del proyecto:

```
/008
├── Autor.cpp
├── Autor.h
├── Libro.cpp
├── Libro.h
├── Makefile
├── Prestamo.cpp
├── Prestamo.h
├── Seccion.cpp
├── Seccion.h
├── Usuario.cpp
├── Usuario.h
├── WebServer.cpp
├── WebServer.h
├── biblioteca
├── biblioteca.db
├── biblioteca_servidor
├── database.cpp
├── database.h
├── main.cpp
└── static
    ├── codigo.js
    ├── estilo.css
    └── index.html
```

15.3. Resumen de los cambios

En esta iteración, hemos realizado importantes avances en el desarrollo del sistema, especialmente en lo que respecta a la **interfaz web** y la **comunicación entre el frontend y el backend**. Los cambios más relevantes son los siguientes:

1. **Implementación de la interfaz web**:
   - Se ha creado una **estructura de archivos estáticos** que incluye los archivos `index.html`, `style.css` y `script.js`, los cuales forman la base de la interfaz gráfica del usuario.
   - Estos archivos permitirán que los usuarios interactúen con el sistema de manera visual e intuitiva.
2. **Creación del servidor web en C++**:
   - Se ha añadido el **servidor web** implementado en C++, que se encarga de manejar las solicitudes HTTP entre el frontend (HTML, CSS, JavaScript) y el backend (C++ y SQLite).
   - Este servidor web permite la comunicación entre la interfaz de usuario y la base de datos, haciendo que las operaciones CRUD puedan ser ejecutadas de manera eficiente a través de solicitudes asincrónicas.
3. **Estructura del proyecto**:
   - La carpeta del proyecto ha sido **reorganizada** para incluir los nuevos archivos del servidor web y la carpeta `static/` que contiene los archivos de la interfaz web.
   - La estructura modular sigue permitiendo un desarrollo escalable y bien organizado, facilitando tanto la expansión de funcionalidades como la colaboración en equipo.

15.3.1. Beneficios de estos cambios:

- **Separación entre frontend y backend**: Al utilizar una interfaz web, hemos separado de forma clara la **capa de presentación** (frontend) del **núcleo lógico** de la aplicación (backend), lo que facilita el mantenimiento y la escalabilidad del sistema.

- **Interactividad mejorada**: Gracias a los archivos `JavaScript`, la interfaz ahora permite **comunicaciones dinámicas** con el servidor sin necesidad de recargar la página, lo que mejora la experiencia del usuario.

- **Tecnología moderna**: La adopción de una interfaz web **full-stack** proporciona una solución moderna y multiplataforma, compatible con diversos sistemas operativos y dispositivos.

Con estos avances, la aplicación está dando un paso importante hacia un sistema funcional, donde el usuario puede interactuar de manera eficiente con los datos, y el backend puede procesar y gestionar las operaciones de forma adecuada.

15.4. Nuevos archivos

A medida que avanzamos en el desarrollo de la interfaz web y la integración con el backend en C++, hemos añadido varios archivos nuevos a la estructura del proyecto. Estos archivos son esenciales para implementar la **comunicación entre el frontend y el backend**, así como para **gestionar la interfaz de usuario** de manera eficiente.

A continuación, se detallan los **nuevos archivos** añadidos al proyecto:

1. **Archivos de la interfaz web** (en la carpeta `static/`):

    - **`index.html`**: La página principal que servirá de interfaz para que el usuario interactúe con la aplicación. Esta página contiene la estructura básica y los elementos de interfaz que el usuario verá y con los que podrá interactuar.

  - `style.css`: El archivo de **estilos** que define el aspecto visual de la interfaz. Aquí se especifican los colores, la disposición de los elementos, los tamaños de fuente, márgenes, etc., para hacer la interfaz atractiva y funcional.

  - `script.js`: Este archivo **JavaScript** es clave para proporcionar interactividad en la interfaz. Utiliza **AJAX** o la `fetch API` para hacer peticiones asincrónicas al servidor y actualizar la interfaz sin recargar la página. Este archivo es responsable de gestionar la comunicación entre el frontend y el backend.

2. **Servidor web en C++**:

  - `servidor_web.cpp`: Este archivo contiene la implementación del **servidor web** que gestionará las solicitudes HTTP provenientes de la interfaz web. El servidor web escucha las peticiones, las procesa y responde adecuadamente, comunicándose con el backend escrito en C++.

  - `servidor_web.h`: La cabecera para el servidor web, que declara las funciones y la estructura necesaria para que el servidor funcione correctamente. Este archivo se incluye en el archivo de implementación (`servidor_web.cpp`).

WebServer.cpp

```
#include "WebServer.h"
#include <iostream>
```

```
#include <sys/socket.h>
#include <netinet/in.h>
#include <unistd.h>
#include <sstream>
#include <fstream>
#include <sys/stat.h>
#include "Seccion.h"
#include "Autor.h"
#include "Libro.h"
#include "Usuario.h"
#include "Prestamo.h"

WebServer::WebServer(int puerto, Database& db) :
puerto_(puerto), db_(db) {
    configurarRutas();
}

void WebServer::configurarRutas() {
    rutas_["/secciones"] = [this]() { return
manejarSecciones(); };
    rutas_["/autores"] = [this]() { return
manejarAutores(); };
    rutas_["/libros"] = [this]() { return manejarLibros();
};
    rutas_["/usuarios"] = [this]() { return
manejarUsuarios(); };
    rutas_["/prestamos"] = [this]() { return
manejarPrestamos(); };
}

void WebServer::iniciar() {
    int serverSocket = socket(AF_INET, SOCK_STREAM, 0);
    if (serverSocket < 0) {
        std::cerr << "Error al crear el socket" <<
std::endl;
```

```
        return;
    }

    sockaddr_in serverAddr{};
    serverAddr.sin_family = AF_INET;
    serverAddr.sin_addr.s_addr = INADDR_ANY;
    serverAddr.sin_port = htons(puerto_);

    if (bind(serverSocket, (struct sockaddr*)&serverAddr,
sizeof(serverAddr)) < 0) {
        std::cerr << "Error al enlazar el socket" <<
std::endl;
        close(serverSocket);
        return;
    }

    if (listen(serverSocket, 5) < 0) {
        std::cerr << "Error al escuchar en el socket" <<
std::endl;
        close(serverSocket);
        return;
    }

    std::cout << "Servidor escuchando en el puerto " <<
puerto_ << std::endl;

    while (true) {
        sockaddr_in clientAddr{};
        socklen_t clientAddrLen = sizeof(clientAddr);
        int clientSocket = accept(serverSocket, (struct
sockaddr*)&clientAddr, &clientAddrLen);
        if (clientSocket < 0) {
            std::cerr << "Error al aceptar la conexión" <<
std::endl;
            continue;
```

```
        }

        manejarSolicitud(clientSocket);
        close(clientSocket);
    }
}

void WebServer::manejarSolicitud(int clientSocket) {
    std::string solicitud = leerSolicitud(clientSocket);
    std::string respuesta = enrutarSolicitud(solicitud);
    enviarRespuesta(clientSocket, respuesta);
}

std::string WebServer::leerSolicitud(int clientSocket) {
    char buffer[1024] = {0};
    read(clientSocket, buffer, 1024);
    return std::string(buffer);
}

void WebServer::enviarRespuesta(int clientSocket, const
std::string& respuesta) {
    send(clientSocket, respuesta.c_str(),
respuesta.size(), 0);
}

std::string WebServer::enrutarSolicitud(const std::string&
solicitud) {
    if (solicitud.find("GET /secciones") !=
std::string::npos) {
        return rutas_["/secciones"]();
    } else if (solicitud.find("GET /autores") !=
std::string::npos) {
        return rutas_["/autores"]();
    } else if (solicitud.find("GET /libros") !=
std::string::npos) {
```

```
        return rutas_["/libros"]();
    } else if (solicitud.find("GET /usuarios") !=
std::string::npos) {
        return rutas_["/usuarios"]();
    } else if (solicitud.find("GET /prestamos") !=
std::string::npos) {
        return rutas_["/prestamos"]();
    } else if (solicitud.find("GET / ") !=
std::string::npos || solicitud.find("GET /index.html") !=
std::string::npos) {
        std::ifstream archivo("static/index.html");
        if (archivo) {
            std::string
contenido((std::istreambuf_iterator<char>(archivo)),
std::istreambuf_iterator<char>());
            return "HTTP/1.1 200 OK\r\nContent-Type:
text/html\r\n\r\n" + contenido;
        } else {
            return "HTTP/1.1 404 Not
Found\r\nContent-Type: text/plain\r\n\r\nArchivo no
encontrado";
        }
    } else if (solicitud.find("GET /estilo.css") !=
std::string::npos) {
        std::ifstream archivo("static/estilo.css");
        if (archivo) {
            std::string
contenido((std::istreambuf_iterator<char>(archivo)),
std::istreambuf_iterator<char>());
            return "HTTP/1.1 200 OK\r\nContent-Type:
text/css\r\n\r\n" + contenido;
        } else {
            return "HTTP/1.1 404 Not
Found\r\nContent-Type: text/plain\r\n\r\nArchivo no
encontrado";
```

```
        }
    } else if (solicitud.find("GET /codigo.js") !=
std::string::npos) {
        std::ifstream archivo("static/codigo.js");
        if (archivo) {
            std::string
contenido((std::istreambuf_iterator<char>(archivo)),
std::istreambuf_iterator<char>());
            return "HTTP/1.1 200 OK\r\nContent-Type:
application/javascript\r\n\r\n" + contenido;
        } else {
            return "HTTP/1.1 404 Not
Found\r\nContent-Type: text/plain\r\n\r\nArchivo no
encontrado";
        }
    } else {
        return "HTTP/1.1 404 Not Found\r\nContent-Type:
text/plain\r\n\r\nNo encontrado";
    }
}

std::string WebServer::manejarSecciones() {
    auto lista = Seccion::listar(db_);
    std::string respuesta = "HTTP/1.1 200
OK\r\nContent-Type: application/json\r\n\r\n[";
    for (const auto& sec : lista) {
        respuesta += "{\"id\":" +
std::to_string(sec.getId()) + ", \"nombre\":\"" +
sec.getNombre() + "\"},";
    }
    if (!lista.empty()) {
        respuesta.pop_back(); // Eliminar la coma final
    }
    respuesta += "]";
    return respuesta;
```

```
}

std::string WebServer::manejarAutores() {
    auto lista = Autor::listar(db_);
    std::string respuesta = "HTTP/1.1 200
OK\r\nContent-Type: application/json\r\n\r\n[";
    for (const auto& a : lista) {
        respuesta += "{\"id\":" +
std::to_string(a.getId()) + ", \"nombre\":\"" +
a.getNombreCompleto() + "\"},";
    }
    if (!lista.empty()) {
        respuesta.pop_back(); // Eliminar la coma final
    }
    respuesta += "]";
    return respuesta;
}

std::string WebServer::manejarLibros() {
    auto lista = Libro::listar(db_);
    std::string respuesta = "HTTP/1.1 200
OK\r\nContent-Type: application/json\r\n\r\n[";
    for (const auto& l : lista) {
        respuesta += "{\"id\":" +
std::to_string(l.getId()) +
                    ", \"titulo\":\"" + l.getTitulo() +
                    "\", \"isbn\":\"" + l.getISBN() +
                    "\", \"anio\":" +
std::to_string(l.getAnioPublicacion()) +
                    ", \"idAutor\":" +
std::to_string(l.getIdAutor()) +
                    ", \"idSeccion\":" +
std::to_string(l.getIdSeccion()) + "},";
    }
    if (!lista.empty()) {
```

```
        respuesta.pop_back(); // Eliminar la coma final
    }
    respuesta += "]";
    return respuesta;
}

std::string WebServer::manejarUsuarios() {
    auto lista = Usuario::listar(db_);
    std::string respuesta = "HTTP/1.1 200
OK\r\nContent-Type: application/json\r\n\r\n[";
    for (const auto& u : lista) {
        respuesta += "{\"id\":" +
std::to_string(u.getId()) +
                    ", \"nombre\":\"" +
u.getNombreCompleto() +
                    "\", \"email\":\"" + u.getEmail() +
                    "\", \"fechaAlta\":\"" +
u.getFechaAlta() + "\"},";
    }
    if (!lista.empty()) {
        respuesta.pop_back(); // Eliminar la coma final
    }
    respuesta += "]";
    return respuesta;
}

std::string WebServer::manejarPrestamos() {
    auto lista = Prestamo::listar(db_);
    std::string respuesta = "HTTP/1.1 200
OK\r\nContent-Type: application/json\r\n\r\n[";
    for (const auto& p : lista) {
        respuesta += "{\"id\":" +
std::to_string(p.getId()) +
                    ", \"idLibro\":" +
std::to_string(p.getIdLibro()) +
```

```
                    ", \"idUsuario\":" +
std::to_string(p.getIdUsuario()) +
                    ", \"fechaPrestamo\":\"" +
p.getFechaPrestamo() +
                    "\", \"fechaDevolucion\":\"" +
p.getFechaDevolucion() +
                    "\", \"fechaRealDevolucion\":\"" +
p.getFechaRealDevolucion() + "\"},";
    }
    if (!lista.empty()) {
        respuesta.pop_back(); // Eliminar la coma final
    }
    respuesta += "]";
    return respuesta;
}
```

WebServer.h

```
#ifndef WEBSERVER_H
#define WEBSERVER_H

#include <string>
#include <vector>
#include <map>
#include <functional>
#include "database.h"

class WebServer {
public:
    WebServer(int puerto, Database& db);
    void iniciar();

private:
    int puerto_;
    Database& db_;
```

```
    void manejarSolicitud(int clientSocket);
    std::string leerSolicitud(int clientSocket);
    void enviarRespuesta(int clientSocket, const
std::string& respuesta);
    std::string enrutarSolicitud(const std::string&
solicitud);
    std::map<std::string, std::function<std::string()>>
rutas_;

    void configurarRutas();
    std::string manejarSecciones();
    std::string manejarAutores();
    std::string manejarLibros();
    std::string manejarUsuarios();
    std::string manejarPrestamos();
};

#endif // WEBSERVER_H
```

15.4.1. Resumen de los cambios:

- Hemos agregado **nuevas tecnologías** (HTML, CSS y JavaScript) al proyecto, permitiendo la **comunicación entre el frontend y el backend**.

- Se han creado archivos específicos para **gestionar el servidor web en C++** y para la **interactividad de la interfaz web**.

- El proyecto ahora tiene una estructura más compleja, pero sigue organizada de manera modular, lo que facilita la expansión y el mantenimiento del sistema.

15.5. Archivo principal

En esta iteración, el **archivo principal** (`main.cpp`) ha sufrido un cambio **sustancial**. Anteriormente, la **mayoría de la lógica de gestión** del programa, como el menú y las operaciones CRUD, se encontraba directamente implementada dentro del archivo principal. Sin embargo, con la introducción del **servidor web**, hemos movido la **lógica de gestión** al servidor, y el archivo principal ahora tiene una **función más sencilla** y enfocada.

15.5.1. Nuevas responsabilidades del archivo principal:

- **Llamar al servidor web**: El archivo principal ahora simplemente **llama al servidor web** para que inicie su funcionamiento.
- **Escucha continua**: El archivo principal ahora está encargado de iniciar la **escucha continua** del servidor web, permitiendo que el backend esté siempre a la espera de recibir solicitudes desde la interfaz de usuario (frontend).

El archivo principal ya no gestiona directamente las opciones del menú ni las operaciones CRUD, ya que ahora esas responsabilidades han sido delegadas al servidor web. Esto **simplifica el archivo principal** y sigue la **metodología de separación de responsabilidades** que hemos venido utilizando.

main.cpp

```
#include <iostream>
#include "database.h"
#include "WebServer.h"

int main() {
```

```
    Database db("biblioteca.db");
    WebServer servidor(8080, db);
    servidor.iniciar();
    return 0;
}
```

15.5.2. Explicación de los cambios:

1. **Simplificación**: El archivo principal ahora solo se encarga de **iniciar el servidor web** y dejarlo escuchando por solicitudes.

2. **Delegación de la lógica**: Todo lo relacionado con el menú, las operaciones CRUD y la interacción con el frontend se ha movido al servidor web. El archivo principal solo delega la ejecución, permitiendo que el servidor maneje las solicitudes de los usuarios.

3. **Escucha continua**: Con la llamada a `servidor.iniciarEscucha()`, el servidor comienza a esperar peticiones del frontend, gestionando las solicitudes sin necesidad de intervención adicional del archivo principal.

15.5.3. Ventajas de este enfoque:

- **Separación de responsabilidades**: La lógica de la interfaz de usuario (frontend) y la gestión del backend están claramente separadas, lo que facilita la escalabilidad y el mantenimiento.

- **Modularidad**: Este enfoque permite agregar nuevas funcionalidades o modificar el servidor web sin afectar el archivo principal, lo que facilita la expansión del proyecto.

15.6. Archivos de interfaz gráfica

En esta iteración, hemos introducido una **primera versión del archivo JavaScript**, que actúa como el **controlador** de la interfaz gráfica de usuario (UI). El concepto de controlador, en el contexto de una aplicación web, se refiere al componente que **gestiona la interacción entre el frontend (interfaz de usuario) y el backend (servidor y base de datos)**. El controlador es responsable de mover los datos, de decidir cómo fluyen y de actualizar la interfaz de usuario según las acciones del usuario final.

En este capítulo, hemos creado una **versión inicial y limitada** del archivo JavaScript, que implementa solo las funciones básicas de **lectura de datos desde el backend**. En esta fase, el archivo JavaScript se encarga de:

1. **Cargar los datos de cada una de las entidades** (como `Autor`, `Libro`, `Usuario`, `Seccion`, `Prestamo`).

2. **Enviar las solicitudes al backend** a través de peticiones asincrónicas.

3. **Actualizar la interfaz de usuario** para mostrar los resultados de la base de datos al usuario final.

15.6.1. Funcionamiento del controlador en JavaScript

Cuando el usuario hace clic en los **botones de la interfaz de usuario**, se desencadenan las siguientes acciones:

1. **Llamada al controlador**: El archivo JavaScript recibe la solicitud del usuario y hace una llamada al backend de forma **sincrónica** (sin recargar la página). La llamada puede ser realizada mediante tecnologías como **AJAX** o la `fetch API`.

2. **Obtención de los datos**: El controlador se encarga de **localizar la información** correspondiente a la entidad seleccionada en la base de datos. Este proceso se realiza a través de las peticiones HTTP que el frontend envía al servidor, que, a su vez, consulta la base de datos.

3. **Envío de los datos al frontend**: Una vez que la base de datos devuelve los resultados al controlador, este los **procesa y los envía de vuelta a la interfaz de usuario**. En este momento, la interfaz gráfica se **actualiza dinámicamente** para mostrar los datos al usuario final sin necesidad de recargar la página.

Aquí te presentamos un ejemplo simplificado de cómo podría lucir la primera versión del archivo JavaScript:

codigo.js

```
function cargarSecciones() {
    fetch('/secciones')
        .then(response => response.json())
        .then(data => {
            let contenido = 
'<h2>Secciones</h2><table><tr><th>ID</th><th>Nombre</th></
tr>';
            data.forEach(seccion => {
                contenido += 
`<tr><td>${seccion.id}</td><td>${seccion.nombre}</td></tr>
`;
            });
            contenido += '</table>';
            document.getElementById('datos').innerHTML = 
contenido;
        });
}
```

```
function cargarAutores() {
    fetch('/autores')
        .then(response => response.json())
        .then(data => {
            let contenido =
'<h2>Autores</h2><table><tr><th>ID</th><th>Nombre
Completo</th></tr>';
            data.forEach(autor => {
                contenido +=
`<tr><td>${autor.id}</td><td>${autor.nombre}</td></tr>`;
            });
            contenido += '</table>';
            document.getElementById('datos').innerHTML =
contenido;
        });
}

function cargarLibros() {
    fetch('/libros')
        .then(response => response.json())
        .then(data => {
            let contenido =
'<h2>Libros</h2><table><tr><th>ID</th><th>Título</th><th>I
SBN</th><th>Año</th><th>AutorID</th><th>SecciónID</th></tr
>';
            data.forEach(libro => {
                contenido +=
`<tr><td>${libro.id}</td><td>${libro.titulo}</td><td>${lib
ro.isbn}</td><td>${libro.anio}</td><td>${libro.idAutor}</t
d><td>${libro.idSeccion}</td></tr>`;
            });
            contenido += '</table>';
            document.getElementById('datos').innerHTML =
contenido;
```

```
        });
}

function cargarUsuarios() {
    fetch('/usuarios')
        .then(response => response.json())
        .then(data => {
            let contenido =
'<h2>Usuarios</h2><table><tr><th>ID</th><th>Nombre
Completo</th><th>Email</th><th>Fecha Alta</th></tr>';
            data.forEach(usuario => {
                contenido +=
`<tr><td>${usuario.id}</td><td>${usuario.nombre}</td><td>$
{usuario.email}</td><td>${usuario.fechaAlta}</td></tr>`;
            });
            contenido += '</table>';
            document.getElementById('datos').innerHTML =
contenido;
        });
}

function cargarPrestamos() {
    fetch('/prestamos')
        .then(response => response.json())
        .then(data => {
            let contenido =
'<h2>Préstamos</h2><table><tr><th>ID</th><th>LibroID</th><
th>UsuarioID</th><th>Fecha Préstamo</th><th>Fecha
Devolución</th><th>Fecha Real Devolución</th></tr>';
            data.forEach(prestamo => {
                contenido +=
`<tr><td>${prestamo.id}</td><td>${prestamo.idLibro}</td><t
d>${prestamo.idUsuario}</td><td>${prestamo.fechaPrestamo}<
/td><td>${prestamo.fechaDevolucion}</td><td>${prestamo.fec
haRealDevolucion}</td></tr>`;
```

```
            });
            contenido += '</table>';
            document.getElementById('datos').innerHTML =
contenido;
        });
}
```

15.6.2. Explicación del código:

- `fetch('/api/autores')`: Realiza una solicitud **GET** al servidor backend para obtener la lista de autores en formato JSON. El servidor responde con los datos correspondientes, y el controlador JavaScript los procesa.

- `then(response => response.json())`: Convierte la respuesta del servidor a formato JSON para poder trabajar con los datos.

- `data.forEach(autor => {...})`: Itera sobre los datos recibidos y crea un nuevo **elemento de lista (<li>)** para cada autor, que se agrega dinámicamente a la interfaz de usuario.

- `document.getElementById('btnCargarAutores').addEventListener('click', cargarAutores)`: Asocia la función `cargarAutores` al **botón** de la interfaz. Cada vez que el usuario haga clic en el botón, se activará la función que carga los autores desde el backend y actualiza la lista en la interfaz.

15.6.3. Flujo de interacción:

1. El **usuario hace clic** en el botón de "Cargar Autores".

2. **JavaScript (el controlador)** hace una **petición HTTP** al backend para obtener la lista de autores.

3. El **servidor web** responde con los datos de los autores.

Este archivo de **JavaScript** es un **controlador básico** que gestiona la comunicación entre el frontend (HTML, CSS, JavaScript) y el backend (C++ y SQLite). A medida que avanzamos, se agregará más funcionalidad para manejar las operaciones CRUD de manera completa.

Una de las **grandes ventajas** de desarrollar interfaces de usuario utilizando **tecnologías web** es que podemos aprovechar herramientas poderosas como el **lenguaje de estilo CSS**. CSS nos permite tener un control muy **profundo y detallado** sobre el diseño de la interfaz, ofreciendo una flexibilidad que no es tan fácil de alcanzar con otras alternativas para construir interfaces de usuario.

Con CSS, podemos crear **diseños personalizados**, adaptados a las necesidades específicas de cada proyecto, sin limitaciones en cuanto a estilos o presentaciones. A diferencia de las interfaces tradicionales o basadas en bibliotecas específicas, CSS ofrece una **gran capacidad de personalización**, permitiéndonos aplicar estilos a cualquier elemento de la interfaz de usuario de manera precisa.

Además, CSS forma parte de un conjunto de tecnologías web que, no solo son un **estándar ampliamente adoptado hoy en día**, sino que han sido **estándares sólidos** desde hace años, y todo parece indicar que seguirán siendo fundamentales en el desarrollo de interfaces web en el futuro previsible.

El uso de CSS junto con **HTML** y **JavaScript** garantiza que nuestras interfaces de usuario sean **multiplataforma**, **flexibles** y **accesibles**, sin depender de tecnologías propietarias o cerradas. Esta combinación ofrece un entorno de desarrollo robusto, probado y con un gran soporte a lo largo del tiempo.

estilo.css

```
body {
    font-family: Arial, sans-serif;
    margin: 20px;
}

h1 {
    color: #333;
}

button {
    margin: 5px;
    padding: 10px;
    background-color: #4CAF50;
    color: white;
    border: none;
    border-radius: 5px;
    cursor: pointer;
}

button:hover {
    background-color: #45a049;
}

#datos {
    margin-top: 20px;
    padding: 10px;
    border: 1px solid #ddd;
    border-radius: 5px;
}
```

Por último, encontramos el archivo correspondiente a la **estructura HTML** del documento. Al desarrollar interfaces de usuario utilizando **tecnologías web**, es importante comprender la **función** de cada uno de los lenguajes involucrados en la creación de la interfaz:

1. **HTML (HyperText Markup Language)**: HTML es el **lenguaje de marcado** que proporciona la **estructura** básica de la interfaz de usuario. Define los elementos que componen la página web, como encabezados, párrafos, botones, formularios, listas, tablas y más. HTML organiza el contenido de manera jerárquica, creando un esqueleto que será estilizado y dinámicamente interactivo.

2. **CSS (Cascading Style Sheets)**: Mientras que HTML proporciona la estructura, **CSS** es el **lenguaje de estilo** que se encarga de dar forma a esa estructura. CSS controla aspectos visuales como colores, fuentes, márgenes, espaciado, alineación, animaciones y disposición de los elementos en la página. En resumen, CSS permite **personalizar el diseño** de la interfaz de usuario para que sea visualmente atractiva y coherente con la experiencia de usuario deseada.

3. **JavaScript**: Finalmente, **JavaScript** es el **lenguaje de programación** que proporciona la **lógica de negocio** en el frontend de la aplicación. Con JavaScript, podemos manejar la interactividad, gestionar eventos (como clics de botones, desplazamientos y cambios de datos), realizar **peticiones asincrónicas** al backend (como vimos anteriormente con el uso de `fetch()` o `AJAX`), y actualizar dinámicamente el contenido de la página sin necesidad de recargarla.

En conjunto, estos tres lenguajes forman la **trilogía fundamental** para el desarrollo de aplicaciones web modernas, donde:

- **HTML** estructura el contenido,

- **CSS** lo estiliza, y
- **JavaScript** le da dinamismo e interactividad.

Cada uno cumple un rol esencial para ofrecer una experiencia de usuario fluida y funcional.

index.html

```
<!DOCTYPE html>
<html lang="es">
<head>
    <meta charset="UTF-8">
    <meta name="viewport" content="width=device-width,
initial-scale=1.0">
    <title>Biblioteca</title>
    <link rel="stylesheet" href="estilo.css">
</head>
<body>
    <h1>Biblioteca</h1>
    <div id="contenido">
        <button
onclick="cargarSecciones()">Secciones</button>
        <button onclick="cargarAutores()">Autores</button>
        <button onclick="cargarLibros()">Libros</button>
        <button
onclick="cargarUsuarios()">Usuarios</button>
        <button
onclick="cargarPrestamos()">Préstamos</button>
    </div>
    <div id="datos"></div>
    <script src="codigo.js"></script>
</body>
</html>
```

15.7. Nuevo makefile:

```
CXX = g++
CXXFLAGS = -std=c++11 -I.
LDFLAGS = -lsqlite3
SRCS = main.cpp WebServer.cpp database.cpp Autor.cpp
Libro.cpp Prestamo.cpp Seccion.cpp Usuario.cpp
OBJS = $(SRCS:.cpp=.o)
TARGET = biblioteca_servidor

all: $(TARGET)

$(TARGET): $(OBJS)
	$(CXX) $(CXXFLAGS) -o $@ $^ $(LDFLAGS)

%.o: %.cpp
	$(CXX) $(CXXFLAGS) -c $< -o $@

clean:
	rm -f $(OBJS) $(TARGET)

.PHONY: all clean
```

15.8. Resultado de la ejecución

En este punto del desarrollo, hemos dado un paso significativo al convertir nuestra aplicación de línea de comandos en una aplicación con interfaz gráfica basada en tecnologías web. Gracias a la implementación de un microservidor web en C++, el sistema ahora es capaz de exponer sus funcionalidades a través de una interfaz accesible desde el navegador. Este cambio no solo mejora la experiencia del usuario, sino que también abre la puerta a entornos multiusuario y a la posibilidad de despliegue remoto.

15.8.1. Ejecución del servidor

Para poner en marcha la aplicación con interfaz gráfica, es necesario ejecutar el binario que actúa como servidor web. Este binario incluye la lógica para recibir peticiones HTTP, interpretar las rutas y devolver respuestas en formato HTML o JSON.

La ejecución se realiza desde la terminal, por ejemplo:

```
./biblioteca_servidor
```

Una vez iniciado, el servidor comenzará a escuchar en un puerto determinado (generalmente el 8080 o el 8000, dependiendo de la implementación), y mostrará mensajes como:

```
Servidor iniciado en http://localhost:8080

Esperando peticiones...
```

Esto significa que cualquier navegador web moderno podrá acceder a la interfaz utilizando esa dirección. Si todo ha sido configurado correctamente, la aplicación ya está en marcha como un servidor local listo para recibir conexiones desde el navegador.

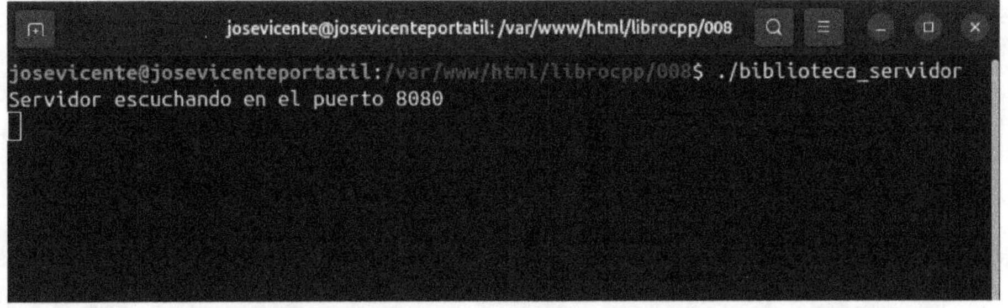

15.8.2. Interfaz gráfica

Al acceder desde un navegador a `http://localhost:8080`, se carga automáticamente la interfaz gráfica desarrollada con tecnologías web (HTML, CSS y JavaScript). Esta interfaz actúa como una capa visual que consume las funcionalidades del backend en C++, lo que permite realizar operaciones CRUD sobre las distintas entidades del sistema.

El usuario podrá ver:

- Una **pantalla principal** con menús para navegar por secciones como Libros, Autores, Usuarios, Préstamos y Secciones.
- Tablas dinámicas que muestran la información de la base de datos.
- Formularios interactivos para crear o actualizar elementos.
- Botones funcionales de editar y eliminar.
- Respuestas inmediatas y actualizaciones sin necesidad de recargar la página, en caso de utilizar JavaScript dinámico.

La interfaz ha sido diseñada para ser sencilla, clara y funcional, permitiendo al usuario gestionar la biblioteca de forma intuitiva desde cualquier dispositivo con acceso web. Este cambio transforma la experiencia: pasamos de trabajar en terminal a ofrecer una aplicación web completa, que conserva toda la lógica de negocio en C++ pero con una presentación moderna y profesional.

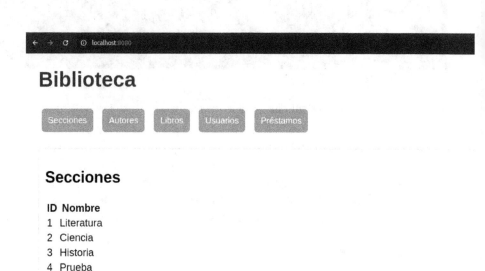

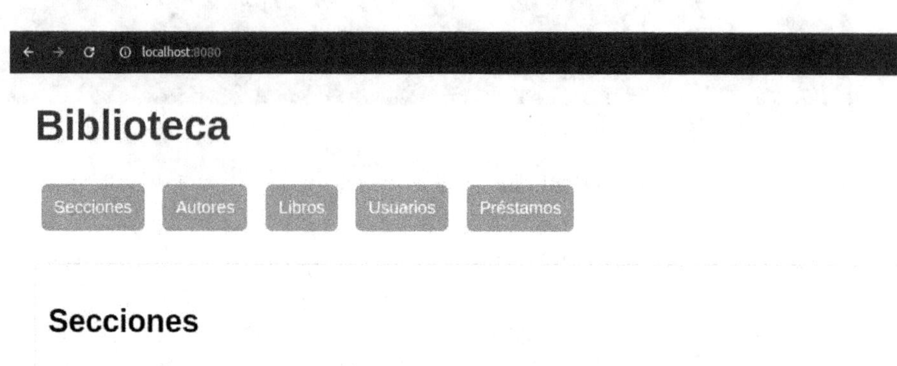

16. Interfaz de usuario completa

16.1. Código del proyecto

Comenzamos el **último capítulo de desarrollo** dentro de este libro, y por lo tanto, el código correspondiente a este capítulo está disponible para su consulta, descarga o comparación. En este capítulo, se implementan las funcionalidades finales y se refina la integración entre el frontend y el backend, asegurando que la aplicación esté completamente operativa.

Puedes acceder al repositorio con el código más reciente en la siguiente URL:

https://github.com/jocarsa/biblioteca-cpp/tree/main/009

Este repositorio contiene todos los archivos actualizados, listos para ser compilados, con las modificaciones y nuevas funcionalidades añadidas en esta iteración final. Como siempre, aunque se proporciona el código completo, **es recomendable que el lector escriba el código manualmente** para consolidar su comprensión y practicar los conceptos clave.

16.2. Carpeta de proyecto

En el **capítulo anterior**, se presentó una primera versión de la interfaz de usuario con una **funcionalidad mínima**. En esta iteración, nuestro objetivo es **ampliar dicha funcionalidad** para mejorar la experiencia del usuario y facilitar una interacción más fluida con el sistema.

Para lograrlo, hemos realizado **modificaciones en los archivos clave** del proyecto, específicamente:

1. **Servidor web**: Se ha actualizado el archivo que actúa como el **servidor web** para manejar nuevas solicitudes y mejorar la interacción entre el frontend y el backend. Esto incluye la gestión de nuevas operaciones, como la actualización de datos o la integración de funcionalidades avanzadas.

2. **Archivos de la interfaz gráfica**:

   - `index.html`: Se ha mejorado la estructura HTML, añadiendo nuevos elementos o ajustando los existentes para facilitar una experiencia de usuario más rica y fluida.

   - `style.css`: Se han añadido nuevos estilos o ajustado los existentes para mejorar la apariencia y funcionalidad de la interfaz, asegurando que sea más intuitiva y atractiva.

   - `script.js`: El archivo JavaScript ha sido modificado para incluir **funcionalidades adicionales** que gestionan la interacción con el servidor y permiten realizar peticiones más complejas al backend.

```
/009
├── Autor.cpp (sin cambios)
├── Autor.h (sin cambios)
├── Libro.cpp (sin cambios)
├── Libro.h (sin cambios)
├── Makefile
├── Prestamo.cpp (sin cambios)
├── Prestamo.h (sin cambios)
├── Seccion.cpp (sin cambios)
├── Seccion.h (sin cambios)
├── Seccion.o (sin cambios)
├── Usuario.cpp (sin cambios)
├── Usuario.h (sin cambios)
├── WebServer.cpp
├── WebServer.h
├── biblioteca (sin cambios)
├── biblioteca.db (sin cambios)
├── biblioteca_servidor (sin cambios)
├── database.cpp (sin cambios)
├── database.h (sin cambios)
```

```
├── main.cpp (sin cambios)
└── static
    ├── codigo.js
    ├── estilo.css
    └── index.html
```

16.2.1. Nuevas características:

- **Mejoras en la interfaz**: La interfaz de usuario ahora es más **funcional** y **dinámica**, permitiendo una mejor interacción con los datos y mejorando la experiencia del usuario final.

- **Interacción web**: La comunicación entre el frontend y el backend se ha enriquecido, con nuevas funcionalidades para gestionar solicitudes más complejas y asegurar que el usuario reciba respuestas rápidas y eficientes.

16.3. Servidor web

En esta iteración, el **archivo correspondiente al servidor web** ha crecido considerablemente para poder gestionar todas las operaciones necesarias para el funcionamiento de la aplicación con interfaz web. Este crecimiento se debe a la necesidad de crear **nuevos puntos de escucha** (o **endpoints**) en el servidor, que gestionen las **operaciones CRUD** de cada una de las **cinco entidades** del sistema: `Autor`, `Libro`, `Seccion`, `Usuario`, y `Prestamo`.

16.3.1. Operaciones CRUD en el servidor web

Al igual que en la versión de consola de la aplicación, cada entidad debe ser capaz de soportar **las cuatro operaciones básicas**:

- **Crear**

- **Leer**
- **Actualizar**
- **Eliminar**

Por lo tanto, para cada entidad, el servidor web debe tener un conjunto de **endpoints** correspondientes que manejen estas operaciones a través de solicitudes **HTTP** (como `POST`, `GET`, `PUT`, `DELETE`).

16.3.2. Crecimiento del servidor web

Para atender adecuadamente estas peticiones, el servidor web ha sido modificado para incluir **múltiples rutas de acceso**, cada una de las cuales está vinculada a las operaciones CRUD de cada entidad. Es decir, por cada una de las **cinco entidades**, ahora tenemos los siguientes puntos de escucha:

- **`/api/autor`**: Para operaciones de `Autor`.
  - `POST /api/autor`: Crear un nuevo autor.
  - `GET /api/autor`: Obtener todos los autores.
  - `PUT /api/autor/{id}`: Actualizar un autor.
  - `DELETE /api/autor/{id}`: Eliminar un autor.
- **`/api/libro`**: Para operaciones de `Libro`.
  - `POST /api/libro`: Crear un nuevo libro.
  - `GET /api/libro`: Obtener todos los libros.

  - `PUT /api/libro/{id}`: Actualizar un libro.
  - `DELETE /api/libro/{id}`: Eliminar un libro.
- **`/api/seccion`**: Para operaciones de `Seccion`.
  - `POST /api/seccion`: Crear una nueva sección.
  - `GET /api/seccion`: Obtener todas las secciones.
  - `PUT /api/seccion/{id}`: Actualizar una sección.
  - `DELETE /api/seccion/{id}`: Eliminar una sección.
- **`/api/usuario`**: Para operaciones de `Usuario`.
  - `POST /api/usuario`: Crear un nuevo usuario.
  - `GET /api/usuario`: Obtener todos los usuarios.
  - `PUT /api/usuario/{id}`: Actualizar un usuario.
  - `DELETE /api/usuario/{id}`: Eliminar un usuario.
- **`/api/prestamo`**: Para operaciones de `Prestamo`.
  - `POST /api/prestamo`: Crear un nuevo préstamo.
  - `GET /api/prestamo`: Obtener todos los préstamos.
  - `PUT /api/prestamo/{id}`: Actualizar un préstamo.
  - `DELETE /api/prestamo/{id}`: Eliminar un préstamo.

16.3.3. Estructura del servidor web

Con el crecimiento de estos puntos de escucha, el servidor web ahora es capaz de manejar de manera eficiente todas las solicitudes de la interfaz de usuario (frontend). Cada endpoint está asociado con una operación específica en el backend, permitiendo que las solicitudes se procesen correctamente y los resultados sean enviados al frontend para su visualización.

El servidor ahora actúa como **puente entre la interfaz web** y el **backend en C++**, gestionando las solicitudes de los usuarios de manera asincrónica y proporcionando respuestas adecuadas a cada acción que el usuario realice en la interfaz.

WebServer.cpp

```
#include "WebServer.h"
#include <iostream>
#include <sys/socket.h>
#include <netinet/in.h>
#include <unistd.h>
#include <sstream>
#include <fstream>
#include <sys/stat.h>
#include "Seccion.h"
#include "Autor.h"
#include "Libro.h"
#include "Usuario.h"
#include "Prestamo.h"

WebServer::WebServer(int puerto, Database& db) :
puerto_(puerto), db_(db) {
    configurarRutas();
}

void WebServer::configurarRutas() {
```

```
    rutas_["/secciones"] = [this](const std::string&
metodo, const std::string& solicitud) { return
manejarSecciones(metodo, solicitud); };
    rutas_["/autores"] = [this](const std::string& metodo,
const std::string& solicitud) { return
manejarAutores(metodo, solicitud); };
    rutas_["/libros"] = [this](const std::string& metodo,
const std::string& solicitud) { return
manejarLibros(metodo, solicitud); };
    rutas_["/usuarios"] = [this](const std::string&
metodo, const std::string& solicitud) { return
manejarUsuarios(metodo, solicitud); };
    rutas_["/prestamos"] = [this](const std::string&
metodo, const std::string& solicitud) { return
manejarPrestamos(metodo, solicitud); };
}

void WebServer::iniciar() {
    int serverSocket = socket(AF_INET, SOCK_STREAM, 0);
    if (serverSocket < 0) {
        std::cerr << "Error al crear el socket" <<
std::endl;
        return;
    }

    sockaddr_in serverAddr{};
    serverAddr.sin_family = AF_INET;
    serverAddr.sin_addr.s_addr = INADDR_ANY;
    serverAddr.sin_port = htons(puerto_);

    if (bind(serverSocket, (struct sockaddr*)&serverAddr,
sizeof(serverAddr)) < 0) {
        std::cerr << "Error al enlazar el socket" <<
std::endl;
        close(serverSocket);
```

```
        return;
    }

    if (listen(serverSocket, 5) < 0) {
        std::cerr << "Error al escuchar en el socket" <<
std::endl;
        close(serverSocket);
        return;
    }

    std::cout << "Servidor escuchando en el puerto " <<
puerto_ << std::endl;

    while (true) {
        sockaddr_in clientAddr{};
        socklen_t clientAddrLen = sizeof(clientAddr);
        int clientSocket = accept(serverSocket, (struct
sockaddr*)&clientAddr, &clientAddrLen);
        if (clientSocket < 0) {
            std::cerr << "Error al aceptar la conexión" <<
std::endl;
            continue;
        }

        manejarSolicitud(clientSocket);
        close(clientSocket);
    }
}

void WebServer::manejarSolicitud(int clientSocket) {
    std::string solicitud = leerSolicitud(clientSocket);
    std::string respuesta = enrutarSolicitud(solicitud);
    enviarRespuesta(clientSocket, respuesta);
}
```

```
std::string WebServer::leerSolicitud(int clientSocket) {
    std::string solicitud;
    char buf[1024];
    int n;

    // 1) Leer hasta encontrar el separador de cabeceras y
cuerpo
    while (solicitud.find("\r\n\r\n") ==
std::string::npos) {
        n = read(clientSocket, buf, sizeof(buf));
        if (n <= 0) break;
        solicitud.append(buf, n);
    }

    // 2) Extraer Content-Length (si existe) para saber
cuántos bytes leer
    size_t pos = solicitud.find("Content-Length:");
    int contentLength = 0;
    if (pos != std::string::npos) {
        size_t lineEnd = solicitud.find("\r\n", pos);
        std::string lenStr = solicitud.substr(pos + 15,
lineEnd - (pos + 15));
        contentLength = std::stoi(lenStr);
    }

    // 3) Leer el cuerpo restante basándose en
Content-Length
    size_t headerEnd = solicitud.find("\r\n\r\n") + 4;
    int bodySoFar = solicitud.size() - headerEnd;
    while (bodySoFar < contentLength) {
        n = read(clientSocket, buf, sizeof(buf));
        if (n <= 0) break;
        solicitud.append(buf, n);
        bodySoFar += n;
    }
```

```
    return solicitud;
}

void WebServer::enviarRespuesta(int clientSocket, const
std::string& respuesta) {
    send(clientSocket, respuesta.c_str(),
respuesta.size(), 0);
}

std::string WebServer::enrutarSolicitud(const std::string&
solicitud) {
    if (solicitud.find("GET /secciones") !=
std::string::npos) {
        return rutas_["/secciones"]("GET", solicitud);
    } else if (solicitud.find("POST /secciones") !=
std::string::npos) {
        return rutas_["/secciones"]("POST", solicitud);
    } else if (solicitud.find("PUT /secciones") !=
std::string::npos) {
        return rutas_["/secciones"]("PUT", solicitud);
    } else if (solicitud.find("DELETE /secciones") !=
std::string::npos) {
        return rutas_["/secciones"]("DELETE", solicitud);
    } else if (solicitud.find("GET /autores") !=
std::string::npos) {
        return rutas_["/autores"]("GET", solicitud);
    } else if (solicitud.find("POST /autores") !=
std::string::npos) {
        return rutas_["/autores"]("POST", solicitud);
    } else if (solicitud.find("PUT /autores") !=
std::string::npos) {
        return rutas_["/autores"]("PUT", solicitud);
    } else if (solicitud.find("DELETE /autores") !=
std::string::npos) {
```

```
        return rutas_["/autores"]("DELETE", solicitud);
    } else if (solicitud.find("GET /libros") !=
std::string::npos) {
        return rutas_["/libros"]("GET", solicitud);
    } else if (solicitud.find("POST /libros") !=
std::string::npos) {
        return rutas_["/libros"]("POST", solicitud);
    } else if (solicitud.find("PUT /libros") !=
std::string::npos) {
        return rutas_["/libros"]("PUT", solicitud);
    } else if (solicitud.find("DELETE /libros") !=
std::string::npos) {
        return rutas_["/libros"]("DELETE", solicitud);
    } else if (solicitud.find("GET /usuarios") !=
std::string::npos) {
        return rutas_["/usuarios"]("GET", solicitud);
    } else if (solicitud.find("POST /usuarios") !=
std::string::npos) {
        return rutas_["/usuarios"]("POST", solicitud);
    } else if (solicitud.find("PUT /usuarios") !=
std::string::npos) {
        return rutas_["/usuarios"]("PUT", solicitud);
    } else if (solicitud.find("DELETE /usuarios") !=
std::string::npos) {
        return rutas_["/usuarios"]("DELETE", solicitud);
    } else if (solicitud.find("GET /prestamos") !=
std::string::npos) {
        return rutas_["/prestamos"]("GET", solicitud);
    } else if (solicitud.find("POST /prestamos") !=
std::string::npos) {
        return rutas_["/prestamos"]("POST", solicitud);
    } else if (solicitud.find("PUT /prestamos") !=
std::string::npos) {
        return rutas_["/prestamos"]("PUT", solicitud);
    } else if (solicitud.find("DELETE /prestamos") !=
```

```
std::string::npos) {
        return rutas_["/prestamos"]("DELETE", solicitud);
    } else if (solicitud.find("GET / ") !=
std::string::npos || solicitud.find("GET /index.html") !=
std::string::npos) {
        std::ifstream archivo("static/index.html");
        if (archivo) {
            std::string
contenido((std::istreambuf_iterator<char>(archivo)),
std::istreambuf_iterator<char>());
            return "HTTP/1.1 200 OK\r\nContent-Type:
text/html\r\n\r\n" + contenido;
        } else {
            return "HTTP/1.1 404 Not
Found\r\nContent-Type: text/plain\r\n\r\nArchivo no
encontrado";
        }
    } else if (solicitud.find("GET /estilo.css") !=
std::string::npos) {
        std::ifstream archivo("static/estilo.css");
        if (archivo) {
            std::string
contenido((std::istreambuf_iterator<char>(archivo)),
std::istreambuf_iterator<char>());
            return "HTTP/1.1 200 OK\r\nContent-Type:
text/css\r\n\r\n" + contenido;
        } else {
            return "HTTP/1.1 404 Not
Found\r\nContent-Type: text/plain\r\n\r\nArchivo no
encontrado";
        }
    } else if (solicitud.find("GET /codigo.js") !=
std::string::npos) {
        std::ifstream archivo("static/codigo.js");
        if (archivo) {
```

```
            std::string
contenido((std::istreambuf_iterator<char>(archivo)),
std::istreambuf_iterator<char>());
            return "HTTP/1.1 200 OK\r\nContent-Type:
application/javascript\r\n\r\n" + contenido;
        } else {
            return "HTTP/1.1 404 Not
Found\r\nContent-Type: text/plain\r\n\r\nArchivo no
encontrado";
        }
    } else {
        return "HTTP/1.1 404 Not Found\r\nContent-Type:
text/plain\r\n\r\nNo encontrado";
    }
}

std::string WebServer::manejarSecciones(const std::string&
metodo, const std::string& solicitud) {
    if (metodo == "GET") {
        auto lista = Seccion::listar(db_);
        std::string respuesta = "HTTP/1.1 200
OK\r\nContent-Type: application/json\r\n\r\n[";
        for (const auto& sec : lista) {
            respuesta += "{\"id\":" +
std::to_string(sec.getId()) + ", \"nombre\":\"" +
sec.getNombre() + "\"},";
        }
        if (!lista.empty()) {
            respuesta.pop_back(); // Eliminar la coma
final
        }
        respuesta += "]";
        return respuesta;
    } else if (metodo == "POST") {
        std::string body =
```

```
solicitud.substr(solicitud.find("\r\n\r\n") + 4);
        std::string nombre = extraerValor(body, "nombre");
        if (nombre.empty()) {
            return "HTTP/1.1 400 Bad
Request\r\nContent-Type:
application/json\r\n\r\n{\"mensaje\":\"El nombre de la
sección no puede estar vacío\"}";
        }
        if (Seccion::crear(db_, nombre)) {
            return "HTTP/1.1 200 OK\r\nContent-Type:
application/json\r\n\r\n{\"mensaje\":\"Sección creada\"}";
        } else {
            return "HTTP/1.1 500 Internal Server
Error\r\nContent-Type:
application/json\r\n\r\n{\"mensaje\":\"Error al crear la
sección\"}";
        }
    } else if (metodo == "PUT") {
        std::string body =
solicitud.substr(solicitud.find("\r\n\r\n") + 4);
        std::string idStr = extraerValor(body, "id");
        std::string nombre = extraerValor(body, "nombre");

        if (idStr.empty() || nombre.empty()) {
            return "HTTP/1.1 400 Bad
Request\r\nContent-Type:
application/json\r\n\r\n{\"mensaje\":\"El ID y el nombre
no pueden estar vacíos\"}";
        }

        try {
            int id = std::stoi(idStr);
            if (Seccion::actualizar(db_, id, nombre)) {
                return "HTTP/1.1 200 OK\r\nContent-Type:
application/json\r\n\r\n{\"mensaje\":\"Sección
```

```
actualizada\"}";
            } else {
                return "HTTP/1.1 500 Internal Server
Error\r\nContent-Type:
application/json\r\n\r\n{\"mensaje\":\"Error al actualizar
la sección\"}";
            }
        } catch (const std::invalid_argument& e) {
            return "HTTP/1.1 400 Bad
Request\r\nContent-Type:
application/json\r\n\r\n{\"mensaje\":\"El ID debe ser un
número válido\"}";
        }
    } else if (metodo == "DELETE") {
        std::string body =
solicitud.substr(solicitud.find("\r\n\r\n") + 4);
        std::string idStr = extraerValor(body, "id");

        if (idStr.empty()) {
            return "HTTP/1.1 400 Bad
Request\r\nContent-Type:
application/json\r\n\r\n{\"mensaje\":\"El ID no puede
estar vacío\"}";
        }

        try {
            int id = std::stoi(idStr);
            if (Seccion::eliminar(db_, id)) {
                return "HTTP/1.1 200 OK\r\nContent-Type:
application/json\r\n\r\n{\"mensaje\":\"Sección
eliminada\"}";
            } else {
                return "HTTP/1.1 500 Internal Server
Error\r\nContent-Type:
application/json\r\n\r\n{\"mensaje\":\"Error al eliminar
```

```
la sección\"}";
            }
        } catch (const std::invalid_argument& e) {
            return "HTTP/1.1 400 Bad
Request\r\nContent-Type:
application/json\r\n\r\n{\"mensaje\":\"El ID debe ser un
número válido\"}";
        }
    } else {
        return "HTTP/1.1 405 Method Not
Allowed\r\nContent-Type: text/plain\r\n\r\nMétodo no
permitido";
    }
}

std::string WebServer::manejarAutores(const std::string&
metodo, const std::string& solicitud) {
    if (metodo == "GET") {
        auto lista = Autor::listar(db_);
        std::string respuesta = "HTTP/1.1 200
OK\r\nContent-Type: application/json\r\n\r\n[";
        for (const auto& a : lista) {
            respuesta += "{\"id\":" +
std::to_string(a.getId()) + ", \"nombre\":\"" +
a.getNombreCompleto() + "\"},";
        }
        if (!lista.empty()) {
            respuesta.pop_back(); // Eliminar la coma
final
        }
        respuesta += "]";
        return respuesta;
    } else if (metodo == "POST") {
        std::string body =
solicitud.substr(solicitud.find("\r\n\r\n") + 4);
```

```
        std::string nombre = extraerValor(body, "nombre");
        std::string apellidos = extraerValor(body,
"apellidos");

        if (nombre.empty() || apellidos.empty()) {
            return "HTTP/1.1 400 Bad
Request\r\nContent-Type:
application/json\r\n\r\n{\"mensaje\":\"El nombre y los
apellidos no pueden estar vacíos\"}";
        }

        if (Autor::crear(db_, nombre, apellidos)) {
            return "HTTP/1.1 200 OK\r\nContent-Type:
application/json\r\n\r\n{\"mensaje\":\"Autor creado\"}";
        } else {
            return "HTTP/1.1 500 Internal Server
Error\r\nContent-Type:
application/json\r\n\r\n{\"mensaje\":\"Error al crear el
autor\"}";
        }
    } else if (metodo == "PUT") {
        std::string body =
solicitud.substr(solicitud.find("\r\n\r\n") + 4);
        std::string idStr = extraerValor(body, "id");
        std::string nombre = extraerValor(body, "nombre");
        std::string apellidos = extraerValor(body,
"apellidos");

        if (idStr.empty() || nombre.empty() ||
apellidos.empty()) {
            return "HTTP/1.1 400 Bad
Request\r\nContent-Type:
application/json\r\n\r\n{\"mensaje\":\"El ID, nombre y
apellidos no pueden estar vacíos\"}";
        }
```

```
        try {
            int id = std::stoi(idStr);
            if (Autor::actualizar(db_, id, nombre,
apellidos)) {
                return "HTTP/1.1 200 OK\r\nContent-Type:
application/json\r\n\r\n{\"mensaje\":\"Autor
actualizado\"}";
            } else {
                return "HTTP/1.1 500 Internal Server
Error\r\nContent-Type:
application/json\r\n\r\n{\"mensaje\":\"Error al actualizar
el autor\"}";
            }
        } catch (const std::invalid_argument& e) {
            return "HTTP/1.1 400 Bad
Request\r\nContent-Type:
application/json\r\n\r\n{\"mensaje\":\"El ID debe ser un
número válido\"}";
        }
    } else if (metodo == "DELETE") {
        std::string body =
solicitud.substr(solicitud.find("\r\n\r\n") + 4);
        std::string idStr = extraerValor(body, "id");

        if (idStr.empty()) {
            return "HTTP/1.1 400 Bad
Request\r\nContent-Type:
application/json\r\n\r\n{\"mensaje\":\"El ID no puede
estar vacío\"}";
        }

        try {
            int id = std::stoi(idStr);
            if (Autor::eliminar(db_, id)) {
```

```
                return "HTTP/1.1 200 OK\r\nContent-Type:
application/json\r\n\r\n{\"mensaje\":\"Autor
eliminado\"}";
            } else {
                return "HTTP/1.1 500 Internal Server
Error\r\nContent-Type:
application/json\r\n\r\n{\"mensaje\":\"Error al eliminar
el autor\"}";
            }
        } catch (const std::invalid_argument& e) {
            return "HTTP/1.1 400 Bad
Request\r\nContent-Type:
application/json\r\n\r\n{\"mensaje\":\"El ID debe ser un
número válido\"}";
        }
    } else {
        return "HTTP/1.1 405 Method Not
Allowed\r\nContent-Type: text/plain\r\n\r\nMétodo no
permitido";
    }
}

std::string WebServer::manejarLibros(const std::string&
metodo, const std::string& solicitud) {
    if (metodo == "GET") {
        auto lista = Libro::listar(db_);
        std::string respuesta = "HTTP/1.1 200
OK\r\nContent-Type: application/json\r\n\r\n[";
        for (const auto& l : lista) {
            respuesta += "{\"id\":" +
std::to_string(l.getId()) +
                        ", \"titulo\":\"" + l.getTitulo()
+
                        "\", \"isbn\":\"" + l.getISBN() +
                        "\", \"anio\":" +
```

```
std::to_string(l.getAnioPublicacion()) +
                        ", \"idAutor\":" +
std::to_string(l.getIdAutor()) +
                        ", \"idSeccion\":" +
std::to_string(l.getIdSeccion()) + "},";
        }
        if (!lista.empty()) {
            respuesta.pop_back(); // Eliminar la coma
final
        }
        respuesta += "]";
        return respuesta;
    } else if (metodo == "POST") {
        std::string body =
solicitud.substr(solicitud.find("\r\n\r\n") + 4);
        std::string titulo = extraerValor(body, "titulo");
        std::string isbn = extraerValor(body, "isbn");
        std::string anioStr = extraerValor(body, "anio");
        std::string idAutorStr = extraerValor(body,
"idAutor");
        std::string idSeccionStr = extraerValor(body,
"idSeccion");

        if (titulo.empty() || isbn.empty() ||
anioStr.empty() || idAutorStr.empty() ||
idSeccionStr.empty()) {
            return "HTTP/1.1 400 Bad
Request\r\nContent-Type:
application/json\r\n\r\n{\"mensaje\":\"Todos los campos
son obligatorios\"}";
        }

        try {
            int anio = std::stoi(anioStr);
            int idAutor = std::stoi(idAutorStr);
```

```
            int idSeccion = std::stoi(idSeccionStr);

            if (Libro::crear(db_, titulo, isbn, anio,
idAutor, idSeccion)) {
                return "HTTP/1.1 200 OK\r\nContent-Type:
application/json\r\n\r\n{\"mensaje\":\"Libro creado\"}";
            } else {
                return "HTTP/1.1 500 Internal Server
Error\r\nContent-Type:
application/json\r\n\r\n{\"mensaje\":\"Error al crear el
libro\"}";
            }
        } catch (const std::invalid_argument& e) {
            return "HTTP/1.1 400 Bad
Request\r\nContent-Type:
application/json\r\n\r\n{\"mensaje\":\"Los campos Año, ID
Autor y ID Sección deben ser números\"}";
        }
    } else if (metodo == "PUT") {
        std::string body =
solicitud.substr(solicitud.find("\r\n\r\n") + 4);
        std::string idStr = extraerValor(body, "id");
        std::string titulo = extraerValor(body, "titulo");
        std::string isbn = extraerValor(body, "isbn");
        std::string anioStr = extraerValor(body, "anio");
        std::string idAutorStr = extraerValor(body,
"idAutor");
        std::string idSeccionStr = extraerValor(body,
"idSeccion");

        if (idStr.empty() || titulo.empty() ||
isbn.empty() || anioStr.empty() || idAutorStr.empty() ||
idSeccionStr.empty()) {
            return "HTTP/1.1 400 Bad
Request\r\nContent-Type:
```

```
application/json\r\n\r\n{\"mensaje\":\"Todos los campos
son obligatorios\"}";
        }

        try {
            int id = std::stoi(idStr);
            int anio = std::stoi(anioStr);
            int idAutor = std::stoi(idAutorStr);
            int idSeccion = std::stoi(idSeccionStr);

            if (Libro::actualizar(db_, id, titulo, isbn,
anio, idAutor, idSeccion)) {
                return "HTTP/1.1 200 OK\r\nContent-Type:
application/json\r\n\r\n{\"mensaje\":\"Libro
actualizado\"}";
            } else {
                return "HTTP/1.1 500 Internal Server
Error\r\nContent-Type:
application/json\r\n\r\n{\"mensaje\":\"Error al actualizar
el libro\"}";
            }
        } catch (const std::invalid_argument& e) {
            return "HTTP/1.1 400 Bad
Request\r\nContent-Type:
application/json\r\n\r\n{\"mensaje\":\"Los campos Año, ID
Autor y ID Sección deben ser números\"}";
        }
    } else if (metodo == "DELETE") {
        std::string body =
solicitud.substr(solicitud.find("\r\n\r\n") + 4);
        std::string idStr = extraerValor(body, "id");

        if (idStr.empty()) {
            return "HTTP/1.1 400 Bad
Request\r\nContent-Type:
```

```
application/json\r\n\r\n{\"mensaje\":\"El ID no puede
estar vacío\"}";
        }

        try {
            int id = std::stoi(idStr);
            if (Libro::eliminar(db_, id)) {
                return "HTTP/1.1 200 OK\r\nContent-Type:
application/json\r\n\r\n{\"mensaje\":\"Libro
eliminado\"}";
            } else {
                return "HTTP/1.1 500 Internal Server
Error\r\nContent-Type:
application/json\r\n\r\n{\"mensaje\":\"Error al eliminar
el libro\"}";
            }
        } catch (const std::invalid_argument& e) {
            return "HTTP/1.1 400 Bad
Request\r\nContent-Type:
application/json\r\n\r\n{\"mensaje\":\"El ID debe ser un
número válido\"}";
        }
    } else {
        return "HTTP/1.1 405 Method Not
Allowed\r\nContent-Type: text/plain\r\n\r\nMétodo no
permitido";
    }
}

std::string WebServer::manejarUsuarios(const std::string&
metodo, const std::string& solicitud) {
    if (metodo == "GET") {
        auto lista = Usuario::listar(db_);
        std::string respuesta = "HTTP/1.1 200
OK\r\nContent-Type: application/json\r\n\r\n[";
```

```
        for (const auto& u : lista) {
            respuesta += "{\"id\":" +
std::to_string(u.getId()) +
                        ", \"nombre\":\"" +
u.getNombreCompleto() +
                        "\", \"email\":\"" + u.getEmail()
+
                        "\", \"fechaAlta\":\"" +
u.getFechaAlta() + "\"},";
        }
        if (!lista.empty()) {
            respuesta.pop_back(); // Eliminar la coma
final
        }
        respuesta += "]";
        return respuesta;
    } else if (metodo == "POST") {
        std::string body =
solicitud.substr(solicitud.find("\r\n\r\n") + 4);
        std::string nombre = extraerValor(body, "nombre");
        std::string apellidos = extraerValor(body,
"apellidos");
        std::string email = extraerValor(body, "email");

        if (nombre.empty() || apellidos.empty() ||
email.empty()) {
            return "HTTP/1.1 400 Bad
Request\r\nContent-Type:
application/json\r\n\r\n{\"mensaje\":\"Todos los campos
son obligatorios\"}";
        }

        if (Usuario::crear(db_, nombre, apellidos, email))
{
            return "HTTP/1.1 200 OK\r\nContent-Type:
```

```
application/json\r\n\r\n{\"mensaje\":\"Usuario creado\"}";
        } else {
            return "HTTP/1.1 500 Internal Server
Error\r\nContent-Type:
application/json\r\n\r\n{\"mensaje\":\"Error al crear el
usuario\"}";
        }
    } else if (metodo == "PUT") {
        std::string body =
solicitud.substr(solicitud.find("\r\n\r\n") + 4);
        std::string idStr = extraerValor(body, "id");
        std::string nombre = extraerValor(body, "nombre");
        std::string apellidos = extraerValor(body,
"apellidos");
        std::string email = extraerValor(body, "email");

        if (idStr.empty() || nombre.empty() ||
apellidos.empty() || email.empty()) {
            return "HTTP/1.1 400 Bad
Request\r\nContent-Type:
application/json\r\n\r\n{\"mensaje\":\"Todos los campos
son obligatorios\"}";
        }

        try {
            int id = std::stoi(idStr);
            if (Usuario::actualizar(db_, id, nombre,
apellidos, email)) {
                return "HTTP/1.1 200 OK\r\nContent-Type:
application/json\r\n\r\n{\"mensaje\":\"Usuario
actualizado\"}";
            } else {
                return "HTTP/1.1 500 Internal Server
Error\r\nContent-Type:
application/json\r\n\r\n{\"mensaje\":\"Error al actualizar
```

```
el usuario\"}";
          }
      } catch (const std::invalid_argument& e) {
          return "HTTP/1.1 400 Bad
Request\r\nContent-Type:
application/json\r\n\r\n{\"mensaje\":\"El ID debe ser un
número válido\"}";
      }
  } else if (metodo == "DELETE") {
      std::string body =
solicitud.substr(solicitud.find("\r\n\r\n") + 4);
      std::string idStr = extraerValor(body, "id");

      if (idStr.empty()) {
          return "HTTP/1.1 400 Bad
Request\r\nContent-Type:
application/json\r\n\r\n{\"mensaje\":\"El ID no puede
estar vacío\"}";
      }

      try {
          int id = std::stoi(idStr);
          if (Usuario::eliminar(db_, id)) {
              return "HTTP/1.1 200 OK\r\nContent-Type:
application/json\r\n\r\n{\"mensaje\":\"Usuario
eliminado\"}";
          } else {
              return "HTTP/1.1 500 Internal Server
Error\r\nContent-Type:
application/json\r\n\r\n{\"mensaje\":\"Error al eliminar
el usuario\"}";
          }
      } catch (const std::invalid_argument& e) {
          return "HTTP/1.1 400 Bad
Request\r\nContent-Type:
```

```
application/json\r\n\r\n{\"mensaje\":\"El ID debe ser un
número válido\"}";
        }
    } else {
        return "HTTP/1.1 405 Method Not
Allowed\r\nContent-Type: text/plain\r\n\r\nMétodo no
permitido";
    }
}

std::string WebServer::manejarPrestamos(const std::string&
metodo, const std::string& solicitud) {
    if (metodo == "GET") {
        auto lista = Prestamo::listar(db_);
        std::string respuesta = "HTTP/1.1 200
OK\r\nContent-Type: application/json\r\n\r\n[";
        for (const auto& p : lista) {
            respuesta += "{\"id\":" +
std::to_string(p.getId()) +
                        ", \"idLibro\":" +
std::to_string(p.getIdLibro()) +
                        ", \"idUsuario\":" +
std::to_string(p.getIdUsuario()) +
                        ", \"fechaPrestamo\":\"" +
p.getFechaPrestamo() +
                        "\", \"fechaDevolucion\":\"" +
p.getFechaDevolucion() +
                        "\", \"fechaRealDevolucion\":\"" +
p.getFechaRealDevolucion() + "\"},";
        }
        if (!lista.empty()) {
            respuesta.pop_back(); // Eliminar la coma
final
        }
        respuesta += "]";
```

```
        return respuesta;
    } else if (metodo == "POST") {
        std::string body =
solicitud.substr(solicitud.find("\r\n\r\n") + 4);
        std::string idLibroStr = extraerValor(body,
"idLibro");
        std::string idUsuarioStr = extraerValor(body,
"idUsuario");
        std::string fechaPrestamo = extraerValor(body,
"fechaPrestamo");
        std::string fechaDevolucion = extraerValor(body,
"fechaDevolucion");

        if (idLibroStr.empty() || idUsuarioStr.empty() ||
fechaPrestamo.empty() || fechaDevolucion.empty()) {
            return "HTTP/1.1 400 Bad
Request\r\nContent-Type:
application/json\r\n\r\n{\"mensaje\":\"Todos los campos
son obligatorios\"}";
        }

        try {
            int idLibro = std::stoi(idLibroStr);
            int idUsuario = std::stoi(idUsuarioStr);

            if (Prestamo::crear(db_, idLibro, idUsuario,
fechaPrestamo, fechaDevolucion)) {
                return "HTTP/1.1 200 OK\r\nContent-Type:
application/json\r\n\r\n{\"mensaje\":\"Préstamo
creado\"}";
            } else {
                return "HTTP/1.1 500 Internal Server
Error\r\nContent-Type:
application/json\r\n\r\n{\"mensaje\":\"Error al crear el
préstamo\"}";
```

```
            }
        } catch (const std::invalid_argument& e) {
            return "HTTP/1.1 400 Bad
Request\r\nContent-Type:
application/json\r\n\r\n{\"mensaje\":\"Los campos ID Libro
y ID Usuario deben ser números\"}";
        }
    } else if (metodo == "PUT") {
        std::string body =
solicitud.substr(solicitud.find("\r\n\r\n") + 4);
        std::string idStr = extraerValor(body, "id");
        std::string idLibroStr = extraerValor(body,
"idLibro");
        std::string idUsuarioStr = extraerValor(body,
"idUsuario");
        std::string fechaPrestamo = extraerValor(body,
"fechaPrestamo");
        std::string fechaDevolucion = extraerValor(body,
"fechaDevolucion");
        std::string fechaRealDevolucion =
extraerValor(body, "fechaRealDevolucion");

        if (idStr.empty() || idLibroStr.empty() ||
idUsuarioStr.empty() || fechaPrestamo.empty() ||
fechaDevolucion.empty()) {
            return "HTTP/1.1 400 Bad
Request\r\nContent-Type:
application/json\r\n\r\n{\"mensaje\":\"Todos los campos
son obligatorios\"}";
        }

        try {
            int id = std::stoi(idStr);
            int idLibro = std::stoi(idLibroStr);
            int idUsuario = std::stoi(idUsuarioStr);
```

```
            if (Prestamo::actualizar(db_, id, idLibro,
idUsuario, fechaPrestamo, fechaDevolucion,
fechaRealDevolucion)) {
                return "HTTP/1.1 200 OK\r\nContent-Type:
application/json\r\n\r\n{\"mensaje\":\"Préstamo
actualizado\"}";
            } else {
                return "HTTP/1.1 500 Internal Server
Error\r\nContent-Type:
application/json\r\n\r\n{\"mensaje\":\"Error al actualizar
el préstamo\"}";
            }
        } catch (const std::invalid_argument& e) {
            return "HTTP/1.1 400 Bad
Request\r\nContent-Type:
application/json\r\n\r\n{\"mensaje\":\"Los campos ID, ID
Libro y ID Usuario deben ser números\"}";
        }
    } else if (metodo == "DELETE") {
        std::string body =
solicitud.substr(solicitud.find("\r\n\r\n") + 4);
        std::string idStr = extraerValor(body, "id");

        if (idStr.empty()) {
            return "HTTP/1.1 400 Bad
Request\r\nContent-Type:
application/json\r\n\r\n{\"mensaje\":\"El ID no puede
estar vacío\"}";
        }

        try {
            int id = std::stoi(idStr);
            if (Prestamo::eliminar(db_, id)) {
                return "HTTP/1.1 200 OK\r\nContent-Type:
```

```
application/json\r\n\r\n{\"mensaje\":\"Préstamo
eliminado\"}";
            } else {
                return "HTTP/1.1 500 Internal Server
Error\r\nContent-Type:
application/json\r\n\r\n{\"mensaje\":\"Error al eliminar
el préstamo\"}";
            }
        } catch (const std::invalid_argument& e) {
            return "HTTP/1.1 400 Bad
Request\r\nContent-Type:
application/json\r\n\r\n{\"mensaje\":\"El ID debe ser un
número válido\"}";
        }
    } else {
        return "HTTP/1.1 405 Method Not
Allowed\r\nContent-Type: text/plain\r\n\r\nMétodo no
permitido";
    }
}

std::string WebServer::extraerValor(const std::string&
body,
                                    const std::string&
clave)
{
    // 1) Valores entre comillas  -->  "clave":"valor"
    std::string patronStr = "\"" + clave + "\":\"";
    size_t pos = body.find(patronStr);
    if (pos != std::string::npos) {
        pos += patronStr.length();                    //
justo después de las comillas
        size_t fin = body.find('"', pos);             //
siguiente comilla
        return body.substr(pos, fin - pos);
```

```
    }

    // 2) Valores numéricos        -->  "clave": 123
    patronStr = "\"" + clave + "\":";
    pos = body.find(patronStr);
    if (pos != std::string::npos) {
        pos += patronStr.length();
        while (pos < body.size() &&
std::isspace(body[pos])) ++pos;   // saltar espacios
        size_t fin = pos;
        while (fin < body.size() &&
(std::isdigit(body[fin]) || body[fin] == '-'))
            ++fin;
        return body.substr(pos, fin - pos);
    }

    return "";
}
```

WebServer.h

```
#ifndef WEBSERVER_H
#define WEBSERVER_H

#include <string>
#include <vector>
#include <map>
#include <functional>
#include "database.h"

class WebServer {
public:
    WebServer(int puerto, Database& db);
    void iniciar();
```

```
private:
    int puerto_;
    Database& db_;
    void manejarSolicitud(int clientSocket);
    std::string leerSolicitud(int clientSocket);
    void enviarRespuesta(int clientSocket, const
std::string& respuesta);
    std::string enrutarSolicitud(const std::string&
solicitud);
    std::map<std::string, std::function<std::string(const
std::string&, const std::string&)>> rutas_;

    void configurarRutas();
    std::string manejarSecciones(const std::string&
metodo, const std::string& solicitud);
    std::string manejarAutores(const std::string& metodo,
const std::string& solicitud);
    std::string manejarLibros(const std::string& metodo,
const std::string& solicitud);
    std::string manejarUsuarios(const std::string& metodo,
const std::string& solicitud);
    std::string manejarPrestamos(const std::string&
metodo, const std::string& solicitud);

    // Function to extract values from JSON body
    std::string extraerValor(const std::string& body,
const std::string& clave);
};

#endif // WEBSERVER_H
```

16.4. Archivos de interfaz gráfica

Dentro de la carpeta `static/`, encontramos un archivo **JavaScript** que ha experimentado un crecimiento considerable con respecto a la primera versión que implementamos en el capítulo anterior. Esto se debe a que, ahora que estamos manejando **todas las operaciones CRUD** para cada una de las **cinco entidades** (es decir, `Autor`, `Libro`, `Seccion`, `Usuario` y `Prestamo`), el archivo JavaScript necesita gestionar un total de **20 operaciones diferentes** (4 operaciones por cada una de las 5 entidades).

16.4.1. Crecimiento del archivo JavaScript

En la versión anterior, el archivo JavaScript solo gestionaba una operación básica de lectura de datos. Sin embargo, en esta nueva versión, el archivo ha crecido para incluir funciones específicas que manejan **todas las operaciones CRUD**: **crear**, **leer**, **actualizar** y **eliminar**. Cada operación está vinculada a un endpoint específico del backend, y el archivo JavaScript ahora contiene una función para **cada una** de esas operaciones.

16.4.1.1. Operaciones CRUD por entidad:

- `Autor`: Crear, Leer, Actualizar, Eliminar.
- `Libro`: Crear, Leer, Actualizar, Eliminar.
- `Seccion`: Crear, Leer, Actualizar, Eliminar.
- `Usuario`: Crear, Leer, Actualizar, Eliminar.
- `Prestamo`: Crear, Leer, Actualizar, Eliminar.

Esto da un total de **20 operaciones diferentes**, lo que explica el aumento en la longitud y complejidad del archivo `script.js`.

codigo.js

El archivo ahora contiene funciones específicas para realizar las **peticiones asincrónicas** al backend (servidor en C++). Aquí te mostramos un ejemplo de cómo podrían lucir las funciones para las operaciones CRUD de la clase Autor:

```
function cargarSecciones() {
    fetch('/secciones')
        .then(response => response.json())
        .then(data => {
            let contenido =
'<h2>Secciones</h2><table><tr><th>ID</th><th>Nombre</th><t
h>Acciones</th></tr>';
            data.forEach(seccion => {
                contenido +=
`<tr><td>${seccion.id}</td><td>${seccion.nombre}</td><td>
                    <button
onclick="eliminarSeccion(${seccion.id})">Eliminar</button>
                    <button
onclick="mostrarFormularioActualizarSeccion(${seccion.id},
'${seccion.nombre}')">Actualizar</button>
                </td></tr>`;
            });
            contenido += '</table>';
            contenido += `
                <form onsubmit="crearSeccion(event)">
                    <h3>Crear Sección</h3>
                    <input type="text" id="nombreSeccion"
placeholder="Nombre" required>
                    <button type="submit">Crear</button>
                </form>
                <div
id="formularioActualizarSeccion"></div>
            `;
```

```
            document.getElementById('datos').innerHTML =
contenido;
        });
}

function crearSeccion(event) {
    event.preventDefault();
    const nombre =
document.getElementById('nombreSeccion').value.trim();
    if (!nombre) {
        alert("El nombre de la sección no puede estar
vacío.");
        return;
    }
    console.log("Sending data:", { nombre });
    fetch('/secciones', {
        method: 'POST',
        headers: {
            'Content-Type': 'application/json',
        },
        body: JSON.stringify({ nombre: nombre }),
    })
    .then(response => response.json())
    .then(data => {
        console.log("Server response:", data);
        alert(data.mensaje);
        cargarSecciones();
    })
    .catch(error => {
        console.error("Error:", error);
    });
}

function eliminarSeccion(id) {
    console.log("Attempting to delete section with ID:",
```

```
id);
    fetch('/secciones', {
        method: 'DELETE',
        headers: {
            'Content-Type': 'application/json',
        },
        body: JSON.stringify({ id: id }),
    })
    .then(response => {
        if (!response.ok) {
            throw new Error(`HTTP error! status:
${response.status}`);
        }
        return response.json();
    })
    .then(data => {
        console.log("Server response:", data);
        alert(data.mensaje);
        cargarSecciones();
    })
    .catch(error => {
        console.error("Error:", error);
    });
}

function mostrarFormularioActualizarSeccion(id, nombre) {
    const formulario = `
        <form onsubmit="actualizarSeccion(event, ${id})">
            <h3>Actualizar Sección</h3>
            <input type="text" id="nuevoNombreSeccion"
value="${nombre}" required>
            <button type="submit">Actualizar</button>
        </form>
    `;
```

```
document.getElementById('formularioActualizarSeccion').inn
erHTML = formulario;
}

function actualizarSeccion(event, id) {
    event.preventDefault();
    const nuevoNombre =
document.getElementById('nuevoNombreSeccion').value.trim()
;
    if (!nuevoNombre) {
        alert("El nombre de la sección no puede estar
vacío.");
        return;
    }
    fetch('/secciones', {
        method: 'PUT',
        headers: {
            'Content-Type': 'application/json',
        },
        body: JSON.stringify({ id: id, nombre: nuevoNombre
}),
    })
    .then(response => response.json())
    .then(data => {
        alert(data.mensaje);
        cargarSecciones();
    });
}

function cargarAutores() {
    fetch('/autores')
        .then(response => response.json())
        .then(data => {
            let contenido =
'<h2>Autores</h2><table><tr><th>ID</th><th>Nombre
```

```
Completo</th><th>Acciones</th></tr>';
            data.forEach(autor => {
                contenido +=
`<tr><td>${autor.id}</td><td>${autor.nombre}</td><td>
                    <button
onclick="eliminarAutor(${autor.id})">Eliminar</button>
                    <button
onclick="mostrarFormularioActualizarAutor(${autor.id},
'${autor.nombre}')">Actualizar</button>
                </td></tr>`;
            });
            contenido += '</table>';
            contenido += `
                <form onsubmit="crearAutor(event)">
                    <h3>Crear Autor</h3>
                    <input type="text" id="nombreAutor"
placeholder="Nombre" required>
                    <input type="text" id="apellidosAutor"
placeholder="Apellidos" required>
                    <button type="submit">Crear</button>
                </form>
                <div id="formularioActualizarAutor"></div>
            `;
            document.getElementById('datos').innerHTML =
contenido;
        });
}

function crearAutor(event) {
    event.preventDefault();
    const nombre =
document.getElementById('nombreAutor').value.trim();
    const apellidos =
document.getElementById('apellidosAutor').value.trim();
    if (!nombre || !apellidos) {
```

```
        alert("El nombre y los apellidos no pueden estar
vacíos.");
        return;
    }
    console.log("Sending data:", { nombre, apellidos });
    fetch('/autores', {
        method: 'POST',
        headers: {
            'Content-Type': 'application/json',
        },
        body: JSON.stringify({ nombre: nombre, apellidos:
apellidos }),
    })
    .then(response => response.json())
    .then(data => {
        console.log("Server response:", data);
        alert(data.mensaje);
        cargarAutores();
    })
    .catch(error => {
        console.error("Error:", error);
    });
}

function eliminarAutor(id) {
    console.log("Attempting to delete author with ID:",
id);
    fetch('/autores', {
        method: 'DELETE',
        headers: {
            'Content-Type': 'application/json',
        },
        body: JSON.stringify({ id: id }),
    })
    .then(response => {
```

```
        if (!response.ok) {
            throw new Error(`HTTP error! status:
${response.status}`);
        }
        return response.json();
    })
    .then(data => {
        console.log("Server response:", data);
        alert(data.mensaje);
        cargarAutores();
    })
    .catch(error => {
        console.error("Error:", error);
    });
}

function mostrarFormularioActualizarAutor(id, nombre) {
    const formulario = `
        <form onsubmit="actualizarAutor(event, ${id})">
            <h3>Actualizar Autor</h3>
            <input type="text" id="nuevoNombreAutor"
value="${nombre.split(' ')[0]}" required>
            <input type="text" id="nuevosApellidosAutor"
value="${nombre.split(' ')[1]}" required>
            <button type="submit">Actualizar</button>
        </form>
    `;

document.getElementById('formularioActualizarAutor').inner
HTML = formulario;
}

function actualizarAutor(event, id) {
    event.preventDefault();
    const nuevoNombre =
```

```
document.getElementById('nuevoNombreAutor').value.trim();
    const nuevosApellidos =
document.getElementById('nuevosApellidosAutor').value.trim
();
    if (!nuevoNombre || !nuevosApellidos) {
        alert("El nombre y los apellidos no pueden estar
vacíos.");
        return;
    }
    fetch('/autores', {
        method: 'PUT',
        headers: {
            'Content-Type': 'application/json',
        },
        body: JSON.stringify({ id: id, nombre:
nuevoNombre, apellidos: nuevosApellidos }),
    })
    .then(response => response.json())
    .then(data => {
        alert(data.mensaje);
        cargarAutores();
    });
}

function cargarLibros() {
    fetch('/libros')
        .then(response => response.json())
        .then(data => {
            let contenido =
'<h2>Libros</h2><table><tr><th>ID</th><th>Título</th><th>I
SBN</th><th>Año</th><th>AutorID</th><th>SecciónID</th><th>
Acciones</th></tr>';
            data.forEach(libro => {
                contenido +=
`<tr><td>${libro.id}</td><td>${libro.titulo}</td><td>${lib
```

```
ro.isbn}</td><td>${libro.anio}</td><td>${libro.idAutor}</t
d><td>${libro.idSeccion}</td><td>
                    <button
onclick="eliminarLibro(${libro.id})">Eliminar</button>
                    <button
onclick="mostrarFormularioActualizarLibro(${libro.id},
'${libro.titulo}', '${libro.isbn}', ${libro.anio},
${libro.idAutor}, ${libro.idSeccion})">Actualizar</button>
                </td></tr>`;
            });
            contenido += '</table>';
            contenido += `
                <form onsubmit="crearLibro(event)">
                    <h3>Crear Libro</h3>
                    <input type="text" id="tituloLibro"
placeholder="Título" required>
                    <input type="text" id="isbnLibro"
placeholder="ISBN" required>
                    <input type="number" id="anioLibro"
placeholder="Año" required>
                    <input type="number" id="idAutorLibro"
placeholder="ID Autor" required>
                    <input type="number"
id="idSeccionLibro" placeholder="ID Sección" required>
                    <button type="submit">Crear</button>
                </form>
                <div id="formularioActualizarLibro"></div>
            `;
            document.getElementById('datos').innerHTML =
contenido;
        });
}

function crearLibro(event) {
    event.preventDefault();
```

```
    const titulo =
document.getElementById('tituloLibro').value.trim();
    const isbn =
document.getElementById('isbnLibro').value.trim();
    const anio =
document.getElementById('anioLibro').value.trim();
    const idAutor =
document.getElementById('idAutorLibro').value.trim();
    const idSeccion =
document.getElementById('idSeccionLibro').value.trim();

    if (!titulo || !isbn || !anio || !idAutor ||
!idSeccion) {
        alert("Todos los campos son obligatorios.");
        return;
    }

    if (isNaN(anio) || isNaN(idAutor) || isNaN(idSeccion))
{
        alert("Los campos Año, ID Autor y ID Sección deben
ser números.");
        return;
    }

    fetch('/libros', {
        method: 'POST',
        headers: {
            'Content-Type': 'application/json',
        },
        body: JSON.stringify({ titulo: titulo, isbn: isbn,
anio: anio, idAutor: idAutor, idSeccion: idSeccion }),
    })
    .then(response => response.json())
    .then(data => {
        alert(data.mensaje);
```

```
        cargarLibros();
    });
}

function eliminarLibro(id) {
    console.log("Attempting to delete book with ID:", id);
    fetch('/libros', {
        method: 'DELETE',
        headers: {
            'Content-Type': 'application/json',
        },
        body: JSON.stringify({ id: id }),
    })
    .then(response => {
        if (!response.ok) {
            throw new Error(`HTTP error! status:
${response.status}`);
        }
        return response.json();
    })
    .then(data => {
        console.log("Server response:", data);
        alert(data.mensaje);
        cargarLibros();
    })
    .catch(error => {
        console.error("Error:", error);
    });
}

function mostrarFormularioActualizarLibro(id, titulo,
isbn, anio, idAutor, idSeccion) {
    const formulario = `
        <form onsubmit="actualizarLibro(event, ${id})">
            <h3>Actualizar Libro</h3>
```

```
            <input type="text" id="nuevoTituloLibro"
value="${titulo}" required>
            <input type="text" id="nuevoIsbnLibro"
value="${isbn}" required>
            <input type="number" id="nuevoAnioLibro"
value="${anio}" required>
            <input type="number" id="nuevoIdAutorLibro"
value="${idAutor}" required>
            <input type="number" id="nuevoIdSeccionLibro"
value="${idSeccion}" required>
            <button type="submit">Actualizar</button>
        </form>
    `;

document.getElementById('formularioActualizarLibro').inner
HTML = formulario;
}

function actualizarLibro(event, id) {
    event.preventDefault();
    const nuevoTitulo =
document.getElementById('nuevoTituloLibro').value.trim();
    const nuevoIsbn =
document.getElementById('nuevoIsbnLibro').value.trim();
    const nuevoAnio =
document.getElementById('nuevoAnioLibro').value.trim();
    const nuevoIdAutor =
document.getElementById('nuevoIdAutorLibro').value.trim();
    const nuevoIdSeccion =
document.getElementById('nuevoIdSeccionLibro').value.trim(
);

    if (!nuevoTitulo || !nuevoIsbn || !nuevoAnio ||
!nuevoIdAutor || !nuevoIdSeccion) {
        alert("Todos los campos son obligatorios.");
```

```
        return;
    }

    if (isNaN(nuevoAnio) || isNaN(nuevoIdAutor) ||
isNaN(nuevoIdSeccion)) {
        alert("Los campos Año, ID Autor y ID Sección deben
ser números.");
        return;
    }

    fetch('/libros', {
        method: 'PUT',
        headers: {
            'Content-Type': 'application/json',
        },
        body: JSON.stringify({ id: id, titulo:
nuevoTitulo, isbn: nuevoIsbn, anio: nuevoAnio, idAutor:
nuevoIdAutor, idSeccion: nuevoIdSeccion }),
    })
    .then(response => response.json())
    .then(data => {
        alert(data.mensaje);
        cargarLibros();
    });
}

function cargarUsuarios() {
    fetch('/usuarios')
        .then(response => response.json())
        .then(data => {
            let contenido =
'<h2>Usuarios</h2><table><tr><th>ID</th><th>Nombre
Completo</th><th>Email</th><th>Fecha
Alta</th><th>Acciones</th></tr>';
            data.forEach(usuario => {
```

```
                contenido +=
`<tr><td>${usuario.id}</td><td>${usuario.nombre}</td><td>$
{usuario.email}</td><td>${usuario.fechaAlta}</td><td>
                    <button
onclick="eliminarUsuario(${usuario.id})">Eliminar</button>
                    <button
onclick="mostrarFormularioActualizarUsuario(${usuario.id},
'${usuario.nombre}',
'${usuario.email}')">Actualizar</button>
                </td></tr>`;
            });
            contenido += '</table>';
            contenido += `
                <form onsubmit="crearUsuario(event)">
                    <h3>Crear Usuario</h3>
                    <input type="text" id="nombreUsuario"
placeholder="Nombre" required>
                    <input type="text"
id="apellidosUsuario" placeholder="Apellidos" required>
                    <input type="email" id="emailUsuario"
placeholder="Email" required>
                    <button type="submit">Crear</button>
                </form>
                <div
id="formularioActualizarUsuario"></div>
            `;
            document.getElementById('datos').innerHTML =
contenido;
        });
}

function crearUsuario(event) {
    event.preventDefault();
    const nombre =
document.getElementById('nombreUsuario').value.trim();
```

```
    const apellidos =
document.getElementById('apellidosUsuario').value.trim();
    const email =
document.getElementById('emailUsuario').value.trim();

    if (!nombre || !apellidos || !email) {
        alert("Todos los campos son obligatorios.");
        return;
    }

    fetch('/usuarios', {
        method: 'POST',
        headers: {
            'Content-Type': 'application/json',
        },
        body: JSON.stringify({ nombre: nombre, apellidos:
apellidos, email: email }),
    })
    .then(response => response.json())
    .then(data => {
        alert(data.mensaje);
        cargarUsuarios();
    });
}

function eliminarUsuario(id) {
    console.log("Attempting to delete user with ID:", id);
    fetch('/usuarios', {
        method: 'DELETE',
        headers: {
            'Content-Type': 'application/json',
        },
        body: JSON.stringify({ id: id }),
    })
    .then(response => {
```

```
        if (!response.ok) {
            throw new Error(`HTTP error! status:
${response.status}`);
        }
        return response.json();
    })
    .then(data => {
        console.log("Server response:", data);
        alert(data.mensaje);
        cargarUsuarios();
    })
    .catch(error => {
        console.error("Error:", error);
    });
}

function mostrarFormularioActualizarUsuario(id, nombre,
email) {
    const formulario = `
        <form onsubmit="actualizarUsuario(event, ${id})">
            <h3>Actualizar Usuario</h3>
            <input type="text" id="nuevoNombreUsuario"
value="${nombre.split(' ')[0]}" required>
            <input type="text" id="nuevosApellidosUsuario"
value="${nombre.split(' ')[1]}" required>
            <input type="email" id="nuevoEmailUsuario"
value="${email}" required>
            <button type="submit">Actualizar</button>
        </form>
    `;

document.getElementById('formularioActualizarUsuario').inn
erHTML = formulario;
}
```

```
function actualizarUsuario(event, id) {
    event.preventDefault();
    const nuevoNombre =
document.getElementById('nuevoNombreUsuario').value.trim()
;
    const nuevosApellidos =
document.getElementById('nuevosApellidosUsuario').value.tr
im();
    const nuevoEmail =
document.getElementById('nuevoEmailUsuario').value.trim();

    if (!nuevoNombre || !nuevosApellidos || !nuevoEmail) {
        alert("Todos los campos son obligatorios.");
        return;
    }

    fetch('/usuarios', {
        method: 'PUT',
        headers: {
            'Content-Type': 'application/json',
        },
        body: JSON.stringify({ id: id, nombre:
nuevoNombre, apellidos: nuevosApellidos, email: nuevoEmail
}),
    })
    .then(response => response.json())
    .then(data => {
        alert(data.mensaje);
        cargarUsuarios();
    });
}

function cargarPrestamos() {
    fetch('/prestamos')
        .then(response => response.json())
```

```
        .then(data => {
            let contenido =
'<h2>Préstamos</h2><table><tr><th>ID</th><th>LibroID</th><
th>UsuarioID</th><th>Fecha Préstamo</th><th>Fecha
Devolución</th><th>Fecha Real
Devolución</th><th>Acciones</th></tr>';
            data.forEach(prestamo => {
                contenido +=
`<tr><td>${prestamo.id}</td><td>${prestamo.idLibro}</td><t
d>${prestamo.idUsuario}</td><td>${prestamo.fechaPrestamo}<
/td><td>${prestamo.fechaDevolucion}</td><td>${prestamo.fec
haRealDevolucion}</td><td>
                    <button
onclick="eliminarPrestamo(${prestamo.id})">Eliminar</butto
n>
                    <button
onclick="mostrarFormularioActualizarPrestamo(${prestamo.id
}, ${prestamo.idLibro}, ${prestamo.idUsuario},
'${prestamo.fechaPrestamo}',
'${prestamo.fechaDevolucion}',
'${prestamo.fechaRealDevolucion}')">Actualizar</button>
                </td></tr>`;
            });
            contenido += '</table>';
            contenido += `
                <form onsubmit="crearPrestamo(event)">
                    <h3>Crear Préstamo</h3>
                    <input type="number"
id="idLibroPrestamo" placeholder="ID Libro" required>
                    <input type="number"
id="idUsuarioPrestamo" placeholder="ID Usuario" required>
                    <input type="date" id="fechaPrestamo"
placeholder="Fecha Préstamo" required>
                    <input type="date"
id="fechaDevolucion" placeholder="Fecha Devolución"
```

```
required>
                    <button type="submit">Crear</button>
                </form>
                <div
id="formularioActualizarPrestamo"></div>
            `;
            document.getElementById('datos').innerHTML =
contenido;
        });
}

function crearPrestamo(event) {
    event.preventDefault();
    const idLibro =
document.getElementById('idLibroPrestamo').value.trim();
    const idUsuario =
document.getElementById('idUsuarioPrestamo').value.trim();
    const fechaPrestamo =
document.getElementById('fechaPrestamo').value.trim();
    const fechaDevolucion =
document.getElementById('fechaDevolucion').value.trim();

    if (!idLibro || !idUsuario || !fechaPrestamo ||
!fechaDevolucion) {
        alert("Todos los campos son obligatorios.");
        return;
    }

    if (isNaN(idLibro) || isNaN(idUsuario)) {
        alert("Los campos ID Libro y ID Usuario deben ser
números.");
        return;
    }

    fetch('/prestamos', {
```

```
        method: 'POST',
        headers: {
            'Content-Type': 'application/json',
        },
        body: JSON.stringify({ idLibro: idLibro,
idUsuario: idUsuario, fechaPrestamo: fechaPrestamo,
fechaDevolucion: fechaDevolucion }),
    })
    .then(response => response.json())
    .then(data => {
        alert(data.mensaje);
        cargarPrestamos();
    });
}

function eliminarPrestamo(id) {
    console.log("Attempting to delete loan with ID:", id);
    fetch('/prestamos', {
        method: 'DELETE',
        headers: {
            'Content-Type': 'application/json',
        },
        body: JSON.stringify({ id: id }),
    })
    .then(response => {
        if (!response.ok) {
            throw new Error(`HTTP error! status:
${response.status}`);
        }
        return response.json();
    })
    .then(data => {
        console.log("Server response:", data);
        alert(data.mensaje);
        cargarPrestamos();
```

```
    })
    .catch(error => {
        console.error("Error:", error);
    });
}

function mostrarFormularioActualizarPrestamo(id, idLibro,
idUsuario, fechaPrestamo, fechaDevolucion,
fechaRealDevolucion) {
    const formulario = `
        <form onsubmit="actualizarPrestamo(event, ${id})">
            <h3>Actualizar Préstamo</h3>
            <input type="number" id="nuevoIdLibroPrestamo"
value="${idLibro}" required>
            <input type="number"
id="nuevoIdUsuarioPrestamo" value="${idUsuario}" required>
            <input type="date" id="nuevaFechaPrestamo"
value="${fechaPrestamo}" required>
            <input type="date" id="nuevaFechaDevolucion"
value="${fechaDevolucion}" required>
            <input type="date"
id="nuevaFechaRealDevolucion"
value="${fechaRealDevolucion}">
            <button type="submit">Actualizar</button>
        </form>
    `;

document.getElementById('formularioActualizarPrestamo').in
nerHTML = formulario;
}

function actualizarPrestamo(event, id) {
    event.preventDefault();
    const nuevoIdLibro =
document.getElementById('nuevoIdLibroPrestamo').value.trim
```

```
();
    const nuevoIdUsuario =
document.getElementById('nuevoIdUsuarioPrestamo').value.tr
im();
    const nuevaFechaPrestamo =
document.getElementById('nuevaFechaPrestamo').value.trim()
;
    const nuevaFechaDevolucion =
document.getElementById('nuevaFechaDevolucion').value.trim
();
    const nuevaFechaRealDevolucion =
document.getElementById('nuevaFechaRealDevolucion').value.
trim();

    if (!nuevoIdLibro || !nuevoIdUsuario ||
!nuevaFechaPrestamo || !nuevaFechaDevolucion) {
        alert("Todos los campos son obligatorios.");
        return;
    }

    if (isNaN(nuevoIdLibro) || isNaN(nuevoIdUsuario)) {
        alert("Los campos ID Libro y ID Usuario deben ser
números.");
        return;
    }

    fetch('/prestamos', {
        method: 'PUT',
        headers: {
            'Content-Type': 'application/json',
        },
        body: JSON.stringify({ id: id, idLibro:
nuevoIdLibro, idUsuario: nuevoIdUsuario, fechaPrestamo:
nuevaFechaPrestamo, fechaDevolucion: nuevaFechaDevolucion,
fechaRealDevolucion: nuevaFechaRealDevolucion }),
```

```
    })
    .then(response => response.json())
    .then(data => {
        alert(data.mensaje);
        cargarPrestamos();
    });
}
```

16.4.2. Explicación del código:

- `crearAutor()`: Hace una solicitud `POST` al servidor para crear un nuevo autor. La información del nuevo autor se envía como un objeto JSON. Después de que el autor se haya creado correctamente, la lista de autores se recarga automáticamente.

- `cargarAutores()`: Hace una solicitud `GET` para obtener todos los autores de la base de datos y los muestra en la interfaz de usuario.

- `actualizarAutor()`: Hace una solicitud `PUT` para actualizar los datos de un autor específico, basándose en su ID.

- `eliminarAutor()`: Hace una solicitud `DELETE` para eliminar un autor de la base de datos.

16.4.3. Flujo de interacción:

1. **El usuario interactúa con la interfaz de usuario** (por ejemplo, hace clic en un botón para crear un autor).

2. **JavaScript (controlador)** maneja la acción, haciendo una **solicitud al servidor** para crear, leer, actualizar o eliminar un autor.

3. **El servidor responde**, y **JavaScript actualiza la interfaz de usuario** dinámicamente sin necesidad de recargar la página.

En esta iteración, el **archivo CSS** ha experimentado un **crecimiento significativo** respecto a la versión anterior del proyecto, en la cual el CSS era bastante **mínimo** y estaba orientado a realizar una **demostración de funcionamiento** del sistema.

Ahora, el archivo CSS ha sido ampliado y mejorado, implementando **metodologías modernas** en el desarrollo web, como el uso de **Flexbox**, que facilita la creación de diseños web **dinámicos** y **adaptables**. Este avance ha permitido mejorar la **disposición de los elementos** en la interfaz, logrando una presentación más **atractiva** y **funcional**.

16.4.4. Ventajas de Flexbox y su aplicación en el proyecto:

- **Flexbox** es un sistema de diseño en CSS que permite distribuir el espacio entre los elementos de manera eficiente, incluso cuando su tamaño es desconocido o dinámico. Esto resulta especialmente útil cuando trabajamos con interfaces **responsivas** que deben adaptarse a diferentes tamaños de pantalla (como dispositivos móviles, tabletas y pantallas de escritorio).

- **Diseño más limpio y organizado**: Gracias a Flexbox, hemos podido diseñar la interfaz de usuario de una manera mucho más **intuitiva** y **flexible**, permitiendo que los elementos se alineen y distribuyan de manera más natural.

- **Mejora de la experiencia visual**: El diseño de la interfaz de usuario es ahora mucho más **moderno** y **agradable** a la vista, lo que mejora la interacción del usuario con la aplicación.

estilo.css

A continuación, presentamos un fragmento del código CSS actualizado, donde se implementa **Flexbox** y otras mejoras de diseño:

A continuación, presentamos un fragmento del código CSS actualizado, donde se implementa **Flexbox** y otras mejoras de diseño:

```
/* Variables de tema */
:root {
    --color-primary: #0073aa;
    --color-primary-hover: #006799;
    --color-sidebar-bg: #23282d;
    --color-sidebar-text: #f1f1f1;
    --color-main-bg: #fdfdfd;
    --color-card-bg: #ffffff;
    --color-border: #e1e1e1;
    --color-text: #333333;
    --font-sans: 'Segoe UI', Tahoma, Geneva, Verdana,
sans-serif;
}

/* Reset y box-sizing */
* {
    margin: 0;
    padding: 0;
    box-sizing: border-box;
}

/* Layout principal */
body {
    display: grid;
    grid-template-rows: auto 1fr;
    grid-template-columns: 220px 1fr;
    grid-template-areas:
        "header header"
        "nav    main";
```

```
    height: 100vh;
    font-family: var(--font-sans);
    background-color: var(--color-main-bg);
    color: var(--color-text);
    overflow: hidden;
}

/* Header */
h1 {
    grid-area: header;
    background-color: var(--color-primary);
    color: #fff;
    padding: 18px 24px;
    font-size: 1.6rem;
    text-transform: uppercase;
    letter-spacing: 1px;
    box-shadow: 0 2px 4px rgba(0,0,0,0.1);
    position: sticky;
    top: 0;
    z-index: 10;
}

/* Sidebar navegación */
#contenido {
    grid-area: nav;
    background-color: var(--color-sidebar-bg);
    padding: 24px 12px;
    border-right: 1px solid #1d1f21;
    overflow-y: auto;
}

/* Botones del sidebar */
#contenido button {
    display: flex;
    align-items: center;
```

```
    width: 100%;
    padding: 12px 16px;
    margin-bottom: 8px;
    font-size: 0.95rem;
    color: var(--color-sidebar-text);
    background: transparent;
    border: none;
    border-left: 4px solid transparent;
    transition: background 0.2s, border-left-color 0.2s;
}

#contenido button:hover {
    background: rgba(255,255,255,0.05);
    border-left-color: var(--color-primary);
}

#contenido button:focus {
    outline: none;
    background: rgba(255,255,255,0.1);
    border-left-color: var(--color-primary-hover);
}

/* Área principal */
#datos {
    grid-area: main;
    padding: 24px;
    overflow-y: auto;
}

/* Tarjetas para contenido */
#datos > * {
    background: var(--color-card-bg);
    border: 1px solid var(--color-border);
    border-radius: 6px;
    box-shadow: 0 1px 3px rgba(0,0,0,0.1);
```

```
    padding: 20px;
    margin-bottom: 20px;
}

/* Formularios en tarjetitas */
form {
    display: grid;
    grid-template-columns: 1fr 1fr;
    gap: 12px;
}

form > * {
    margin: 0;
}

form button {
    grid-column: span 2;
    justify-self: start;
}

/* Inputs estilizados */
input {
    padding: 8px 10px;
    border: 1px solid var(--color-border);
    border-radius: 4px;
    font-size: 0.95rem;
    transition: border-color 0.2s;
}

input:focus {
    border-color: var(--color-primary);
    outline: none;
}

/* Botones principales */
```

```
button {
    padding: 10px 16px;
    background-color: var(--color-primary);
    color: #fff;
    border: none;
    border-radius: 4px;
    font-size: 0.95rem;
    cursor: pointer;
    transition: background 0.2s, transform 0.1s;
}

button:hover {
    background-color: var(--color-primary-hover);
}

button:active {
    transform: translateY(1px);
}

/* Tablas dentro de tarjetas */
table {
    width: 100%;
    border-collapse: collapse;
    margin-top: 12px;
}

th, td {
    border: 1px solid var(--color-border);
    padding: 10px;
    text-align: left;
    font-size: 0.9rem;
}

th {
    background-color: #fafafa;
```

```
    text-transform: uppercase;
    font-weight: 600;
}

tr:nth-child(even) {
    background-color: #fcfcfc;
}

/* Scrollbars suaves */
#contenido::-webkit-scrollbar,
#datos::-webkit-scrollbar {
    width: 6px;
}

#contenido::-webkit-scrollbar-thumb,
#datos::-webkit-scrollbar-thumb {
    background-color: rgba(0,0,0,0.2);
    border-radius: 3px;
}

/* Responsive: colapsar sidebar en pantallas pequeñas */
@media (max-width: 768px) {
    body {
        grid-template-columns: 1fr;
        grid-template-areas:
            "header"
            "nav"
            "main";
    }
    #contenido {
        height: auto;
        border-right: none;
        border-bottom: 1px solid var(--color-border);
    }
}
```

16.4.5. Explicación de los cambios:

1. **Flexbox**: El uso de `display: flex` en varios contenedores permite distribuir los elementos de forma **flexible** y **adaptable**. Esto facilita la creación de interfaces que se ajustan automáticamente al tamaño de la pantalla, ofreciendo una mejor experiencia en dispositivos móviles y escritorios.

2. **Estilos mejorados**: Se han mejorado los **botones**, **formularios** e **input fields** para que sean más agradables y funcionales. Además, se han agregado **efectos de hover** para mejorar la interactividad.

3. **Diseño responsivo**: Gracias a **media queries**, el diseño se adapta automáticamente a diferentes tamaños de pantalla. Por ejemplo, en pantallas pequeñas (como dispositivos móviles), los elementos de la interfaz se reorganizan para ocupar el 100% del ancho disponible.

El uso de **CSS** y **Flexbox** en esta iteración ha permitido **mejorar significativamente el diseño** de la interfaz de usuario, haciendo que la aplicación no solo sea funcional, sino también atractiva y fácil de usar. Con estos cambios, la experiencia de usuario se ha vuelto más fluida y agradable, preparando la aplicación para una **interacción más rica y profesional**.

index.html

```
<!DOCTYPE html>
<html lang="es">
<head>
```

```
    <meta charset="UTF-8">
    <meta name="viewport" content="width=device-width,
initial-scale=1.0">
    <title>Biblioteca</title>
    <link rel="stylesheet" href="estilo.css">
</head>
<body>
    <h1>Biblioteca</h1>
    <div id="contenido">
        <button
onclick="cargarSecciones()">Secciones</button>
        <button onclick="cargarAutores()">Autores</button>
        <button onclick="cargarLibros()">Libros</button>
        <button
onclick="cargarUsuarios()">Usuarios</button>
        <button
onclick="cargarPrestamos()">Préstamos</button>
    </div>
    <div id="datos"></div>
    <script src="codigo.js"></script>
</body>
</html>
```

16.5. Resultado de la ejecución

Al llegar a esta fase del proyecto, el sistema ha evolucionado desde una herramienta de consola hasta una **aplicación web empresarial completa y funcional**. La ejecución del servidor y la carga de la interfaz desde el navegador ahora permiten operar con todas las entidades del sistema —usuarios, autores, libros, secciones y préstamos— mediante una interfaz visual cómoda, clara y completamente integrada.

Cuando el usuario accede a la URL del servidor (por ejemplo, `http://localhost:8080`), encontrará una interfaz gráfica moderna que permite:

- **Listar los datos existentes** en tablas bien organizadas, con columnas adaptadas a cada entidad.
- **Crear nuevos elementos** a través de formularios accesibles desde botones tipo "Añadir".
- **Editar registros existentes**, haciendo clic en botones de modificación que rellenan automáticamente los campos.
- **Eliminar elementos** mediante confirmaciones rápidas, con actualización en tiempo real de la vista.
- **Navegar entre las diferentes secciones del sistema** con una experiencia fluida desde el navegador.

Cada una de estas operaciones se traduce en una petición HTTP enviada al microservidor C++, que la procesa, se conecta a la base de datos SQLite y responde de inmediato, devolviendo los datos necesarios para actualizar la vista sin recargar la página (gracias al uso de JavaScript asíncrono).

Este resultado confirma que hemos alcanzado una implementación de arquitectura en **tres capas**:

1. **Capa de presentación (frontend)**: HTML, CSS y JavaScript.
2. **Capa de lógica (backend en C++)**: recibe, procesa y responde a las peticiones.
3. **Capa de datos (SQLite)**: almacena y recupera la información estructurada.

Esta separación modular garantiza que el sistema sea **mantenible, escalable y adaptable**. Además, al haber utilizado tecnologías ampliamente disponibles y multiplataforma, la aplicación puede ser desplegada tanto en entornos locales como en servidores públicos, simplemente ajustando la configuración del microservidor.

En resumen, el sistema ya está listo para un uso real en producción o para ser extendido fácilmente con nuevas entidades, roles de usuario, autenticación o conectividad externa.

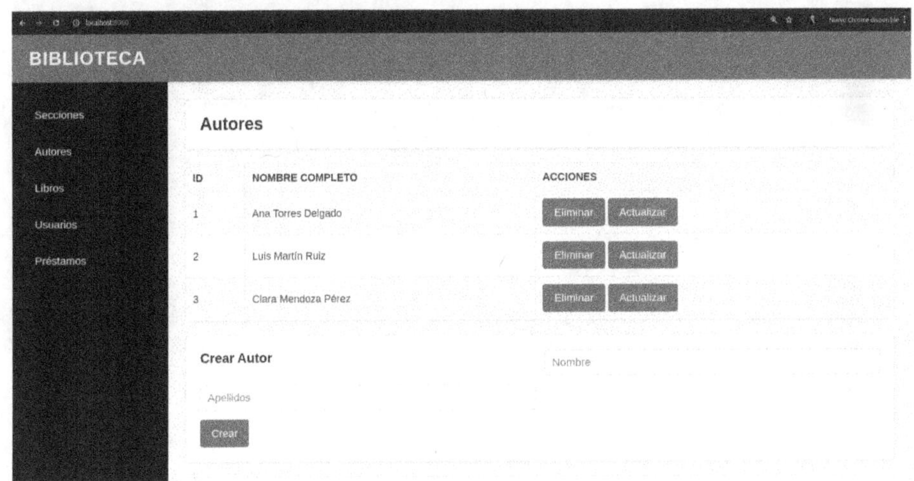

17. Código completo

A lo largo de este libro, hemos ido avanzando en el ejercicio paso a paso, presentando el código en cada capítulo solo para los **archivos modificados** y omitiendo aquellas partes del código que permanecían constantes. Este enfoque ha sido útil para centrarse en los cambios y mejoras que se introdujeron en cada iteración.

Sin embargo, al finalizar el libro, puede surgir la duda de **cómo debe lucir el código completo** del proyecto en su **estado final**, ya que hemos ido trabajando en fragmentos del código en lugar de mostrar todo el conjunto completo en cada paso.

Este capítulo actúa como una **tabla de referencia** o **salvavidas**, proporcionando una visión **completa y consolidada** de cómo debe estar estructurado el código final al concluir el ejercicio. De esta manera, el lector podrá obtener el código completo y funcional tal como debería quedar al final del desarrollo.

17.1. Estructura final del proyecto

La estructura final del proyecto debe ser la siguiente, con todos los archivos necesarios organizados de manera coherente:

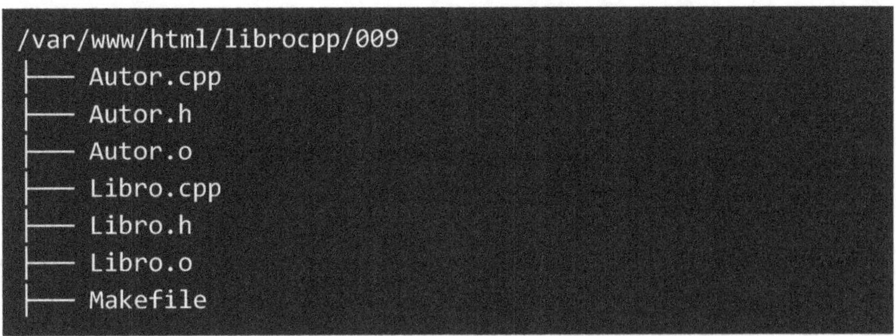

```
/var/www/html/librocpp/009
├── Autor.cpp
├── Autor.h
├── Autor.o
├── Libro.cpp
├── Libro.h
├── Libro.o
├── Makefile
```

```
├── Prestamo.cpp
├── Prestamo.h
├── Prestamo.o
├── Seccion.cpp
├── Seccion.h
├── Seccion.o
├── Usuario.cpp
├── Usuario.h
├── Usuario.o
├── WebServer.cpp
├── WebServer.h
├── WebServer.o
├── biblioteca
├── biblioteca.db
├── biblioteca_servidor
├── database.cpp
├── database.h
├── database.o
├── main.cpp
├── main.o
└── static
    ├── codigo.js
    ├── estilo.css
    └── index.html
```

17.2. Contenido final del código

A continuación, presentamos los **archivos completos** que conforman la base final del proyecto. Estos archivos son los que deberían estar presentes al finalizar el desarrollo, con las modificaciones y ampliaciones realizadas en cada una de las iteraciones previas.

Autor.cpp

```
#include "Autor.h"
#include <sqlite3.h>
#include <iostream>

Autor::Autor(int id, const std::string& nom, const
std::string& ape)
    : id_autor(id), nombre(nom), apellidos(ape) {}

int Autor::getId() const { return id_autor; }
std::string Autor::getNombreCompleto() const { return
nombre + " " + apellidos; }

bool Autor::crear(Database& db, const std::string& nom,
const std::string& ape) {
    const char* sql = "INSERT INTO autor(nombre,
apellidos) VALUES(?,?);";
    sqlite3_stmt* stmt = nullptr;
    if (sqlite3_prepare_v2(db.getDB(), sql, -1, &stmt,
nullptr) != SQLITE_OK) {
        std::cerr << "Error INSERT autor: " <<
sqlite3_errmsg(db.getDB()) << std::endl;
        return false;
    }
    sqlite3_bind_text(stmt, 1, nom.c_str(), -1,
SQLITE_STATIC);
    sqlite3_bind_text(stmt, 2, ape.c_str(), -1,
SQLITE_STATIC);
    bool ok = (sqlite3_step(stmt) == SQLITE_DONE);
    sqlite3_finalize(stmt);
    return ok;
}

std::vector<Autor> Autor::listar(Database& db) {
```

```
    std::vector<Autor> lista;
    const char* sql = "SELECT id_autor, nombre, apellidos 
FROM autor;";
    sqlite3_stmt* stmt = nullptr;
    if (sqlite3_prepare_v2(db.getDB(), sql, -1, &stmt, 
nullptr) != SQLITE_OK) {
        std::cerr << "Error SELECT autor: " << 
sqlite3_errmsg(db.getDB()) << std::endl;
        return lista;
    }
    while (sqlite3_step(stmt) == SQLITE_ROW) {
        int id = sqlite3_column_int(stmt, 0);
        const char* nom = reinterpret_cast<const 
char*>(sqlite3_column_text(stmt, 1));
        const char* ape = reinterpret_cast<const 
char*>(sqlite3_column_text(stmt, 2));
        lista.emplace_back(id, nom, ape);
    }
    sqlite3_finalize(stmt);
    return lista;
}

bool Autor::actualizar(Database& db, int id, const 
std::string& nom, const std::string& ape) {
    const char* sql = "UPDATE autor SET nombre=?, 
apellidos=? WHERE id_autor=?;";
    sqlite3_stmt* stmt = nullptr;
    if (sqlite3_prepare_v2(db.getDB(), sql, -1, &stmt, 
nullptr) != SQLITE_OK) {
        std::cerr << "Error UPDATE autor: " << 
sqlite3_errmsg(db.getDB()) << std::endl;
        return false;
    }
    sqlite3_bind_text(stmt, 1, nom.c_str(), -1, 
SQLITE_STATIC);
```

```
    sqlite3_bind_text(stmt, 2, ape.c_str(), -1,
SQLITE_STATIC);
    sqlite3_bind_int(stmt, 3, id);
    bool ok = (sqlite3_step(stmt) == SQLITE_DONE);
    sqlite3_finalize(stmt);
    return ok;
}

bool Autor::eliminar(Database& db, int id) {
    const char* sql = "DELETE FROM autor WHERE
id_autor=?;";
    sqlite3_stmt* stmt = nullptr;
    if (sqlite3_prepare_v2(db.getDB(), sql, -1, &stmt,
nullptr) != SQLITE_OK) {
        std::cerr << "Error DELETE autor: " <<
sqlite3_errmsg(db.getDB()) << std::endl;
        return false;
    }
    sqlite3_bind_int(stmt, 1, id);
    bool ok = (sqlite3_step(stmt) == SQLITE_DONE);
    sqlite3_finalize(stmt);
    return ok;
}
```

Autor.h

```
#ifndef AUTOR_H
#define AUTOR_H

#include <string>
#include <vector>
#include "database.h"
```

```
class Autor {
private:
    int id_autor;
    std::string nombre;
    std::string apellidos;

public:
    Autor(int id, const std::string& nom, const
std::string& ape);

    int getId() const;
    std::string getNombreCompleto() const;

    // CRUD estático
    static bool crear(Database& db, const std::string&
nom, const std::string& ape);
    static std::vector<Autor> listar(Database& db);
    static bool actualizar(Database& db, int id, const
std::string& nom, const std::string& ape);
    static bool eliminar(Database& db, int id);
};

#endif
```

Libro.cpp

```
#include "Libro.h"
#include <sqlite3.h>
#include <iostream>

Libro::Libro(int id,
             const std::string& titulo,
             const std::string& isbn,
```

```
             int anio,
             int idAutor,
             int idSeccion)
    : id_libro(id),
      titulo(titulo),
      isbn(isbn),
      anio_publicacion(anio),
      id_autor(idAutor),
      id_seccion(idSeccion) {}

int Libro::getId() const { return id_libro; }
std::string Libro::getTitulo() const { return titulo; }
std::string Libro::getISBN() const { return isbn; }
int Libro::getAnioPublicacion() const { return
anio_publicacion; }
int Libro::getIdAutor() const { return id_autor; }
int Libro::getIdSeccion() const { return id_seccion; }

bool Libro::crear(Database& db,
                  const std::string& titulo,
                  const std::string& isbn,
                  int anio,
                  int idAutor,
                  int idSeccion) {
    const char* sql =
      "INSERT INTO libro(titulo, isbn, anio_publicacion,
id_autor, id_seccion) "
      "VALUES(?,?,?,?,?);";
    sqlite3_stmt* stmt = nullptr;
    if (sqlite3_prepare_v2(db.getDB(), sql, -1, &stmt,
nullptr) != SQLITE_OK) {
        std::cerr << "Error INSERT libro: "
                  << sqlite3_errmsg(db.getDB()) <<
std::endl;
        return false;
```

```
    }
    sqlite3_bind_text(stmt, 1, titulo.c_str(), -1,
SQLITE_STATIC);
    sqlite3_bind_text(stmt, 2, isbn.c_str(),   -1,
SQLITE_STATIC);
    sqlite3_bind_int(stmt,  3, anio);
    sqlite3_bind_int(stmt,  4, idAutor);
    sqlite3_bind_int(stmt,  5, idSeccion);

    bool ok = (sqlite3_step(stmt) == SQLITE_DONE);
    if (!ok) {
        std::cerr << "Error ejecutando INSERT libro
(posible clave externa inválida): "
                  << sqlite3_errmsg(db.getDB()) <<
std::endl;
    }
    sqlite3_finalize(stmt);
    return ok;
}

std::vector<Libro> Libro::listar(Database& db) {
    std::vector<Libro> lista;
    const char* sql =
      "SELECT id_libro, titulo, isbn, anio_publicacion,
id_autor, id_seccion "
      "FROM libro;";
    sqlite3_stmt* stmt = nullptr;
    if (sqlite3_prepare_v2(db.getDB(), sql, -1, &stmt,
nullptr) != SQLITE_OK) {
        std::cerr << "Error SELECT libro: "
                  << sqlite3_errmsg(db.getDB()) <<
std::endl;
        return lista;
    }
```

```
    while (sqlite3_step(stmt) == SQLITE_ROW) {
        int id      = sqlite3_column_int(stmt, 0);
        const char* t = reinterpret_cast<const
char*>(sqlite3_column_text(stmt, 1));
        const char* i = reinterpret_cast<const
char*>(sqlite3_column_text(stmt, 2));
        int year    = sqlite3_column_int(stmt, 3);
        int ida     = sqlite3_column_int(stmt, 4);
        int ids     = sqlite3_column_int(stmt, 5);

        lista.emplace_back(id, t, i, year, ida, ids);
    }
    sqlite3_finalize(stmt);
    return lista;
}

bool Libro::actualizar(Database& db,
                       int id,
                       const std::string& titulo,
                       const std::string& isbn,
                       int anio,
                       int idAutor,
                       int idSeccion) {
    const char* sql =
      "UPDATE libro "
      "SET titulo=?, isbn=?, anio_publicacion=?,
id_autor=?, id_seccion=? "
      "WHERE id_libro=?;";
    sqlite3_stmt* stmt = nullptr;
    if (sqlite3_prepare_v2(db.getDB(), sql, -1, &stmt,
nullptr) != SQLITE_OK) {
        std::cerr << "Error UPDATE libro: "
                  << sqlite3_errmsg(db.getDB()) <<
std::endl;
        return false;
```

```
    }
    sqlite3_bind_text(stmt, 1, titulo.c_str(), -1,
SQLITE_STATIC);
    sqlite3_bind_text(stmt, 2, isbn.c_str(),   -1,
SQLITE_STATIC);
    sqlite3_bind_int(stmt,  3, anio);
    sqlite3_bind_int(stmt,  4, idAutor);
    sqlite3_bind_int(stmt,  5, idSeccion);
    sqlite3_bind_int(stmt,  6, id);

    bool ok = (sqlite3_step(stmt) == SQLITE_DONE);
    if (!ok) {
        std::cerr << "Error al actualizar libro (clave
externa o id inválido): "
                  << sqlite3_errmsg(db.getDB()) <<
std::endl;
    }
    sqlite3_finalize(stmt);
    return ok;
}

bool Libro::eliminar(Database& db, int id) {
    const char* sql = "DELETE FROM libro WHERE
id_libro=?;";
    sqlite3_stmt* stmt = nullptr;
    if (sqlite3_prepare_v2(db.getDB(), sql, -1, &stmt,
nullptr) != SQLITE_OK) {
        std::cerr << "Error DELETE libro: "
                  << sqlite3_errmsg(db.getDB()) <<
std::endl;
        return false;
    }
    sqlite3_bind_int(stmt, 1, id);
    bool ok = (sqlite3_step(stmt) == SQLITE_DONE);
    if (!ok) {
```

```
        std::cerr << "Error al eliminar libro (quizá
existan préstamos asociados): "
                  << sqlite3_errmsg(db.getDB()) <<
std::endl;
    }
    sqlite3_finalize(stmt);
    return ok;
}
```

Libro.h

```
#ifndef LIBRO_H
#define LIBRO_H

#include <string>
#include <vector>
#include "database.h"

class Libro {
private:
    int id_libro;
    std::string titulo;
    std::string isbn;
    int anio_publicacion;
    int id_autor;
    int id_seccion;

public:
    Libro(int id,
          const std::string& titulo,
          const std::string& isbn,
          int anio,
          int idAutor,
```

```
        int idSeccion);

    int getId() const;
    std::string getTitulo() const;
    std::string getISBN() const;
    int getAnioPublicacion() const;
    int getIdAutor() const;
    int getIdSeccion() const;

    // CRUD estático
    static bool crear(Database& db,
                      const std::string& titulo,
                      const std::string& isbn,
                      int anio,
                      int idAutor,
                      int idSeccion);

    static std::vector<Libro> listar(Database& db);

    static bool actualizar(Database& db,
                           int id,
                           const std::string& titulo,
                           const std::string& isbn,
                           int anio,
                           int idAutor,
                           int idSeccion);

    static bool eliminar(Database& db, int id);
};

#endif
```

Prestamo.cpp

```
// Prestamo.cpp
#include "Prestamo.h"
#include "database.h"
#include <sqlite3.h>
#include <iostream>

// Constructor
Prestamo::Prestamo(int id,
                   int idLibro,
                   int idUsuario,
                   const std::string& fechaPrestamo,
                   const std::string& fechaDevolucion,
                   const std::string& fechaRealDevolucion)
    : id_prestamo(id),
      id_libro(idLibro),
      id_usuario(idUsuario),
      fecha_prestamo(fechaPrestamo),
      fecha_devolucion(fechaDevolucion),
      fecha_real_devolucion(fechaRealDevolucion) {}

// Getters
int Prestamo::getId() const {
    return id_prestamo;
}

int Prestamo::getIdLibro() const {
    return id_libro;
}

int Prestamo::getIdUsuario() const {
    return id_usuario;
}

std::string Prestamo::getFechaPrestamo() const {
    return fecha_prestamo;
```

```
}

std::string Prestamo::getFechaDevolucion() const {
    return fecha_devolucion;
}

std::string Prestamo::getFechaRealDevolucion() const {
    return fecha_real_devolucion;
}

// Crear
bool Prestamo::crear(Database& db,
                     int idLibro,
                     int idUsuario,
                     const std::string& fechaPrestamo,
                     const std::string& fechaDevolucion) {
    const char* sql =
      "INSERT INTO prestamo(id_libro, id_usuario,
fecha_prestamo, fecha_devolucion) "
      "VALUES(?,?,?,?);";
    sqlite3_stmt* stmt = nullptr;
    if (sqlite3_prepare_v2(db.getDB(), sql, -1, &stmt,
nullptr) != SQLITE_OK) {
        std::cerr << "Error INSERT prestamo: "
                  << sqlite3_errmsg(db.getDB()) <<
std::endl;
        return false;
    }
    sqlite3_bind_int(stmt, 1, idLibro);
    sqlite3_bind_int(stmt, 2, idUsuario);
    sqlite3_bind_text(stmt, 3, fechaPrestamo.c_str(), -1,
SQLITE_STATIC);
    sqlite3_bind_text(stmt, 4, fechaDevolucion.c_str(),
-1, SQLITE_STATIC);
```

```
    bool ok = (sqlite3_step(stmt) == SQLITE_DONE);
    if (!ok)
        std::cerr << "Error ejecutando INSERT prestamo
(clave externa inválida?): "
                  << sqlite3_errmsg(db.getDB()) <<
std::endl;
    sqlite3_finalize(stmt);
    return ok;
}

// Listar
std::vector<Prestamo> Prestamo::listar(Database& db) {
    std::vector<Prestamo> lista;
    const char* sql =
      "SELECT id_prestamo, id_libro, id_usuario, "
      "fecha_prestamo, fecha_devolucion,
fecha_real_devolucion "
      "FROM prestamo;";
    sqlite3_stmt* stmt = nullptr;
    if (sqlite3_prepare_v2(db.getDB(), sql, -1, &stmt,
nullptr) != SQLITE_OK) {
        std::cerr << "Error SELECT prestamo: "
                  << sqlite3_errmsg(db.getDB()) <<
std::endl;
        return lista;
    }
    while (sqlite3_step(stmt) == SQLITE_ROW) {
        int id        = sqlite3_column_int(stmt, 0);
        int idLibro   = sqlite3_column_int(stmt, 1);
        int idUsuario = sqlite3_column_int(stmt, 2);
        const char* fp = reinterpret_cast<const
char*>(sqlite3_column_text(stmt, 3));
        const char* fd = reinterpret_cast<const
char*>(sqlite3_column_text(stmt, 4));
        const char* fr = reinterpret_cast<const
```

```
char*>(sqlite3_column_text(stmt, 5));
        lista.emplace_back(
            id,
            idLibro,
            idUsuario,
            fp ? fp : "",
            fd ? fd : "",
            fr ? fr : ""
        );
    }
    sqlite3_finalize(stmt);
    return lista;
}

// Actualizar
bool Prestamo::actualizar(Database& db,
                          int id,
                          int idLibro,
                          int idUsuario,
                          const std::string&
fechaPrestamo,
                          const std::string&
fechaDevolucion,
                          const std::string&
fechaRealDevolucion) {
    const char* sql =
      "UPDATE prestamo SET "
      "id_libro=?, id_usuario=?, fecha_prestamo=?, "
      "fecha_devolucion=?, fecha_real_devolucion=? "
      "WHERE id_prestamo=?;";
    sqlite3_stmt* stmt = nullptr;
    if (sqlite3_prepare_v2(db.getDB(), sql, -1, &stmt,
nullptr) != SQLITE_OK) {
        std::cerr << "Error UPDATE prestamo: "
                  << sqlite3_errmsg(db.getDB()) <<
```

```
std::endl;
            return false;
        }
        sqlite3_bind_int(stmt, 1, idLibro);
        sqlite3_bind_int(stmt, 2, idUsuario);
        sqlite3_bind_text(stmt, 3, fechaPrestamo.c_str(), -1,
SQLITE_STATIC);
        sqlite3_bind_text(stmt, 4, fechaDevolucion.c_str(),
-1, SQLITE_STATIC);
        sqlite3_bind_text(stmt, 5,
fechaRealDevolucion.c_str(), -1, SQLITE_STATIC);
        sqlite3_bind_int(stmt, 6, id);

        bool ok = (sqlite3_step(stmt) == SQLITE_DONE);
        if (!ok)
            std::cerr << "Error ejecutando UPDATE prestamo: "
                      << sqlite3_errmsg(db.getDB()) <<
std::endl;
        sqlite3_finalize(stmt);
        return ok;
}

// Eliminar
bool Prestamo::eliminar(Database& db, int id) {
        const char* sql = "DELETE FROM prestamo WHERE
id_prestamo=?;";
        sqlite3_stmt* stmt = nullptr;
        if (sqlite3_prepare_v2(db.getDB(), sql, -1, &stmt,
nullptr) != SQLITE_OK) {
            std::cerr << "Error DELETE prestamo: "
                      << sqlite3_errmsg(db.getDB()) <<
std::endl;
            return false;
        }
        sqlite3_bind_int(stmt, 1, id);
```

```
    bool ok = (sqlite3_step(stmt) == SQLITE_DONE);
    if (!ok)
        std::cerr << "Error ejecutando DELETE prestamo: "
                  << sqlite3_errmsg(db.getDB()) <<
std::endl;
    sqlite3_finalize(stmt);
    return ok;
}
```

Prestamo.h

```
// === Prestamo.h ===
#ifndef PRESTAMO_H
#define PRESTAMO_H

#include <string>
#include <vector>
#include "database.h"

class Prestamo {
private:
    int id_prestamo;
    int id_libro;
    int id_usuario;
    std::string fecha_prestamo;
    std::string fecha_devolucion;
    std::string fecha_real_devolucion;

public:
    Prestamo(int id, int idLibro, int idUsuario,
             const std::string& fechaPrestamo,
             const std::string& fechaDevolucion,
             const std::string& fechaRealDevolucion);
```

```
    int getId() const;
    int getIdLibro() const;
    int getIdUsuario() const;
    std::string getFechaPrestamo() const;
    std::string getFechaDevolucion() const;
    std::string getFechaRealDevolucion() const;

    // CRUD estático
    static bool crear(Database& db,
                      int idLibro,
                      int idUsuario,
                      const std::string& fechaPrestamo,
                      const std::string& fechaDevolucion);
    static std::vector<Prestamo> listar(Database& db);
    static bool actualizar(Database& db,
                           int id,
                           int idLibro,
                           int idUsuario,
                           const std::string&
fechaPrestamo,
                           const std::string&
fechaDevolucion,
                           const std::string&
fechaRealDevolucion);
    static bool eliminar(Database& db, int id);
};

#endif
```

Seccion.cpp

```
#include "Seccion.h"
```

```
#include <sqlite3.h>
#include <iostream>

Seccion::Seccion(int id, const std::string& nombre)
    : id_seccion(id), nombre(nombre) {}

int Seccion::getId() const {
    return id_seccion;
}

std::string Seccion::getNombre() const {
    return nombre;
}

bool Seccion::crear(Database& db, const std::string&
nombre) {
    const char* sql = "INSERT INTO seccion(nombre)
VALUES(?);";
    sqlite3_stmt* stmt = nullptr;
    if (sqlite3_prepare_v2(db.getDB(), sql, -1, &stmt,
nullptr) != SQLITE_OK) {
        std::cerr << "Error preparando INSERT: " <<
sqlite3_errmsg(db.getDB()) << std::endl;
        return false;
    }
    sqlite3_bind_text(stmt, 1, nombre.c_str(), -1,
SQLITE_STATIC);
    if (sqlite3_step(stmt) != SQLITE_DONE) {
        std::cerr << "Error ejecutando INSERT: " <<
sqlite3_errmsg(db.getDB()) << std::endl;
        sqlite3_finalize(stmt);
        return false;
    }
    sqlite3_finalize(stmt);
    return true;
```

```
}

std::vector<Seccion> Seccion::listar(Database& db) {
    std::vector<Seccion> lista;
    const char* sql = "SELECT id_seccion, nombre FROM 
seccion;";
    sqlite3_stmt* stmt = nullptr;
    if (sqlite3_prepare_v2(db.getDB(), sql, -1, &stmt, 
nullptr) != SQLITE_OK) {
        std::cerr << "Error preparando SELECT: " << 
sqlite3_errmsg(db.getDB()) << std::endl;
        return lista;
    }
    while (sqlite3_step(stmt) == SQLITE_ROW) {
        int id = sqlite3_column_int(stmt, 0);
        const unsigned char* txt = 
sqlite3_column_text(stmt, 1);
        lista.emplace_back(id, reinterpret_cast<const 
char*>(txt));
    }
    sqlite3_finalize(stmt);
    return lista;
}

bool Seccion::actualizar(Database& db, int id, const 
std::string& nuevoNombre) {
    const char* sql = "UPDATE seccion SET nombre = ? WHERE 
id_seccion = ?;";
    sqlite3_stmt* stmt = nullptr;
    if (sqlite3_prepare_v2(db.getDB(), sql, -1, &stmt, 
nullptr) != SQLITE_OK) {
        std::cerr << "Error preparando UPDATE: " << 
sqlite3_errmsg(db.getDB()) << std::endl;
        return false;
    }
```

```
    sqlite3_bind_text(stmt, 1, nuevoNombre.c_str(), -1,
SQLITE_STATIC);
    sqlite3_bind_int(stmt, 2, id);
    if (sqlite3_step(stmt) != SQLITE_DONE) {
        std::cerr << "Error ejecutando UPDATE: " <<
sqlite3_errmsg(db.getDB()) << std::endl;
        sqlite3_finalize(stmt);
        return false;
    }
    sqlite3_finalize(stmt);
    return true;
}

bool Seccion::eliminar(Database& db, int id) {
    const char* sql = "DELETE FROM seccion WHERE
id_seccion = ?;";
    sqlite3_stmt* stmt = nullptr;
    if (sqlite3_prepare_v2(db.getDB(), sql, -1, &stmt,
nullptr) != SQLITE_OK) {
        std::cerr << "Error preparando DELETE: " <<
sqlite3_errmsg(db.getDB()) << std::endl;
        return false;
    }
    sqlite3_bind_int(stmt, 1, id);
    if (sqlite3_step(stmt) != SQLITE_DONE) {
        std::cerr << "Error ejecutando DELETE: " <<
sqlite3_errmsg(db.getDB()) << std::endl;
        sqlite3_finalize(stmt);
        return false;
    }
    sqlite3_finalize(stmt);
    return true;
}
```

Seccion.h

```
#ifndef SECCION_H
#define SECCION_H

#include <string>
#include <vector>
#include "database.h"

class Seccion {
private:
    int id_seccion;
    std::string nombre;

public:
    Seccion(int id, const std::string& nombre);

    int getId() const;
    std::string getNombre() const;

    // CRUD estático
    static bool crear(Database& db, const std::string&
nombre);
    static std::vector<Seccion> listar(Database& db);
    static bool actualizar(Database& db, int id, const
std::string& nuevoNombre);
    static bool eliminar(Database& db, int id);
};

#endif
```

Usuario.cpp

```
#include "Usuario.h"
#include <sqlite3.h>
#include <iostream>

Usuario::Usuario(int id, const std::string& nom, const
std::string& ape,
                 const std::string& email, const
std::string& fechaAlta)
    : id_usuario(id), nombre(nom), apellidos(ape),
      email(email), fecha_alta(fechaAlta) {}

int Usuario::getId() const { return id_usuario; }
std::string Usuario::getNombreCompleto() const { return
nombre + " " + apellidos; }
std::string Usuario::getEmail() const { return email; }
std::string Usuario::getFechaAlta() const { return
fecha_alta; }

bool Usuario::crear(Database& db, const std::string& nom,
                    const std::string& ape, const
std::string& email) {
    const char* sql =
        "INSERT INTO usuario(nombre, apellidos, email,
fecha_alta) "
        "VALUES(?,?,?, date('now'));";
    sqlite3_stmt* stmt = nullptr;
    if (sqlite3_prepare_v2(db.getDB(), sql, -1, &stmt,
nullptr) != SQLITE_OK) {
        std::cerr << "Error INSERT usuario: "
                  << sqlite3_errmsg(db.getDB()) <<
std::endl;
        return false;
    }
    sqlite3_bind_text(stmt, 1, nom.c_str(), -1,
SQLITE_STATIC);
```

```
    sqlite3_bind_text(stmt, 2, ape.c_str(), -1,
SQLITE_STATIC);
    sqlite3_bind_text(stmt, 3, email.c_str(), -1,
SQLITE_STATIC);
    bool ok = (sqlite3_step(stmt) == SQLITE_DONE);
    sqlite3_finalize(stmt);
    return ok;
}

std::vector<Usuario> Usuario::listar(Database& db) {
    std::vector<Usuario> lista;
    const char* sql =
        "SELECT id_usuario, nombre, apellidos, email,
fecha_alta FROM usuario;";
    sqlite3_stmt* stmt = nullptr;
    if (sqlite3_prepare_v2(db.getDB(), sql, -1, &stmt,
nullptr) != SQLITE_OK) {
        std::cerr << "Error SELECT usuario: "
                  << sqlite3_errmsg(db.getDB()) <<
std::endl;
        return lista;
    }
    while (sqlite3_step(stmt) == SQLITE_ROW) {
        int id = sqlite3_column_int(stmt, 0);
        const char* nom = reinterpret_cast<const
char*>(sqlite3_column_text(stmt, 1));
        const char* ape = reinterpret_cast<const
char*>(sqlite3_column_text(stmt, 2));
        const char* mail = reinterpret_cast<const
char*>(sqlite3_column_text(stmt, 3));
        const char* fecha = reinterpret_cast<const
char*>(sqlite3_column_text(stmt, 4));
        lista.emplace_back(id, nom, ape, mail, fecha);
    }
    sqlite3_finalize(stmt);
```

```
    return lista;
}

bool Usuario::actualizar(Database& db, int id,
                         const std::string& nom,
                         const std::string& ape,
                         const std::string& email) {
    const char* sql =
        "UPDATE usuario SET nombre = ?, apellidos = ?,
email = ? "
        "WHERE id_usuario = ?;";
    sqlite3_stmt* stmt = nullptr;
    if (sqlite3_prepare_v2(db.getDB(), sql, -1, &stmt,
nullptr) != SQLITE_OK) {
        std::cerr << "Error UPDATE usuario: "
                  << sqlite3_errmsg(db.getDB()) <<
std::endl;
        return false;
    }
    sqlite3_bind_text(stmt, 1, nom.c_str(), -1,
SQLITE_STATIC);
    sqlite3_bind_text(stmt, 2, ape.c_str(), -1,
SQLITE_STATIC);
    sqlite3_bind_text(stmt, 3, email.c_str(), -1,
SQLITE_STATIC);
    sqlite3_bind_int(stmt, 4, id);
    bool ok = (sqlite3_step(stmt) == SQLITE_DONE);
    sqlite3_finalize(stmt);
    return ok;
}

bool Usuario::eliminar(Database& db, int id) {
    const char* sql = "DELETE FROM usuario WHERE
id_usuario = ?;";
    sqlite3_stmt* stmt = nullptr;
```

```
    if (sqlite3_prepare_v2(db.getDB(), sql, -1, &stmt,
nullptr) != SQLITE_OK) {
        std::cerr << "Error DELETE usuario: "
                  << sqlite3_errmsg(db.getDB()) <<
std::endl;
        return false;
    }
    sqlite3_bind_int(stmt, 1, id);
    bool ok = (sqlite3_step(stmt) == SQLITE_DONE);
    sqlite3_finalize(stmt);
    return ok;
}
```

Usuario.h

```
#ifndef USUARIO_H
#define USUARIO_H

#include <string>
#include <vector>
#include "database.h"

class Usuario {
private:
    int id_usuario;
    std::string nombre;
    std::string apellidos;
    std::string email;
    std::string fecha_alta;

public:
    Usuario(int id, const std::string& nom, const
std::string& ape,
```

```
            const std::string& email, const std::string&
fechaAlta);

    int getId() const;
    std::string getNombreCompleto() const;
    std::string getEmail() const;
    std::string getFechaAlta() const;

    // CRUD estático
    static bool crear(Database& db, const std::string&
nom,
                      const std::string& ape, const
std::string& email);
    static std::vector<Usuario> listar(Database& db);
    static bool actualizar(Database& db, int id,
                           const std::string& nom,
                           const std::string& ape,
                           const std::string& email);
    static bool eliminar(Database& db, int id);
};

#endif
```

WebServer.cpp

```
#include "WebServer.h"
#include <iostream>
#include <sys/socket.h>
#include <netinet/in.h>
#include <unistd.h>
#include <sstream>
#include <fstream>
#include <sys/stat.h>
```

```
#include "Seccion.h"
#include "Autor.h"
#include "Libro.h"
#include "Usuario.h"
#include "Prestamo.h"

WebServer::WebServer(int puerto, Database& db) :
puerto_(puerto), db_(db) {
    configurarRutas();
}

void WebServer::configurarRutas() {
    rutas_["/secciones"] = [this](const std::string&
metodo, const std::string& solicitud) { return
manejarSecciones(metodo, solicitud); };
    rutas_["/autores"] = [this](const std::string& metodo,
const std::string& solicitud) { return
manejarAutores(metodo, solicitud); };
    rutas_["/libros"] = [this](const std::string& metodo,
const std::string& solicitud) { return
manejarLibros(metodo, solicitud); };
    rutas_["/usuarios"] = [this](const std::string&
metodo, const std::string& solicitud) { return
manejarUsuarios(metodo, solicitud); };
    rutas_["/prestamos"] = [this](const std::string&
metodo, const std::string& solicitud) { return
manejarPrestamos(metodo, solicitud); };
}

void WebServer::iniciar() {
    int serverSocket = socket(AF_INET, SOCK_STREAM, 0);
    if (serverSocket < 0) {
        std::cerr << "Error al crear el socket" <<
std::endl;
        return;
```

```
    }

    sockaddr_in serverAddr{};
    serverAddr.sin_family = AF_INET;
    serverAddr.sin_addr.s_addr = INADDR_ANY;
    serverAddr.sin_port = htons(puerto_);

    if (bind(serverSocket, (struct sockaddr*)&serverAddr,
sizeof(serverAddr)) < 0) {
        std::cerr << "Error al enlazar el socket" <<
std::endl;
        close(serverSocket);
        return;
    }

    if (listen(serverSocket, 5) < 0) {
        std::cerr << "Error al escuchar en el socket" <<
std::endl;
        close(serverSocket);
        return;
    }

    std::cout << "Servidor escuchando en el puerto " <<
puerto_ << std::endl;

    while (true) {
        sockaddr_in clientAddr{};
        socklen_t clientAddrLen = sizeof(clientAddr);
        int clientSocket = accept(serverSocket, (struct
sockaddr*)&clientAddr, &clientAddrLen);
        if (clientSocket < 0) {
            std::cerr << "Error al aceptar la conexión" <<
std::endl;
            continue;
        }
```

```
        manejarSolicitud(clientSocket);
        close(clientSocket);
    }
}

void WebServer::manejarSolicitud(int clientSocket) {
    std::string solicitud = leerSolicitud(clientSocket);
    std::string respuesta = enrutarSolicitud(solicitud);
    enviarRespuesta(clientSocket, respuesta);
}

std::string WebServer::leerSolicitud(int clientSocket) {
    std::string solicitud;
    char buf[1024];
    int n;

    // 1) Leer hasta encontrar el separador de cabeceras y
cuerpo
    while (solicitud.find("\r\n\r\n") ==
std::string::npos) {
        n = read(clientSocket, buf, sizeof(buf));
        if (n <= 0) break;
        solicitud.append(buf, n);
    }

    // 2) Extraer Content-Length (si existe) para saber
cuántos bytes leer
    size_t pos = solicitud.find("Content-Length:");
    int contentLength = 0;
    if (pos != std::string::npos) {
        size_t lineEnd = solicitud.find("\r\n", pos);
        std::string lenStr = solicitud.substr(pos + 15,
lineEnd - (pos + 15));
        contentLength = std::stoi(lenStr);
```

```
    }

    // 3) Leer el cuerpo restante basándose en
Content-Length
    size_t headerEnd = solicitud.find("\r\n\r\n") + 4;
    int bodySoFar = solicitud.size() - headerEnd;
    while (bodySoFar < contentLength) {
        n = read(clientSocket, buf, sizeof(buf));
        if (n <= 0) break;
        solicitud.append(buf, n);
        bodySoFar += n;
    }

    return solicitud;
}

void WebServer::enviarRespuesta(int clientSocket, const
std::string& respuesta) {
    send(clientSocket, respuesta.c_str(),
respuesta.size(), 0);
}

std::string WebServer::enrutarSolicitud(const std::string&
solicitud) {
    if (solicitud.find("GET /secciones") !=
std::string::npos) {
        return rutas_["/secciones"]("GET", solicitud);
    } else if (solicitud.find("POST /secciones") !=
std::string::npos) {
        return rutas_["/secciones"]("POST", solicitud);
    } else if (solicitud.find("PUT /secciones") !=
std::string::npos) {
        return rutas_["/secciones"]("PUT", solicitud);
    } else if (solicitud.find("DELETE /secciones") !=
std::string::npos) {
```

```
        return rutas_["/secciones"]("DELETE", solicitud);
    } else if (solicitud.find("GET /autores") !=
std::string::npos) {
        return rutas_["/autores"]("GET", solicitud);
    } else if (solicitud.find("POST /autores") !=
std::string::npos) {
        return rutas_["/autores"]("POST", solicitud);
    } else if (solicitud.find("PUT /autores") !=
std::string::npos) {
        return rutas_["/autores"]("PUT", solicitud);
    } else if (solicitud.find("DELETE /autores") !=
std::string::npos) {
        return rutas_["/autores"]("DELETE", solicitud);
    } else if (solicitud.find("GET /libros") !=
std::string::npos) {
        return rutas_["/libros"]("GET", solicitud);
    } else if (solicitud.find("POST /libros") !=
std::string::npos) {
        return rutas_["/libros"]("POST", solicitud);
    } else if (solicitud.find("PUT /libros") !=
std::string::npos) {
        return rutas_["/libros"]("PUT", solicitud);
    } else if (solicitud.find("DELETE /libros") !=
std::string::npos) {
        return rutas_["/libros"]("DELETE", solicitud);
    } else if (solicitud.find("GET /usuarios") !=
std::string::npos) {
        return rutas_["/usuarios"]("GET", solicitud);
    } else if (solicitud.find("POST /usuarios") !=
std::string::npos) {
        return rutas_["/usuarios"]("POST", solicitud);
    } else if (solicitud.find("PUT /usuarios") !=
std::string::npos) {
        return rutas_["/usuarios"]("PUT", solicitud);
    } else if (solicitud.find("DELETE /usuarios") !=
```

```
std::string::npos) {
        return rutas_["/usuarios"]("DELETE", solicitud);
    } else if (solicitud.find("GET /prestamos") !=
std::string::npos) {
        return rutas_["/prestamos"]("GET", solicitud);
    } else if (solicitud.find("POST /prestamos") !=
std::string::npos) {
        return rutas_["/prestamos"]("POST", solicitud);
    } else if (solicitud.find("PUT /prestamos") !=
std::string::npos) {
        return rutas_["/prestamos"]("PUT", solicitud);
    } else if (solicitud.find("DELETE /prestamos") !=
std::string::npos) {
        return rutas_["/prestamos"]("DELETE", solicitud);
    } else if (solicitud.find("GET / ") !=
std::string::npos || solicitud.find("GET /index.html") !=
std::string::npos) {
        std::ifstream archivo("static/index.html");
        if (archivo) {
            std::string
contenido((std::istreambuf_iterator<char>(archivo)),
std::istreambuf_iterator<char>());
            return "HTTP/1.1 200 OK\r\nContent-Type:
text/html\r\n\r\n" + contenido;
        } else {
            return "HTTP/1.1 404 Not
Found\r\nContent-Type: text/plain\r\n\r\nArchivo no
encontrado";
        }
    } else if (solicitud.find("GET /estilo.css") !=
std::string::npos) {
        std::ifstream archivo("static/estilo.css");
        if (archivo) {
            std::string
contenido((std::istreambuf_iterator<char>(archivo)),
```

```
std::istreambuf_iterator<char>());
            return "HTTP/1.1 200 OK\r\nContent-Type:
text/css\r\n\r\n" + contenido;
        } else {
            return "HTTP/1.1 404 Not
Found\r\nContent-Type: text/plain\r\n\r\nArchivo no
encontrado";
        }
    } else if (solicitud.find("GET /codigo.js") !=
std::string::npos) {
        std::ifstream archivo("static/codigo.js");
        if (archivo) {
            std::string
contenido((std::istreambuf_iterator<char>(archivo)),
std::istreambuf_iterator<char>());
            return "HTTP/1.1 200 OK\r\nContent-Type:
application/javascript\r\n\r\n" + contenido;
        } else {
            return "HTTP/1.1 404 Not
Found\r\nContent-Type: text/plain\r\n\r\nArchivo no
encontrado";
        }
    } else {
        return "HTTP/1.1 404 Not Found\r\nContent-Type:
text/plain\r\n\r\nNo encontrado";
    }
}

std::string WebServer::manejarSecciones(const std::string&
metodo, const std::string& solicitud) {
    if (metodo == "GET") {
        auto lista = Seccion::listar(db_);
        std::string respuesta = "HTTP/1.1 200
OK\r\nContent-Type: application/json\r\n\r\n[";
        for (const auto& sec : lista) {
```

```
            respuesta += "{\"id\":" +
std::to_string(sec.getId()) + ", \"nombre\":\"" +
sec.getNombre() + "\"},";
        }
        if (!lista.empty()) {
            respuesta.pop_back(); // Eliminar la coma
final
        }
        respuesta += "]";
        return respuesta;
    } else if (metodo == "POST") {
        std::string body =
solicitud.substr(solicitud.find("\r\n\r\n") + 4);
        std::string nombre = extraerValor(body, "nombre");
        if (nombre.empty()) {
            return "HTTP/1.1 400 Bad
Request\r\nContent-Type:
application/json\r\n\r\n{\"mensaje\":\"El nombre de la
sección no puede estar vacío\"}";
        }
        if (Seccion::crear(db_, nombre)) {
            return "HTTP/1.1 200 OK\r\nContent-Type:
application/json\r\n\r\n{\"mensaje\":\"Sección creada\"}";
        } else {
            return "HTTP/1.1 500 Internal Server
Error\r\nContent-Type:
application/json\r\n\r\n{\"mensaje\":\"Error al crear la
sección\"}";
        }
    } else if (metodo == "PUT") {
        std::string body =
solicitud.substr(solicitud.find("\r\n\r\n") + 4);
        std::string idStr = extraerValor(body, "id");
        std::string nombre = extraerValor(body, "nombre");
```

```
        if (idStr.empty() || nombre.empty()) {
            return "HTTP/1.1 400 Bad
Request\r\nContent-Type:
application/json\r\n\r\n{\"mensaje\":\"El ID y el nombre
no pueden estar vacíos\"}";
        }

        try {
            int id = std::stoi(idStr);
            if (Seccion::actualizar(db_, id, nombre)) {
                return "HTTP/1.1 200 OK\r\nContent-Type:
application/json\r\n\r\n{\"mensaje\":\"Sección
actualizada\"}";
            } else {
                return "HTTP/1.1 500 Internal Server
Error\r\nContent-Type:
application/json\r\n\r\n{\"mensaje\":\"Error al actualizar
la sección\"}";
            }
        } catch (const std::invalid_argument& e) {
            return "HTTP/1.1 400 Bad
Request\r\nContent-Type:
application/json\r\n\r\n{\"mensaje\":\"El ID debe ser un
número válido\"}";
        }
    } else if (metodo == "DELETE") {
        std::string body =
solicitud.substr(solicitud.find("\r\n\r\n") + 4);
        std::string idStr = extraerValor(body, "id");

        if (idStr.empty()) {
            return "HTTP/1.1 400 Bad
Request\r\nContent-Type:
application/json\r\n\r\n{\"mensaje\":\"El ID no puede
estar vacío\"}";
```

```
        }

        try {
            int id = std::stoi(idStr);
            if (Seccion::eliminar(db_, id)) {
                return "HTTP/1.1 200 OK\r\nContent-Type:
application/json\r\n\r\n{\"mensaje\":\"Sección
eliminada\"}";
            } else {
                return "HTTP/1.1 500 Internal Server
Error\r\nContent-Type:
application/json\r\n\r\n{\"mensaje\":\"Error al eliminar
la sección\"}";
            }
        } catch (const std::invalid_argument& e) {
            return "HTTP/1.1 400 Bad
Request\r\nContent-Type:
application/json\r\n\r\n{\"mensaje\":\"El ID debe ser un
número válido\"}";
        }
    } else {
        return "HTTP/1.1 405 Method Not
Allowed\r\nContent-Type: text/plain\r\n\r\nMétodo no
permitido";
    }
}

std::string WebServer::manejarAutores(const std::string&
metodo, const std::string& solicitud) {
    if (metodo == "GET") {
        auto lista = Autor::listar(db_);
        std::string respuesta = "HTTP/1.1 200
OK\r\nContent-Type: application/json\r\n\r\n[";
        for (const auto& a : lista) {
            respuesta += "{\"id\":" +
```

```
std::to_string(a.getId()) + ", \"nombre\":\"" +
a.getNombreCompleto() + "\"},";
        }
        if (!lista.empty()) {
            respuesta.pop_back(); // Eliminar la coma
final
        }
        respuesta += "]";
        return respuesta;
    } else if (metodo == "POST") {
        std::string body =
solicitud.substr(solicitud.find("\r\n\r\n") + 4);
        std::string nombre = extraerValor(body, "nombre");
        std::string apellidos = extraerValor(body,
"apellidos");

        if (nombre.empty() || apellidos.empty()) {
            return "HTTP/1.1 400 Bad
Request\r\nContent-Type:
application/json\r\n\r\n{\"mensaje\":\"El nombre y los
apellidos no pueden estar vacíos\"}";
        }

        if (Autor::crear(db_, nombre, apellidos)) {
            return "HTTP/1.1 200 OK\r\nContent-Type:
application/json\r\n\r\n{\"mensaje\":\"Autor creado\"}";
        } else {
            return "HTTP/1.1 500 Internal Server
Error\r\nContent-Type:
application/json\r\n\r\n{\"mensaje\":\"Error al crear el
autor\"}";
        }
    } else if (metodo == "PUT") {
        std::string body =
solicitud.substr(solicitud.find("\r\n\r\n") + 4);
```

```
        std::string idStr = extraerValor(body, "id");
        std::string nombre = extraerValor(body, "nombre");
        std::string apellidos = extraerValor(body,
"apellidos");

        if (idStr.empty() || nombre.empty() ||
apellidos.empty()) {
            return "HTTP/1.1 400 Bad
Request\r\nContent-Type:
application/json\r\n\r\n{\"mensaje\":\"El ID, nombre y
apellidos no pueden estar vacíos\"}";
        }

        try {
            int id = std::stoi(idStr);
            if (Autor::actualizar(db_, id, nombre,
apellidos)) {
                return "HTTP/1.1 200 OK\r\nContent-Type:
application/json\r\n\r\n{\"mensaje\":\"Autor
actualizado\"}";
            } else {
                return "HTTP/1.1 500 Internal Server
Error\r\nContent-Type:
application/json\r\n\r\n{\"mensaje\":\"Error al actualizar
el autor\"}";
            }
        } catch (const std::invalid_argument& e) {
            return "HTTP/1.1 400 Bad
Request\r\nContent-Type:
application/json\r\n\r\n{\"mensaje\":\"El ID debe ser un
número válido\"}";
        }
    } else if (metodo == "DELETE") {
        std::string body =
solicitud.substr(solicitud.find("\r\n\r\n") + 4);
```

```
        std::string idStr = extraerValor(body, "id");

        if (idStr.empty()) {
            return "HTTP/1.1 400 Bad
Request\r\nContent-Type:
application/json\r\n\r\n{\"mensaje\":\"El ID no puede
estar vacío\"}";
        }

        try {
            int id = std::stoi(idStr);
            if (Autor::eliminar(db_, id)) {
                return "HTTP/1.1 200 OK\r\nContent-Type:
application/json\r\n\r\n{\"mensaje\":\"Autor
eliminado\"}";
            } else {
                return "HTTP/1.1 500 Internal Server
Error\r\nContent-Type:
application/json\r\n\r\n{\"mensaje\":\"Error al eliminar
el autor\"}";
            }
        } catch (const std::invalid_argument& e) {
            return "HTTP/1.1 400 Bad
Request\r\nContent-Type:
application/json\r\n\r\n{\"mensaje\":\"El ID debe ser un
número válido\"}";
        }
    } else {
        return "HTTP/1.1 405 Method Not
Allowed\r\nContent-Type: text/plain\r\n\r\nMétodo no
permitido";
    }
}

std::string WebServer::manejarLibros(const std::string&
```

```
metodo, const std::string& solicitud) {
    if (metodo == "GET") {
        auto lista = Libro::listar(db_);
        std::string respuesta = "HTTP/1.1 200
OK\r\nContent-Type: application/json\r\n\r\n[";
        for (const auto& l : lista) {
            respuesta += "{\"id\":" +
std::to_string(l.getId()) +
                        ", \"titulo\":\"" + l.getTitulo()
+
                        "\", \"isbn\":\"" + l.getISBN() +
                        "\", \"anio\":" +
std::to_string(l.getAnioPublicacion()) +
                        ", \"idAutor\":" +
std::to_string(l.getIdAutor()) +
                        ", \"idSeccion\":" +
std::to_string(l.getIdSeccion()) + "},";
        }
        if (!lista.empty()) {
            respuesta.pop_back(); // Eliminar la coma
final
        }
        respuesta += "]";
        return respuesta;
    } else if (metodo == "POST") {
        std::string body =
solicitud.substr(solicitud.find("\r\n\r\n") + 4);
        std::string titulo = extraerValor(body, "titulo");
        std::string isbn = extraerValor(body, "isbn");
        std::string anioStr = extraerValor(body, "anio");
        std::string idAutorStr = extraerValor(body,
"idAutor");
        std::string idSeccionStr = extraerValor(body,
"idSeccion");
```

```
        if (titulo.empty() || isbn.empty() ||
anioStr.empty() || idAutorStr.empty() ||
idSeccionStr.empty()) {
            return "HTTP/1.1 400 Bad
Request\r\nContent-Type:
application/json\r\n\r\n{\"mensaje\":\"Todos los campos
son obligatorios\"}";
        }

        try {
            int anio = std::stoi(anioStr);
            int idAutor = std::stoi(idAutorStr);
            int idSeccion = std::stoi(idSeccionStr);

            if (Libro::crear(db_, titulo, isbn, anio,
idAutor, idSeccion)) {
                return "HTTP/1.1 200 OK\r\nContent-Type:
application/json\r\n\r\n{\"mensaje\":\"Libro creado\"}";
            } else {
                return "HTTP/1.1 500 Internal Server
Error\r\nContent-Type:
application/json\r\n\r\n{\"mensaje\":\"Error al crear el
libro\"}";
            }
        } catch (const std::invalid_argument& e) {
            return "HTTP/1.1 400 Bad
Request\r\nContent-Type:
application/json\r\n\r\n{\"mensaje\":\"Los campos Año, ID
Autor y ID Sección deben ser números\"}";
        }
    } else if (metodo == "PUT") {
        std::string body =
solicitud.substr(solicitud.find("\r\n\r\n") + 4);
        std::string idStr = extraerValor(body, "id");
        std::string titulo = extraerValor(body, "titulo");
```

```
        std::string isbn = extraerValor(body, "isbn");
        std::string anioStr = extraerValor(body, "anio");
        std::string idAutorStr = extraerValor(body,
"idAutor");
        std::string idSeccionStr = extraerValor(body,
"idSeccion");

        if (idStr.empty() || titulo.empty() ||
isbn.empty() || anioStr.empty() || idAutorStr.empty() ||
idSeccionStr.empty()) {
            return "HTTP/1.1 400 Bad
Request\r\nContent-Type:
application/json\r\n\r\n{\"mensaje\":\"Todos los campos
son obligatorios\"}";
        }

        try {
            int id = std::stoi(idStr);
            int anio = std::stoi(anioStr);
            int idAutor = std::stoi(idAutorStr);
            int idSeccion = std::stoi(idSeccionStr);

            if (Libro::actualizar(db_, id, titulo, isbn,
anio, idAutor, idSeccion)) {
                return "HTTP/1.1 200 OK\r\nContent-Type:
application/json\r\n\r\n{\"mensaje\":\"Libro
actualizado\"}";
            } else {
                return "HTTP/1.1 500 Internal Server
Error\r\nContent-Type:
application/json\r\n\r\n{\"mensaje\":\"Error al actualizar
el libro\"}";
            }
        } catch (const std::invalid_argument& e) {
            return "HTTP/1.1 400 Bad
```

```
Request\r\nContent-Type:
application/json\r\n\r\n{\"mensaje\":\"Los campos Año, ID
Autor y ID Sección deben ser números\"}";
        }
    } else if (metodo == "DELETE") {
        std::string body =
solicitud.substr(solicitud.find("\r\n\r\n") + 4);
        std::string idStr = extraerValor(body, "id");

        if (idStr.empty()) {
            return "HTTP/1.1 400 Bad
Request\r\nContent-Type:
application/json\r\n\r\n{\"mensaje\":\"El ID no puede
estar vacío\"}";
        }

        try {
            int id = std::stoi(idStr);
            if (Libro::eliminar(db_, id)) {
                return "HTTP/1.1 200 OK\r\nContent-Type:
application/json\r\n\r\n{\"mensaje\":\"Libro
eliminado\"}";
            } else {
                return "HTTP/1.1 500 Internal Server
Error\r\nContent-Type:
application/json\r\n\r\n{\"mensaje\":\"Error al eliminar
el libro\"}";
            }
        } catch (const std::invalid_argument& e) {
            return "HTTP/1.1 400 Bad
Request\r\nContent-Type:
application/json\r\n\r\n{\"mensaje\":\"El ID debe ser un
número válido\"}";
        }
    } else {
```

```
        return "HTTP/1.1 405 Method Not
Allowed\r\nContent-Type: text/plain\r\n\r\nMétodo no
permitido";
    }
}

std::string WebServer::manejarUsuarios(const std::string&
metodo, const std::string& solicitud) {
    if (metodo == "GET") {
        auto lista = Usuario::listar(db_);
        std::string respuesta = "HTTP/1.1 200
OK\r\nContent-Type: application/json\r\n\r\n[";
        for (const auto& u : lista) {
            respuesta += "{\"id\":" +
std::to_string(u.getId()) +
                        ", \"nombre\":\"" +
u.getNombreCompleto() +
                        "\", \"email\":\"" + u.getEmail()
+
                        "\", \"fechaAlta\":\"" +
u.getFechaAlta() + "\"},";
        }
        if (!lista.empty()) {
            respuesta.pop_back(); // Eliminar la coma
final
        }
        respuesta += "]";
        return respuesta;
    } else if (metodo == "POST") {
        std::string body =
solicitud.substr(solicitud.find("\r\n\r\n") + 4);
        std::string nombre = extraerValor(body, "nombre");
        std::string apellidos = extraerValor(body,
"apellidos");
        std::string email = extraerValor(body, "email");
```

```
        if (nombre.empty() || apellidos.empty() ||
email.empty()) {
            return "HTTP/1.1 400 Bad
Request\r\nContent-Type:
application/json\r\n\r\n{\"mensaje\":\"Todos los campos
son obligatorios\"}";
        }

        if (Usuario::crear(db_, nombre, apellidos, email))
{
            return "HTTP/1.1 200 OK\r\nContent-Type:
application/json\r\n\r\n{\"mensaje\":\"Usuario creado\"}";
        } else {
            return "HTTP/1.1 500 Internal Server
Error\r\nContent-Type:
application/json\r\n\r\n{\"mensaje\":\"Error al crear el
usuario\"}";
        }
    } else if (metodo == "PUT") {
        std::string body =
solicitud.substr(solicitud.find("\r\n\r\n") + 4);
        std::string idStr = extraerValor(body, "id");
        std::string nombre = extraerValor(body, "nombre");
        std::string apellidos = extraerValor(body,
"apellidos");
        std::string email = extraerValor(body, "email");

        if (idStr.empty() || nombre.empty() ||
apellidos.empty() || email.empty()) {
            return "HTTP/1.1 400 Bad
Request\r\nContent-Type:
application/json\r\n\r\n{\"mensaje\":\"Todos los campos
son obligatorios\"}";
        }
```

```
        try {
            int id = std::stoi(idStr);
            if (Usuario::actualizar(db_, id, nombre,
apellidos, email)) {
                return "HTTP/1.1 200 OK\r\nContent-Type:
application/json\r\n\r\n{\"mensaje\":\"Usuario
actualizado\"}";
            } else {
                return "HTTP/1.1 500 Internal Server
Error\r\nContent-Type:
application/json\r\n\r\n{\"mensaje\":\"Error al actualizar
el usuario\"}";
            }
        } catch (const std::invalid_argument& e) {
            return "HTTP/1.1 400 Bad
Request\r\nContent-Type:
application/json\r\n\r\n{\"mensaje\":\"El ID debe ser un
número válido\"}";
        }
    } else if (metodo == "DELETE") {
        std::string body =
solicitud.substr(solicitud.find("\r\n\r\n") + 4);
        std::string idStr = extraerValor(body, "id");

        if (idStr.empty()) {
            return "HTTP/1.1 400 Bad
Request\r\nContent-Type:
application/json\r\n\r\n{\"mensaje\":\"El ID no puede
estar vacío\"}";
        }

        try {
            int id = std::stoi(idStr);
            if (Usuario::eliminar(db_, id)) {
```

```
                return "HTTP/1.1 200 OK\r\nContent-Type:
application/json\r\n\r\n{\"mensaje\":\"Usuario
eliminado\"}";
            } else {
                return "HTTP/1.1 500 Internal Server
Error\r\nContent-Type:
application/json\r\n\r\n{\"mensaje\":\"Error al eliminar
el usuario\"}";
            }
        } catch (const std::invalid_argument& e) {
            return "HTTP/1.1 400 Bad
Request\r\nContent-Type:
application/json\r\n\r\n{\"mensaje\":\"El ID debe ser un
número válido\"}";
        }
    } else {
        return "HTTP/1.1 405 Method Not
Allowed\r\nContent-Type: text/plain\r\n\r\nMétodo no
permitido";
    }
}

std::string WebServer::manejarPrestamos(const std::string&
metodo, const std::string& solicitud) {
    if (metodo == "GET") {
        auto lista = Prestamo::listar(db_);
        std::string respuesta = "HTTP/1.1 200
OK\r\nContent-Type: application/json\r\n\r\n[";
        for (const auto& p : lista) {
            respuesta += "{\"id\":" +
std::to_string(p.getId()) +
                        ", \"idLibro\":" +
std::to_string(p.getIdLibro()) +
                        ", \"idUsuario\":" +
std::to_string(p.getIdUsuario()) +
```

```
                              ", \"fechaPrestamo\":\"" +
p.getFechaPrestamo() +
                              "\", \"fechaDevolucion\":\"" +
p.getFechaDevolucion() +
                              "\", \"fechaRealDevolucion\":\"" +
p.getFechaRealDevolucion() + "\"},";
        }
        if (!lista.empty()) {
            respuesta.pop_back(); // Eliminar la coma
final
        }
        respuesta += "]";
        return respuesta;
    } else if (metodo == "POST") {
        std::string body =
solicitud.substr(solicitud.find("\r\n\r\n") + 4);
        std::string idLibroStr = extraerValor(body,
"idLibro");
        std::string idUsuarioStr = extraerValor(body,
"idUsuario");
        std::string fechaPrestamo = extraerValor(body,
"fechaPrestamo");
        std::string fechaDevolucion = extraerValor(body,
"fechaDevolucion");

        if (idLibroStr.empty() || idUsuarioStr.empty() ||
fechaPrestamo.empty() || fechaDevolucion.empty()) {
            return "HTTP/1.1 400 Bad
Request\r\nContent-Type:
application/json\r\n\r\n{\"mensaje\":\"Todos los campos
son obligatorios\"}";
        }

        try {
            int idLibro = std::stoi(idLibroStr);
```

```
            int idUsuario = std::stoi(idUsuarioStr);

            if (Prestamo::crear(db_, idLibro, idUsuario,
fechaPrestamo, fechaDevolucion)) {
                return "HTTP/1.1 200 OK\r\nContent-Type:
application/json\r\n\r\n{\"mensaje\":\"Préstamo
creado\"}";
            } else {
                return "HTTP/1.1 500 Internal Server
Error\r\nContent-Type:
application/json\r\n\r\n{\"mensaje\":\"Error al crear el
préstamo\"}";
            }
        } catch (const std::invalid_argument& e) {
            return "HTTP/1.1 400 Bad
Request\r\nContent-Type:
application/json\r\n\r\n{\"mensaje\":\"Los campos ID Libro
y ID Usuario deben ser números\"}";
        }
    } else if (metodo == "PUT") {
        std::string body =
solicitud.substr(solicitud.find("\r\n\r\n") + 4);
        std::string idStr = extraerValor(body, "id");
        std::string idLibroStr = extraerValor(body,
"idLibro");
        std::string idUsuarioStr = extraerValor(body,
"idUsuario");
        std::string fechaPrestamo = extraerValor(body,
"fechaPrestamo");
        std::string fechaDevolucion = extraerValor(body,
"fechaDevolucion");
        std::string fechaRealDevolucion =
extraerValor(body, "fechaRealDevolucion");

        if (idStr.empty() || idLibroStr.empty() ||
```

```
idUsuarioStr.empty() || fechaPrestamo.empty() ||
fechaDevolucion.empty()) {
            return "HTTP/1.1 400 Bad
Request\r\nContent-Type:
application/json\r\n\r\n{\"mensaje\":\"Todos los campos
son obligatorios\"}";
        }

        try {
            int id = std::stoi(idStr);
            int idLibro = std::stoi(idLibroStr);
            int idUsuario = std::stoi(idUsuarioStr);

            if (Prestamo::actualizar(db_, id, idLibro,
idUsuario, fechaPrestamo, fechaDevolucion,
fechaRealDevolucion)) {
                return "HTTP/1.1 200 OK\r\nContent-Type:
application/json\r\n\r\n{\"mensaje\":\"Préstamo
actualizado\"}";
            } else {
                return "HTTP/1.1 500 Internal Server
Error\r\nContent-Type:
application/json\r\n\r\n{\"mensaje\":\"Error al actualizar
el préstamo\"}";
            }
        } catch (const std::invalid_argument& e) {
            return "HTTP/1.1 400 Bad
Request\r\nContent-Type:
application/json\r\n\r\n{\"mensaje\":\"Los campos ID, ID
Libro y ID Usuario deben ser números\"}";
        }
    } else if (metodo == "DELETE") {
        std::string body =
solicitud.substr(solicitud.find("\r\n\r\n") + 4);
        std::string idStr = extraerValor(body, "id");
```

```
        if (idStr.empty()) {
            return "HTTP/1.1 400 Bad
Request\r\nContent-Type:
application/json\r\n\r\n{\"mensaje\":\"El ID no puede
estar vacío\"}";
        }

        try {
            int id = std::stoi(idStr);
            if (Prestamo::eliminar(db_, id)) {
                return "HTTP/1.1 200 OK\r\nContent-Type:
application/json\r\n\r\n{\"mensaje\":\"Préstamo
eliminado\"}";
            } else {
                return "HTTP/1.1 500 Internal Server
Error\r\nContent-Type:
application/json\r\n\r\n{\"mensaje\":\"Error al eliminar
el préstamo\"}";
            }
        } catch (const std::invalid_argument& e) {
            return "HTTP/1.1 400 Bad
Request\r\nContent-Type:
application/json\r\n\r\n{\"mensaje\":\"El ID debe ser un
número válido\"}";
        }
    } else {
        return "HTTP/1.1 405 Method Not
Allowed\r\nContent-Type: text/plain\r\n\r\nMétodo no
permitido";
    }
}

std::string WebServer::extraerValor(const std::string&
body,
```

```
                                    const std::string&
clave)
{
    // 1) Valores entre comillas  -->  "clave":"valor"
    std::string patronStr = "\"" + clave + "\":\"";
    size_t pos = body.find(patronStr);
    if (pos != std::string::npos) {
        pos += patronStr.length();                    //
justo después de las comillas
        size_t fin = body.find('"', pos);             //
siguiente comilla
        return body.substr(pos, fin - pos);
    }

    // 2) Valores numéricos       -->  "clave": 123
    patronStr = "\"" + clave + "\":";
    pos = body.find(patronStr);
    if (pos != std::string::npos) {
        pos += patronStr.length();
        while (pos < body.size() &&
std::isspace(body[pos])) ++pos;   // saltar espacios
        size_t fin = pos;
        while (fin < body.size() &&
(std::isdigit(body[fin]) || body[fin] == '-'))
            ++fin;
        return body.substr(pos, fin - pos);
    }

    return "";
}
```

WebServer.h

```
#ifndef WEBSERVER_H
#define WEBSERVER_H

#include <string>
#include <vector>
#include <map>
#include <functional>
#include "database.h"

class WebServer {
public:
    WebServer(int puerto, Database& db);
    void iniciar();

private:
    int puerto_;
    Database& db_;
    void manejarSolicitud(int clientSocket);
    std::string leerSolicitud(int clientSocket);
    void enviarRespuesta(int clientSocket, const
std::string& respuesta);
    std::string enrutarSolicitud(const std::string&
solicitud);
    std::map<std::string, std::function<std::string(const
std::string&, const std::string&)>> rutas_;

    void configurarRutas();
    std::string manejarSecciones(const std::string&
metodo, const std::string& solicitud);
    std::string manejarAutores(const std::string& metodo,
const std::string& solicitud);
    std::string manejarLibros(const std::string& metodo,
const std::string& solicitud);
    std::string manejarUsuarios(const std::string& metodo,
const std::string& solicitud);
```

```
    std::string manejarPrestamos(const std::string&
metodo, const std::string& solicitud);

    // Function to extract values from JSON body
    std::string extraerValor(const std::string& body,
const std::string& clave);
};

#endif // WEBSERVER_H
```

database.cpp

```
#include "database.h"
#include <iostream>

Database::Database(const std::string& filename) {
    if (sqlite3_open(filename.c_str(), &db)) {
        std::cerr << "No se puede abrir la base de datos:
"
                  << sqlite3_errmsg(db) << std::endl;
        db = nullptr;
    } else {
        // Habilitar comprobación de claves externas
        char* errMsg = nullptr;
        if (sqlite3_exec(db, "PRAGMA foreign_keys = ON;",
nullptr, nullptr, &errMsg) != SQLITE_OK) {
            std::cerr << "Error al habilitar foreign_keys:
"
                      << errMsg << std::endl;
            sqlite3_free(errMsg);
        }
    }
}
```

```
Database::~Database() {
    if (db) sqlite3_close(db);
}

sqlite3* Database::getDB() {
    return db;
}
```

database.h

```
#ifndef DATABASE_H
#define DATABASE_H

#include <sqlite3.h>
#include <string>

class Database {
private:
    sqlite3* db;
public:
    Database(const std::string& filename);
    ~Database();
    sqlite3* getDB();
};

#endif
```

main.cpp

```
#include <iostream>
```

```
#include "database.h"
#include "WebServer.h"

int main() {
    Database db("biblioteca.db");
    WebServer servidor(8080, db);
    servidor.iniciar();
    return 0;
}
```

codigo.js

```
function cargarSecciones() {
    fetch('/secciones')
        .then(response => response.json())
        .then(data => {
            let contenido =
'<h2>Secciones</h2><table><tr><th>ID</th><th>Nombre</th><t
h>Acciones</th></tr>';
            data.forEach(seccion => {
                contenido +=
`<tr><td>${seccion.id}</td><td>${seccion.nombre}</td><td>
                    <button
onclick="eliminarSeccion(${seccion.id})">Eliminar</button>
                    <button
onclick="mostrarFormularioActualizarSeccion(${seccion.id},
'${seccion.nombre}')">Actualizar</button>
                </td></tr>`;
            });
            contenido += '</table>';
            contenido += `
```

```
                <form onsubmit="crearSeccion(event)">
                    <h3>Crear Sección</h3>
                    <input type="text" id="nombreSeccion"
placeholder="Nombre" required>
                    <button type="submit">Crear</button>
                </form>
                <div
id="formularioActualizarSeccion"></div>
            `;
            document.getElementById('datos').innerHTML =
contenido;
        });
}

function crearSeccion(event) {
    event.preventDefault();
    const nombre =
document.getElementById('nombreSeccion').value.trim();
    if (!nombre) {
        alert("El nombre de la sección no puede estar
vacío.");
        return;
    }
    console.log("Sending data:", { nombre });
    fetch('/secciones', {
        method: 'POST',
        headers: {
            'Content-Type': 'application/json',
        },
        body: JSON.stringify({ nombre: nombre }),
    })
    .then(response => response.json())
    .then(data => {
        console.log("Server response:", data);
        alert(data.mensaje);
```

```
        cargarSecciones();
    })
    .catch(error => {
        console.error("Error:", error);
    });
}

function eliminarSeccion(id) {
    console.log("Attempting to delete section with ID:",
id);
    fetch('/secciones', {
        method: 'DELETE',
        headers: {
            'Content-Type': 'application/json',
        },
        body: JSON.stringify({ id: id }),
    })
    .then(response => {
        if (!response.ok) {
            throw new Error(`HTTP error! status:
${response.status}`);
        }
        return response.json();
    })
    .then(data => {
        console.log("Server response:", data);
        alert(data.mensaje);
        cargarSecciones();
    })
    .catch(error => {
        console.error("Error:", error);
    });
}

function mostrarFormularioActualizarSeccion(id, nombre) {
```

```
    const formulario = `
        <form onsubmit="actualizarSeccion(event, ${id})">
            <h3>Actualizar Sección</h3>
            <input type="text" id="nuevoNombreSeccion"
value="${nombre}" required>
            <button type="submit">Actualizar</button>
        </form>
    `;

document.getElementById('formularioActualizarSeccion').inn
erHTML = formulario;
}

function actualizarSeccion(event, id) {
    event.preventDefault();
    const nuevoNombre =
document.getElementById('nuevoNombreSeccion').value.trim()
;
    if (!nuevoNombre) {
        alert("El nombre de la sección no puede estar
vacío.");
        return;
    }
    fetch('/secciones', {
        method: 'PUT',
        headers: {
            'Content-Type': 'application/json',
        },
        body: JSON.stringify({ id: id, nombre: nuevoNombre
}),
    })
    .then(response => response.json())
    .then(data => {
        alert(data.mensaje);
        cargarSecciones();
```

```
    });
}

function cargarAutores() {
    fetch('/autores')
        .then(response => response.json())
        .then(data => {
            let contenido =
'<h2>Autores</h2><table><tr><th>ID</th><th>Nombre
Completo</th><th>Acciones</th></tr>';
            data.forEach(autor => {
                contenido +=
`<tr><td>${autor.id}</td><td>${autor.nombre}</td><td>
                    <button
onclick="eliminarAutor(${autor.id})">Eliminar</button>
                    <button
onclick="mostrarFormularioActualizarAutor(${autor.id},
'${autor.nombre}')">Actualizar</button>
                </td></tr>`;
            });
            contenido += '</table>';
            contenido += `
                <form onsubmit="crearAutor(event)">
                    <h3>Crear Autor</h3>
                    <input type="text" id="nombreAutor"
placeholder="Nombre" required>
                    <input type="text" id="apellidosAutor"
placeholder="Apellidos" required>
                    <button type="submit">Crear</button>
                </form>
                <div id="formularioActualizarAutor"></div>
            `;
            document.getElementById('datos').innerHTML =
contenido;
        });
```

```
}

function crearAutor(event) {
    event.preventDefault();
    const nombre =
document.getElementById('nombreAutor').value.trim();
    const apellidos =
document.getElementById('apellidosAutor').value.trim();
    if (!nombre || !apellidos) {
        alert("El nombre y los apellidos no pueden estar
vacíos.");
        return;
    }
    console.log("Sending data:", { nombre, apellidos });
    fetch('/autores', {
        method: 'POST',
        headers: {
            'Content-Type': 'application/json',
        },
        body: JSON.stringify({ nombre: nombre, apellidos:
apellidos }),
    })
    .then(response => response.json())
    .then(data => {
        console.log("Server response:", data);
        alert(data.mensaje);
        cargarAutores();
    })
    .catch(error => {
        console.error("Error:", error);
    });
}

function eliminarAutor(id) {
    console.log("Attempting to delete author with ID:",
```

```
id);
    fetch('/autores', {
        method: 'DELETE',
        headers: {
            'Content-Type': 'application/json',
        },
        body: JSON.stringify({ id: id }),
    })
    .then(response => {
        if (!response.ok) {
            throw new Error(`HTTP error! status:
${response.status}`);
        }
        return response.json();
    })
    .then(data => {
        console.log("Server response:", data);
        alert(data.mensaje);
        cargarAutores();
    })
    .catch(error => {
        console.error("Error:", error);
    });
}

function mostrarFormularioActualizarAutor(id, nombre) {
    const formulario = `
        <form onsubmit="actualizarAutor(event, ${id})">
            <h3>Actualizar Autor</h3>
            <input type="text" id="nuevoNombreAutor"
value="${nombre.split(' ')[0]}" required>
            <input type="text" id="nuevosApellidosAutor"
value="${nombre.split(' ')[1]}" required>
            <button type="submit">Actualizar</button>
        </form>
```

```
    `;
document.getElementById('formularioActualizarAutor').inner
HTML = formulario;
}

function actualizarAutor(event, id) {
    event.preventDefault();
    const nuevoNombre =
document.getElementById('nuevoNombreAutor').value.trim();
    const nuevosApellidos =
document.getElementById('nuevosApellidosAutor').value.trim
();
    if (!nuevoNombre || !nuevosApellidos) {
        alert("El nombre y los apellidos no pueden estar
vacíos.");
        return;
    }
    fetch('/autores', {
        method: 'PUT',
        headers: {
            'Content-Type': 'application/json',
        },
        body: JSON.stringify({ id: id, nombre:
nuevoNombre, apellidos: nuevosApellidos }),
    })
    .then(response => response.json())
    .then(data => {
        alert(data.mensaje);
        cargarAutores();
    });
}

function cargarLibros() {
    fetch('/libros')
```

```
        .then(response => response.json())
        .then(data => {
            let contenido =
'<h2>Libros</h2><table><tr><th>ID</th><th>Título</th><th>I
SBN</th><th>Año</th><th>AutorID</th><th>SecciónID</th><th>
Acciones</th></tr>';
            data.forEach(libro => {
                contenido +=
`<tr><td>${libro.id}</td><td>${libro.titulo}</td><td>${lib
ro.isbn}</td><td>${libro.anio}</td><td>${libro.idAutor}</t
d><td>${libro.idSeccion}</td><td>
                    <button
onclick="eliminarLibro(${libro.id})">Eliminar</button>
                    <button
onclick="mostrarFormularioActualizarLibro(${libro.id},
'${libro.titulo}', '${libro.isbn}', ${libro.anio},
${libro.idAutor}, ${libro.idSeccion})">Actualizar</button>
                </td></tr>`;
            });
            contenido += '</table>';
            contenido += `
                <form onsubmit="crearLibro(event)">
                    <h3>Crear Libro</h3>
                    <input type="text" id="tituloLibro"
placeholder="Título" required>
                    <input type="text" id="isbnLibro"
placeholder="ISBN" required>
                    <input type="number" id="anioLibro"
placeholder="Año" required>
                    <input type="number" id="idAutorLibro"
placeholder="ID Autor" required>
                    <input type="number"
id="idSeccionLibro" placeholder="ID Sección" required>
                    <button type="submit">Crear</button>
                </form>
```

```
                <div id="formularioActualizarLibro"></div>
            `;
            document.getElementById('datos').innerHTML =
contenido;
        });
}

function crearLibro(event) {
    event.preventDefault();
    const titulo =
document.getElementById('tituloLibro').value.trim();
    const isbn =
document.getElementById('isbnLibro').value.trim();
    const anio =
document.getElementById('anioLibro').value.trim();
    const idAutor =
document.getElementById('idAutorLibro').value.trim();
    const idSeccion =
document.getElementById('idSeccionLibro').value.trim();

    if (!titulo || !isbn || !anio || !idAutor ||
!idSeccion) {
        alert("Todos los campos son obligatorios.");
        return;
    }

    if (isNaN(anio) || isNaN(idAutor) || isNaN(idSeccion))
{
        alert("Los campos Año, ID Autor y ID Sección deben
ser números.");
        return;
    }

    fetch('/libros', {
        method: 'POST',
```

```
        headers: {
            'Content-Type': 'application/json',
        },
        body: JSON.stringify({ titulo: titulo, isbn: isbn,
anio: anio, idAutor: idAutor, idSeccion: idSeccion }),
    })
    .then(response => response.json())
    .then(data => {
        alert(data.mensaje);
        cargarLibros();
    });
}

function eliminarLibro(id) {
    console.log("Attempting to delete book with ID:", id);
    fetch('/libros', {
        method: 'DELETE',
        headers: {
            'Content-Type': 'application/json',
        },
        body: JSON.stringify({ id: id }),
    })
    .then(response => {
        if (!response.ok) {
            throw new Error(`HTTP error! status:
${response.status}`);
        }
        return response.json();
    })
    .then(data => {
        console.log("Server response:", data);
        alert(data.mensaje);
        cargarLibros();
    })
    .catch(error => {
```

```
        console.error("Error:", error);
    });
}

function mostrarFormularioActualizarLibro(id, titulo,
isbn, anio, idAutor, idSeccion) {
    const formulario = `
        <form onsubmit="actualizarLibro(event, ${id})">
            <h3>Actualizar Libro</h3>
            <input type="text" id="nuevoTituloLibro"
value="${titulo}" required>
            <input type="text" id="nuevoIsbnLibro"
value="${isbn}" required>
            <input type="number" id="nuevoAnioLibro"
value="${anio}" required>
            <input type="number" id="nuevoIdAutorLibro"
value="${idAutor}" required>
            <input type="number" id="nuevoIdSeccionLibro"
value="${idSeccion}" required>
            <button type="submit">Actualizar</button>
        </form>
    `;

document.getElementById('formularioActualizarLibro').inner
HTML = formulario;
}

function actualizarLibro(event, id) {
    event.preventDefault();
    const nuevoTitulo =
document.getElementById('nuevoTituloLibro').value.trim();
    const nuevoIsbn =
document.getElementById('nuevoIsbnLibro').value.trim();
    const nuevoAnio =
document.getElementById('nuevoAnioLibro').value.trim();
```

```
    const nuevoIdAutor =
document.getElementById('nuevoIdAutorLibro').value.trim();
    const nuevoIdSeccion =
document.getElementById('nuevoIdSeccionLibro').value.trim(
);

    if (!nuevoTitulo || !nuevoIsbn || !nuevoAnio ||
!nuevoIdAutor || !nuevoIdSeccion) {
        alert("Todos los campos son obligatorios.");
        return;
    }

    if (isNaN(nuevoAnio) || isNaN(nuevoIdAutor) ||
isNaN(nuevoIdSeccion)) {
        alert("Los campos Año, ID Autor y ID Sección deben
ser números.");
        return;
    }

    fetch('/libros', {
        method: 'PUT',
        headers: {
            'Content-Type': 'application/json',
        },
        body: JSON.stringify({ id: id, titulo:
nuevoTitulo, isbn: nuevoIsbn, anio: nuevoAnio, idAutor:
nuevoIdAutor, idSeccion: nuevoIdSeccion }),
    })
    .then(response => response.json())
    .then(data => {
        alert(data.mensaje);
        cargarLibros();
    });
}
```

```
function cargarUsuarios() {
    fetch('/usuarios')
        .then(response => response.json())
        .then(data => {
            let contenido =
'<h2>Usuarios</h2><table><tr><th>ID</th><th>Nombre
Completo</th><th>Email</th><th>Fecha
Alta</th><th>Acciones</th></tr>';
            data.forEach(usuario => {
                contenido +=
`<tr><td>${usuario.id}</td><td>${usuario.nombre}</td><td>$
{usuario.email}</td><td>${usuario.fechaAlta}</td><td>
                    <button
onclick="eliminarUsuario(${usuario.id})">Eliminar</button>
                    <button
onclick="mostrarFormularioActualizarUsuario(${usuario.id},
'${usuario.nombre}',
'${usuario.email}')">Actualizar</button>
                </td></tr>`;
            });
            contenido += '</table>';
            contenido += `
                <form onsubmit="crearUsuario(event)">
                    <h3>Crear Usuario</h3>
                    <input type="text" id="nombreUsuario"
placeholder="Nombre" required>
                    <input type="text"
id="apellidosUsuario" placeholder="Apellidos" required>
                    <input type="email" id="emailUsuario"
placeholder="Email" required>
                    <button type="submit">Crear</button>
                </form>
                <div
id="formularioActualizarUsuario"></div>
            `;
```

```
            document.getElementById('datos').innerHTML =
contenido;
        });
}

function crearUsuario(event) {
    event.preventDefault();
    const nombre =
document.getElementById('nombreUsuario').value.trim();
    const apellidos =
document.getElementById('apellidosUsuario').value.trim();
    const email =
document.getElementById('emailUsuario').value.trim();

    if (!nombre || !apellidos || !email) {
        alert("Todos los campos son obligatorios.");
        return;
    }

    fetch('/usuarios', {
        method: 'POST',
        headers: {
            'Content-Type': 'application/json',
        },
        body: JSON.stringify({ nombre: nombre, apellidos:
apellidos, email: email }),
    })
    .then(response => response.json())
    .then(data => {
        alert(data.mensaje);
        cargarUsuarios();
    });
}

function eliminarUsuario(id) {
```

```
    console.log("Attempting to delete user with ID:", id);
    fetch('/usuarios', {
        method: 'DELETE',
        headers: {
            'Content-Type': 'application/json',
        },
        body: JSON.stringify({ id: id }),
    })
    .then(response => {
        if (!response.ok) {
            throw new Error(`HTTP error! status:
${response.status}`);
        }
        return response.json();
    })
    .then(data => {
        console.log("Server response:", data);
        alert(data.mensaje);
        cargarUsuarios();
    })
    .catch(error => {
        console.error("Error:", error);
    });
}

function mostrarFormularioActualizarUsuario(id, nombre,
email) {
    const formulario = `
        <form onsubmit="actualizarUsuario(event, ${id})">
            <h3>Actualizar Usuario</h3>
            <input type="text" id="nuevoNombreUsuario"
value="${nombre.split(' ')[0]}" required>
            <input type="text" id="nuevosApellidosUsuario"
value="${nombre.split(' ')[1]}" required>
            <input type="email" id="nuevoEmailUsuario"
```

```
value="${email}" required>
            <button type="submit">Actualizar</button>
        </form>
    `;

document.getElementById('formularioActualizarUsuario').inn
erHTML = formulario;
}

function actualizarUsuario(event, id) {
    event.preventDefault();
    const nuevoNombre =
document.getElementById('nuevoNombreUsuario').value.trim()
;
    const nuevosApellidos =
document.getElementById('nuevosApellidosUsuario').value.tr
im();
    const nuevoEmail =
document.getElementById('nuevoEmailUsuario').value.trim();

    if (!nuevoNombre || !nuevosApellidos || !nuevoEmail) {
        alert("Todos los campos son obligatorios.");
        return;
    }

    fetch('/usuarios', {
        method: 'PUT',
        headers: {
            'Content-Type': 'application/json',
        },
        body: JSON.stringify({ id: id, nombre:
nuevoNombre, apellidos: nuevosApellidos, email: nuevoEmail
}),
    })
    .then(response => response.json())
```

```
    .then(data => {
        alert(data.mensaje);
        cargarUsuarios();
    });
}

function cargarPrestamos() {
    fetch('/prestamos')
        .then(response => response.json())
        .then(data => {
            let contenido =
'<h2>Préstamos</h2><table><tr><th>ID</th><th>LibroID</th><
th>UsuarioID</th><th>Fecha Préstamo</th><th>Fecha
Devolución</th><th>Fecha Real
Devolución</th><th>Acciones</th></tr>';
            data.forEach(prestamo => {
                contenido +=
`<tr><td>${prestamo.id}</td><td>${prestamo.idLibro}</td><t
d>${prestamo.idUsuario}</td><td>${prestamo.fechaPrestamo}<
/td><td>${prestamo.fechaDevolucion}</td><td>${prestamo.fec
haRealDevolucion}</td><td>
                    <button
onclick="eliminarPrestamo(${prestamo.id})">Eliminar</butto
n>
                    <button
onclick="mostrarFormularioActualizarPrestamo(${prestamo.id
}, ${prestamo.idLibro}, ${prestamo.idUsuario},
'${prestamo.fechaPrestamo}',
'${prestamo.fechaDevolucion}',
'${prestamo.fechaRealDevolucion}')">Actualizar</button>
                </td></tr>`;
            });
            contenido += '</table>';
            contenido += `
                <form onsubmit="crearPrestamo(event)">
```

```
                    <h3>Crear Préstamo</h3>
                    <input type="number"
id="idLibroPrestamo" placeholder="ID Libro" required>
                    <input type="number"
id="idUsuarioPrestamo" placeholder="ID Usuario" required>
                    <input type="date" id="fechaPrestamo"
placeholder="Fecha Préstamo" required>
                    <input type="date"
id="fechaDevolucion" placeholder="Fecha Devolución"
required>
                    <button type="submit">Crear</button>
                </form>
                <div
id="formularioActualizarPrestamo"></div>
            `;
            document.getElementById('datos').innerHTML =
contenido;
        });
}

function crearPrestamo(event) {
    event.preventDefault();
    const idLibro =
document.getElementById('idLibroPrestamo').value.trim();
    const idUsuario =
document.getElementById('idUsuarioPrestamo').value.trim();
    const fechaPrestamo =
document.getElementById('fechaPrestamo').value.trim();
    const fechaDevolucion =
document.getElementById('fechaDevolucion').value.trim();

    if (!idLibro || !idUsuario || !fechaPrestamo ||
!fechaDevolucion) {
        alert("Todos los campos son obligatorios.");
        return;
```

```
    }

    if (isNaN(idLibro) || isNaN(idUsuario)) {
        alert("Los campos ID Libro y ID Usuario deben ser
números.");
        return;
    }

    fetch('/prestamos', {
        method: 'POST',
        headers: {
            'Content-Type': 'application/json',
        },
        body: JSON.stringify({ idLibro: idLibro,
idUsuario: idUsuario, fechaPrestamo: fechaPrestamo,
fechaDevolucion: fechaDevolucion }),
    })
    .then(response => response.json())
    .then(data => {
        alert(data.mensaje);
        cargarPrestamos();
    });
}

function eliminarPrestamo(id) {
    console.log("Attempting to delete loan with ID:", id);
    fetch('/prestamos', {
        method: 'DELETE',
        headers: {
            'Content-Type': 'application/json',
        },
        body: JSON.stringify({ id: id }),
    })
    .then(response => {
        if (!response.ok) {
```

```
            throw new Error(`HTTP error! status:
${response.status}`);
        }
        return response.json();
    })
    .then(data => {
        console.log("Server response:", data);
        alert(data.mensaje);
        cargarPrestamos();
    })
    .catch(error => {
        console.error("Error:", error);
    });
}

function mostrarFormularioActualizarPrestamo(id, idLibro,
idUsuario, fechaPrestamo, fechaDevolucion,
fechaRealDevolucion) {
    const formulario = `
        <form onsubmit="actualizarPrestamo(event, ${id})">
            <h3>Actualizar Préstamo</h3>
            <input type="number" id="nuevoIdLibroPrestamo"
value="${idLibro}" required>
            <input type="number"
id="nuevoIdUsuarioPrestamo" value="${idUsuario}" required>
            <input type="date" id="nuevaFechaPrestamo"
value="${fechaPrestamo}" required>
            <input type="date" id="nuevaFechaDevolucion"
value="${fechaDevolucion}" required>
            <input type="date"
id="nuevaFechaRealDevolucion"
value="${fechaRealDevolucion}">
            <button type="submit">Actualizar</button>
        </form>
    `;
```

```
document.getElementById('formularioActualizarPrestamo').in
nerHTML = formulario;
}

function actualizarPrestamo(event, id) {
    event.preventDefault();
    const nuevoIdLibro =
document.getElementById('nuevoIdLibroPrestamo').value.trim
();
    const nuevoIdUsuario =
document.getElementById('nuevoIdUsuarioPrestamo').value.tr
im();
    const nuevaFechaPrestamo =
document.getElementById('nuevaFechaPrestamo').value.trim()
;
    const nuevaFechaDevolucion =
document.getElementById('nuevaFechaDevolucion').value.trim
();
    const nuevaFechaRealDevolucion =
document.getElementById('nuevaFechaRealDevolucion').value.
trim();

    if (!nuevoIdLibro || !nuevoIdUsuario ||
!nuevaFechaPrestamo || !nuevaFechaDevolucion) {
        alert("Todos los campos son obligatorios.");
        return;
    }

    if (isNaN(nuevoIdLibro) || isNaN(nuevoIdUsuario)) {
        alert("Los campos ID Libro y ID Usuario deben ser
números.");
        return;
    }
```

```
    fetch('/prestamos', {
        method: 'PUT',
        headers: {
            'Content-Type': 'application/json',
        },
        body: JSON.stringify({ id: id, idLibro:
nuevoIdLibro, idUsuario: nuevoIdUsuario, fechaPrestamo:
nuevaFechaPrestamo, fechaDevolucion: nuevaFechaDevolucion,
fechaRealDevolucion: nuevaFechaRealDevolucion }),
    })
    .then(response => response.json())
    .then(data => {
        alert(data.mensaje);
        cargarPrestamos();
    });
}
```

estilo.css

```
/* Variables de tema */
:root {
    --color-primary: #0073aa;
    --color-primary-hover: #006799;
    --color-sidebar-bg: #23282d;
    --color-sidebar-text: #f1f1f1;
    --color-main-bg: #fdfdfd;
    --color-card-bg: #ffffff;
    --color-border: #e1e1e1;
    --color-text: #333333;
    --font-sans: 'Segoe UI', Tahoma, Geneva, Verdana,
sans-serif;
}
```

```
/* Reset y box-sizing */
* {
    margin: 0;
    padding: 0;
    box-sizing: border-box;
}

/* Layout principal */
body {
    display: grid;
    grid-template-rows: auto 1fr;
    grid-template-columns: 220px 1fr;
    grid-template-areas:
        "header header"
        "nav    main";
    height: 100vh;
    font-family: var(--font-sans);
    background-color: var(--color-main-bg);
    color: var(--color-text);
    overflow: hidden;
}

/* Header */
h1 {
    grid-area: header;
    background-color: var(--color-primary);
    color: #fff;
    padding: 18px 24px;
    font-size: 1.6rem;
    text-transform: uppercase;
    letter-spacing: 1px;
    box-shadow: 0 2px 4px rgba(0,0,0,0.1);
    position: sticky;
    top: 0;
    z-index: 10;
```

```
}

/* Sidebar navegación */
#contenido {
    grid-area: nav;
    background-color: var(--color-sidebar-bg);
    padding: 24px 12px;
    border-right: 1px solid #1d1f21;
    overflow-y: auto;
}

/* Botones del sidebar */
#contenido button {
    display: flex;
    align-items: center;
    width: 100%;
    padding: 12px 16px;
    margin-bottom: 8px;
    font-size: 0.95rem;
    color: var(--color-sidebar-text);
    background: transparent;
    border: none;
    border-left: 4px solid transparent;
    transition: background 0.2s, border-left-color 0.2s;
}

#contenido button:hover {
    background: rgba(255,255,255,0.05);
    border-left-color: var(--color-primary);
}

#contenido button:focus {
    outline: none;
    background: rgba(255,255,255,0.1);
    border-left-color: var(--color-primary-hover);
```

```
}

/* Área principal */
#datos {
    grid-area: main;
    padding: 24px;
    overflow-y: auto;
}

/* Tarjetas para contenido */
#datos > * {
    background: var(--color-card-bg);
    border: 1px solid var(--color-border);
    border-radius: 6px;
    box-shadow: 0 1px 3px rgba(0,0,0,0.1);
    padding: 20px;
    margin-bottom: 20px;
}

/* Formularios en tarjetitas */
form {
    display: grid;
    grid-template-columns: 1fr 1fr;
    gap: 12px;
}

form > * {
    margin: 0;
}

form button {
    grid-column: span 2;
    justify-self: start;
}
```

```
/* Inputs estilizados */
input {
    padding: 8px 10px;
    border: 1px solid var(--color-border);
    border-radius: 4px;
    font-size: 0.95rem;
    transition: border-color 0.2s;
}

input:focus {
    border-color: var(--color-primary);
    outline: none;
}

/* Botones principales */
button {
    padding: 10px 16px;
    background-color: var(--color-primary);
    color: #fff;
    border: none;
    border-radius: 4px;
    font-size: 0.95rem;
    cursor: pointer;
    transition: background 0.2s, transform 0.1s;
}

button:hover {
    background-color: var(--color-primary-hover);
}

button:active {
    transform: translateY(1px);
}

/* Tablas dentro de tarjetas */
```

```
table {
    width: 100%;
    border-collapse: collapse;
    margin-top: 12px;
}

th, td {
    border: 1px solid var(--color-border);
    padding: 10px;
    text-align: left;
    font-size: 0.9rem;
}

th {
    background-color: #fafafa;
    text-transform: uppercase;
    font-weight: 600;
}

tr:nth-child(even) {
    background-color: #fcfcfc;
}

/* Scrollbars suaves */
#contenido::-webkit-scrollbar,
#datos::-webkit-scrollbar {
    width: 6px;
}

#contenido::-webkit-scrollbar-thumb,
#datos::-webkit-scrollbar-thumb {
    background-color: rgba(0,0,0,0.2);
    border-radius: 3px;
}
```

```
/* Responsive: colapsar sidebar en pantallas pequeñas */
@media (max-width: 768px) {
    body {
        grid-template-columns: 1fr;
        grid-template-areas:
            "header"
            "nav"
            "main";
    }
    #contenido {
        height: auto;
        border-right: none;
        border-bottom: 1px solid var(--color-border);
    }
}
```

index.html

```
<!DOCTYPE html>
<html lang="es">
<head>
    <meta charset="UTF-8">
    <meta name="viewport" content="width=device-width,
initial-scale=1.0">
    <title>Biblioteca</title>
    <link rel="stylesheet" href="estilo.css">
</head>
<body>
    <h1>Biblioteca</h1>
    <div id="contenido">
        <button
onclick="cargarSecciones()">Secciones</button>
        <button onclick="cargarAutores()">Autores</button>
```

```
        <button onclick="cargarLibros()">Libros</button>
        <button
onclick="cargarUsuarios()">Usuarios</button>
        <button
onclick="cargarPrestamos()">Préstamos</button>
    </div>
    <div id="datos"></div>
    <script src="codigo.js"></script>
</body>
</html>
```

17.3. Conclusión

Con esta estructura completa, el sistema está listo para funcionar como una **aplicación web full-stack**, con un **backend en C++**, una **base de datos SQLite** y un **frontend interactivo** basado en tecnologías web modernas (HTML, CSS, JavaScript).

Este capítulo ha proporcionado un **resumen completo** del proyecto y ha consolidado las bases para la **gestión de datos** en la biblioteca, mejorando la **interactividad** y la **experiencia de usuario** a través de la interfaz web.

18. Siguientes pasos

18.1. Peticiones cruzadas en SQL (JOIN)

En esta aplicación, al igual que ocurre en la gran mayoría de **aplicaciones de sistemas de gestión empresarial**, existen relaciones entre las tablas de la base de datos, especialmente a través de **claves foráneas**. Estas relaciones fueron definidas en el diseño de la base de datos, específicamente entre:

- La tabla de **libros**, que tiene claves foráneas referenciando a **autores** y **secciones**.
- La tabla de **préstamos**, que tiene claves foráneas que se vinculan al **usuario** y al **libro prestado**.

Al desarrollar tanto la **interfaz de línea de comandos** como la **interfaz gráfica de usuario**, hemos interactuado con estas claves foráneas de forma **directa**. Es decir, cuando creamos o modificamos un libro, especificamos el **identificador** del autor y la sección directamente en el formulario o mediante el código, en lugar de permitir que el usuario **seleccione** el autor o la sección de manera más elaborada, como sería ideal en una interfaz gráfica.

18.1.1. Peticiones cruzadas y claves foráneas

Este enfoque directo tiene ventajas en términos de **simplicidad y rapidez** en el desarrollo, pero presenta algunas limitaciones desde el punto de vista de la **experiencia del usuario**. En una versión más avanzada de la aplicación, **sería conveniente permitir al usuario seleccionar un autor o una sección de un listado**, en lugar de que simplemente introduzca un identificador numérico. Esto haría la interfaz más **intuitiva** y **usabilidad** mucho más amigable.

Sin embargo, al no implementar estas funcionalidades en esta iteración del libro, nos hemos evitado la complejidad adicional de manejar **peticiones cruzadas** entre las tablas. En el caso de que se implementara esta mejora, estaríamos lidiando con lo que se conoce como **peticiones cruzadas** o **cross-origin requests**.

18.1.2. Implementación de peticiones cruzadas

Las **peticiones cruzadas** se refieren a la necesidad de **consultar datos de una tabla relacionada** en lugar de simplemente manejar el ID de la clave foránea. Por ejemplo, en lugar de solo almacenar el ID del autor en un libro, podríamos hacer una solicitud adicional para obtener el nombre completo del autor.

18.1.2.1. Ejemplo de mejora:

1. **Listar autores**: En lugar de almacenar solo el `id_autor`, podríamos permitir que el usuario seleccione un autor de una lista, lo cual implicaría una **petición adicional** para cargar la lista de autores desde el servidor.

2. **Relacionar registros en peticiones**: Al insertar o actualizar un libro, en lugar de enviar solo el `id_autor`, la aplicación podría realizar una **petición cruzada** al servidor para obtener el nombre del autor y otros detalles relacionados. Esto implicaría que el frontend haga una llamada al servidor para obtener los datos completos de la entidad relacionada (en este caso, el autor).

18.1.3. Complejidad de las peticiones cruzadas

Si bien este tipo de funcionalidades es completamente posible de implementar, introduce **complejidad adicional**, especialmente en el backend y en la configuración de las **peticiones asincrónicas**. En particular, para manejar estas peticiones cruzadas de manera eficiente:

- **El backend** debe gestionar las relaciones entre las tablas adecuadamente y permitir que el frontend pueda solicitar datos de tablas relacionadas.
- **El frontend** debe enviar las solicitudes adecuadas para obtener los datos relacionados y actualizarlos en la interfaz de usuario.

En esta versión del ejercicio, hemos **dejado esta funcionalidad pendiente** para evitar profundizar en la complejidad de las peticiones cruzadas en el contexto de **C++ y SQLite**, dado que el principal objetivo del libro es ilustrar el uso del lenguaje C++ para la creación de programas de gestión empresarial.

18.1.4. Posibles mejoras en el futuro

Como mejora futura, sería recomendable implementar estas **peticiones cruzadas** para **enlazar los valores completos** en lugar de solo usar las claves foráneas. De esta manera, el sistema permitiría al usuario:

- **Seleccionar entidades relacionadas** (como autores, secciones, usuarios) de manera más intuitiva.
- **Realizar consultas** con **información más completa** en la interfaz, mejorando la experiencia del usuario.

18.2. Estrategia de persistencia

A lo largo del desarrollo de este ejercicio, y especialmente en las primeras fases donde definimos la metodología de trabajo, hemos optado por utilizar la **base de datos** como medio para almacenar de manera persistente toda la información del sistema. Este enfoque tiene tanto **ventajas** como **desventajas**, las cuales vamos a analizar a continuación.

18.2.1. Ventajas del uso de la base de datos

Cada operación que realizamos en la aplicación **escribe de forma persistente la información en la base de datos SQLite**, lo que garantiza que:

- **Seguridad de los datos**: Si el programa se cierra inesperadamente o el sistema se apaga, **no se pierde información**, ya que todo está guardado de manera persistente en el disco duro.

- **Integridad**: La base de datos asegura que los datos sean consistentes y no se corrompan fácilmente, incluso si el sistema experimenta una caída repentina. La base de datos maneja automáticamente ciertos aspectos de seguridad y recuperación de datos.

Este enfoque es especialmente útil en aplicaciones donde la **fiabilidad** y la **integridad de los datos** son fundamentales, como en las **aplicaciones empresariales** de gestión de bibliotecas que estamos desarrollando en este libro.

18.2.2. Desventajas del uso de la base de datos

Sin embargo, el uso constante de la base de datos para todas las operaciones tiene algunas **desventajas**:

- **Rendimiento**: Al realizar operaciones de **lectura y escritura** constantes en el disco, **el rendimiento de la aplicación** puede verse afectado, especialmente cuando se trata de grandes volúmenes de datos. Cada vez que interactuamos con la base de datos, estamos utilizando el **disco duro**, lo que es más lento que utilizar **memoria RAM**.

  Este aspecto va en contra del propósito de utilizar **C++**, que es un lenguaje conocido por su eficiencia en el uso de recursos del sistema, particularmente en lo que respecta a **procesamiento y memoria**.

18.2.3. Alternativa: Almacenamiento en memoria RAM

Una **alternativa** para mejorar el rendimiento sería utilizar la **memoria RAM** para almacenar las instancias de las clases en lugar de persistir constantemente en la base de datos. Al trabajar con instancias en memoria:

- **Ventaja**: Se obtendría un **rendimiento significativamente más alto**, ya que la RAM es mucho más rápida que el disco duro. Esta opción sería especialmente útil cuando el sistema maneja una **gran cantidad de registros** (por ejemplo, una enorme cantidad de libros o usuarios).

- **Desventaja**: El principal inconveniente de esta metodología es que si el sistema falla o el **ordenador se apaga**, **se perdería toda la información almacenada en la RAM**, ya que esta es volátil. Sin una **estrategia de persistencia**, los datos de la memoria no se guardarían de manera permanente.

18.2.4. Soluciones mixtas

Una opción que combina lo mejor de ambos enfoques es la implementación de **estrategias mixtas** de persistencia:

1. **Almacenamiento en memoria RAM** durante el tiempo que el sistema esté en ejecución.

2. **Persistencia periódica**: Cada cierto tiempo (por ejemplo, una vez cada minuto), se **guardaría la información** en el disco duro, ya sea mediante:

    - Un **volcado binario** de los datos almacenados en memoria.

    - Un **mapeo objeto-relacional (ORM)** que sincronice los datos de la memoria RAM con la base de datos.

Con este enfoque, **en caso de una caída del sistema**, se perdería como máximo el **último minuto de transacciones**, lo que minimiza el impacto de la pérdida de datos. Además, el rendimiento se mantendría alto al trabajar principalmente con memoria RAM, pero sin perder la **seguridad** y **persistencia** de la base de datos.

18.2.5. Conclusión

La estrategia de persistencia elegida depende de las **necesidades específicas** del proyecto. Mientras que el uso constante de la base de datos proporciona **seguridad** e **integridad de los datos**, una **solución basada en memoria RAM** ofrece un **rendimiento superior**. La opción más eficiente puede ser una estrategia mixta que combine lo mejor de ambos enfoques, asegurando la **fiabilidad** y **rendimiento** del sistema sin sacrificar la persistencia de los datos importantes.

18.3. Cambio del motor de base de datos

El objetivo principal de este libro es realizar una **demostración práctica** del uso de **C++** en el desarrollo de aplicaciones. Debido a su facilidad de implementación y configuración, hemos seleccionado **SQLite** como motor de base de datos para este proyecto. SQLite es una base de datos **ligera** y **embebida**, ideal para demostraciones y proyectos pequeños, y proporciona una **gestión de bases de datos** con prestaciones más avanzadas de lo que su nombre podría sugerir.

A pesar de que SQLite es una base de datos pequeña y sencilla, en la práctica **ofrece características bastante potentes** que permiten gestionar de manera eficiente las necesidades de muchas aplicaciones, incluidas las aplicaciones empresariales de gestión de bibliotecas. Su capacidad para operar en un solo archivo y su **fácil integración** con C++ lo hacen una opción excelente para este tipo de ejercicio.

18.3.1. Ventajas de SQLite en este contexto:

1. **Facilidad de implementación**: No requiere de un servidor externo ni de configuraciones complejas.

2. **Ligereza**: El tamaño reducido de la base de datos y su instalación simple hacen que sea fácil de implementar en cualquier entorno.

3. **Transparente**: Toda la base de datos se maneja en un solo archivo, lo que facilita su traslado, respaldo y mantenimiento.

18.3.2. Posibilidad de cambio a motores de bases de datos más potentes

A pesar de las ventajas de **SQLite**, su capacidad está limitada en algunos aspectos, especialmente cuando se trata de aplicaciones con **altos**

requerimientos de seguridad o **escalabilidad**. Esto puede incluir necesidades como:

- **Control de concurrencia** en entornos con muchos usuarios.
- **Seguridad avanzada** en términos de cifrado y protección de datos.
- **Mayor capacidad de gestión** de grandes volúmenes de información.

Por lo tanto, en el futuro, si la aplicación crece o si se requiere una mayor capacidad, es posible **migrar a otros motores de base de datos** que ofrezcan más funcionalidades y escalabilidad, como:

- **MySQL**: Un motor de base de datos **relacional** muy popular que ofrece características avanzadas de seguridad, escalabilidad y rendimiento.
- **PostgreSQL**: Otro motor de base de datos **relacional** con un enfoque en la **integridad** de los datos y en la **seguridad**, además de ser completamente **open-source**.

18.3.3. Facilidad de migración

Una de las razones por las que elegimos **SQLite** al principio es su **simplicidad** y la facilidad con la que se puede integrar con C++. Sin embargo, hemos diseñado la **arquitectura del sistema** de forma que, si más adelante decidimos migrar a un motor de base de datos más potente, podamos hacerlo de manera relativamente sencilla.

El hecho de haber **separado la lógica de conexión** en un archivo específico (por ejemplo, en la clase `Conexion.cpp` y `Conexion.h`) significa que **el código que interactúa con la base de datos** está completamente aislado del resto de la aplicación. Esto facilita enormemente la **migración** a otro motor de base de datos, ya que solo necesitaríamos modificar el código relacionado con la conexión, sin tener que reestructurar todo el sistema.

Aunque hemos comenzado con **SQLite** por su simplicidad y eficiencia, hemos diseñado el sistema para ser **escalable** y fácilmente migrable a **otros motores de base de datos** como **MySQL** o **PostgreSQL** en el futuro, si es necesario. Esta flexibilidad asegura que la aplicación pueda adaptarse a **requerimientos más avanzados** conforme se expanda.

18.4. Uso de un súper controlador

A lo largo del desarrollo de este ejercicio, hemos creado **controladores específicos** para cada una de las entidades presentes en la aplicación. Es decir, hemos diseñado clases y archivos para manejar entidades como **Autor**, **Sección**, **Libro**, **Usuario**, entre otras. Este enfoque ha sido **didáctico**, ya que ilustra cómo cada entidad se convierte primero en una **tabla de la base de datos** y luego en una **clase en C++** que gestiona esa entidad dentro de la aplicación.

18.4.1. Ventajas de este enfoque:

- **Claridad conceptual**: Al desarrollar un controlador específico para cada entidad, podemos ver claramente cómo la estructura de datos se mapea directamente a una clase en el lenguaje de programación C++. Esto nos ayuda a entender la **relación entre las entidades**, las tablas y las clases, facilitando el aprendizaje del desarrollo de aplicaciones basadas en modelos de datos.

- **Modularidad**: Cada controlador es responsable únicamente de gestionar su propia entidad, lo que hace que el código sea **más fácil de entender** y **mantener** a medida que desarrollamos el sistema.

18.4.2. Desventajas a medida que la aplicación escala:

Aunque este enfoque es efectivo para aplicaciones de tamaño pequeño o mediano, a medida que el proyecto crece y las **entidades se multiplican**, la necesidad de **crear clases y controladores específicos para cada nueva entidad** se vuelve más compleja y repetitiva. Esto puede **aumentar la dificultad** de la gestión y mantenimiento del código a largo plazo.

18.4.3. La solución: el súper controlador

Una forma de **escalar** la aplicación sin duplicar el código y manteniendo la modularidad es utilizar un **súper controlador** o **controlador genérico**. En lugar de crear controladores específicos para cada entidad, **se crea un solo controlador genérico** que se adapta automáticamente a las necesidades de cada entidad.

18.4.3.1. ¿Cómo funciona el súper controlador?

1. **Controlador genérico**: El controlador genérico es una clase que **maneja todas las entidades** de la aplicación de manera abstracta. A través de la programación orientada a objetos, podemos diseñar este controlador para que reciba información sobre las **entidades** a través de parámetros, y luego interactúe con ellas sin necesidad de tener un controlador específico para cada una.

2. **Declaración de entidades en formato JSON**: En lugar de declarar clases específicas para cada entidad, podemos **definir las estructuras de las entidades en archivos JSON**. Cada entidad será representada por un conjunto de datos en formato JSON, que puede incluir propiedades como el nombre, tipo de datos, relaciones, etc.

3. **Adaptación automática**: El controlador genérico lee el archivo JSON, **detecta la estructura de la entidad** y se adapta a sus

necesidades. Esto **elimina la necesidad de crear archivos C++ separados** para cada nueva entidad, ya que el controlador genérico puede manejar cualquier estructura declarada en el archivo JSON.

18.4.3.2. Ventajas del súper controlador:

- **Escalabilidad**: El sistema puede expandirse simplemente añadiendo nuevas entidades en archivos JSON, lo que es mucho más **sencillo** y **rápido** que tener que modificar o agregar nuevos archivos de código C++ para cada entidad.
- **Reducción de código repetitivo**: Al utilizar un único controlador genérico para todas las entidades, eliminamos la necesidad de escribir código repetitivo para manejar entidades similares.
- **Flexibilidad**: Podemos modificar las entidades fácilmente a través de los archivos JSON sin tener que modificar el código C++ directamente, lo que hace que el sistema sea más flexible y fácil de ajustar a nuevos requisitos.

18.4.3.3. Ejemplo de archivo JSON para una entidad:

```
{
    "entidad": "Autor",
    "atributos": [
        {"nombre": "id_autor", "tipo": "int",
"clave_primaria": true},
        {"nombre": "nombre", "tipo": "string"},
        {"nombre": "apellidos", "tipo": "string"}
    ]
}
```

En este ejemplo, la entidad `Autor` está definida en formato JSON, lo que describe sus **atributos** y tipos de datos. El controlador genérico puede leer este archivo y generar automáticamente el código necesario para **crear, leer, actualizar y eliminar** autores sin que sea necesario tener una clase específica para `Autor`.

El uso de un **súper controlador** proporciona una solución eficaz para **escalar aplicaciones** sin necesidad de añadir complejidad innecesaria a medida que se agregan más entidades al sistema. Esta metodología, basada en el uso de un controlador genérico y la declaración de entidades en archivos JSON, no solo mejora el **rendimiento** y **mantenimiento** del código, sino que también hace que la **expansión del sistema** sea mucho más ágil y sencilla.

18.5. Adaptación a otros casos

Una de las **grandes ventajas** de la metodología y lógica de negocio que hemos desarrollado a lo largo de este libro es que **es completamente adaptable** a otros casos de uso y modelos de datos. En este caso, hemos trabajado con el modelo de datos correspondiente a una **biblioteca de libros**, pero el enfoque que hemos seguido puede aplicarse fácilmente a **otros contextos empresariales**.

El **objetivo del ejercicio** no es solo mostrar cómo desarrollar una aplicación para gestionar una biblioteca, sino también ilustrar que **esta misma metodología** y **lógica de negocio** pueden adaptarse a **otros tipos de negocios**. Algunos ejemplos de otros posibles casos de uso podrían ser:

- **Una tienda online**: El modelo de datos podría incluir entidades como `Producto`, `Cliente`, `Pedido`, `Factura`, etc.

- **Un centro de formación**: Podríamos tener entidades como `Curso`, `Estudiante`, `Instructor`, `Inscripción`, entre otras.

- **Una empresa de gestión de inventarios**: Con entidades como `Producto`, `Proveedor`, `Almacén`, `Inventario`, etc.

18.5.1. ¿Cómo adaptar este modelo de datos?

1. **Modificar el modelo de datos**:
   El primer paso sería **modificar el modelo de datos** para que se ajuste a las necesidades de la nueva aplicación. Por ejemplo, si adaptamos el sistema a una tienda online, las entidades `Libro` y `Autor` podrían transformarse en `Producto` y `Proveedor`, respectivamente. Las relaciones y los atributos de cada entidad también deberían ajustarse a las nuevas necesidades del caso de uso.

2. **Actualizar los controladores y clases**:
   Después de modificar el modelo de datos, se necesitarían actualizar las **clases de C++** para reflejar las nuevas entidades y sus relaciones. Las operaciones CRUD también tendrían que adaptarse a las nuevas tablas y estructuras de datos.

3. **Reconfigurar la interfaz de usuario**:
   La **interfaz de usuario** (tanto la parte web como el frontend) también debería modificarse para que sea adecuada a las nuevas entidades. Por ejemplo, si estamos trabajando con una tienda online, en lugar de mostrar "libros", deberíamos mostrar "productos" en el frontend.

4. **Actualizar la base de datos**:
   Al adaptar el modelo de datos, necesitaríamos **rediseñar la base de datos** para reflejar las nuevas tablas, relaciones y restricciones, y luego **migrar los datos** si es necesario.

18.5.2. Ejemplo de adaptación

Si tomamos el caso de **una tienda online**, podríamos tener el siguiente modelo de datos básico:

- **Producto**: Representa un artículo que se puede vender en la tienda. Tendría atributos como `id_producto`, `nombre`, `precio`, `cantidad_en_stock`.
- **Cliente**: Representa a un comprador. Tendría atributos como `id_cliente`, `nombre`, `correo_electronico`, `dirección`.
- **Pedido**: Representa una transacción de compra realizada por un cliente. Tendría atributos como `id_pedido`, `id_cliente`, `fecha_pedido`, `total`.
- **Factura**: Representa el detalle de una compra. Tendría atributos como `id_factura`, `id_pedido`, `monto_total`, `fecha_emisión`.

Si aplicamos la misma metodología, crearemos las clases correspondientes (`Producto`, `Cliente`, `Pedido`, `Factura`), sus controladores y las rutas en el servidor web, de la misma manera que lo hemos hecho para la biblioteca de libros.

18.5.3. Invitación al lector

Como ejercicio adicional, **invitamos al lector** a **adaptar este proyecto** para otros tipos de negocios. Al hacer esto, no solo aprenderán a trabajar con las tecnologías y la metodología aquí presentadas, sino que también podrán **personalizar el sistema** y comprender cómo construir aplicaciones de gestión empresarial para una variedad de contextos.

Al realizar esta adaptación, se dará cuenta de que el **desarrollo del sistema** sigue el mismo patrón: **definir el modelo de datos**, **crear las**

clases en C++, **gestionar las relaciones**, **desarrollar la interfaz de usuario** y **hacer funcionar la base de datos**.

La flexibilidad y escalabilidad de la metodología aquí presentada permiten que este enfoque sea útil para una **gran variedad de aplicaciones empresariales**, simplemente cambiando el **modelo de datos** y adaptando la lógica de negocio.

19. Epílogo

A lo largo de estas páginas hemos recorrido, paso a paso, el desarrollo completo de una aplicación de gestión empresarial utilizando C++ como lenguaje principal. Desde el diseño inicial de la base de datos hasta la implementación de una interfaz web funcional, el objetivo ha sido ofrecer una visión lo más realista y didáctica posible del proceso completo de construcción de software.

Más allá del ejemplo concreto de una biblioteca, lo verdaderamente importante de este ejercicio es la metodología: dividir el desarrollo en capas, aplicar principios de modularidad, reutilización y claridad, y utilizar herramientas estándar y multiplataforma para garantizar la máxima compatibilidad. En un contexto donde los lenguajes interpretados y los frameworks de alto nivel dominan el panorama, este libro ha querido demostrar que C++ sigue siendo una opción válida, potente y perfectamente adaptable a las necesidades actuales.

El camino no termina aquí. Si has seguido los ejemplos y ejercicios, ahora cuentas con una base sólida para expandir este proyecto en múltiples direcciones: integrar nuevos módulos, conectarlo a bases de datos remotas, añadir autenticación, o incluso migrar su backend a un servidor en la nube. Las posibilidades son tan amplias como lo permita tu imaginación y tus necesidades.

Gracias por acompañarme en este recorrido. Ojalá este libro haya sido, no solo una guía técnica, sino también un impulso para seguir aprendiendo, explorando y creando soluciones que aporten valor en el mundo real.

José Vicente Carratalá Sanchis

www.ingramcontent.com/pod-product-compliance
Lightning Source LLC
LaVergne TN
LVHW051350050326
832903LV00030B/2912